# 知る・学ぶ・分かる
# 建築監理の実務

著／天野禎藏　豊田鐵雄

# ■ はじめに

　本書、『知る・学ぶ・分かる **建築監理の実務**』の主たる発刊意図は、本書をお読みいただく方々に監理の重要性と実務を理解していただきたいことです。

　一般的に、建築物を完成させる大まかな工程は、まず建築主の発意（企画、構想）を受けて設計が行われ、設計図書（設計図、仕様書等）を作成します。次に、その設計図書に基づいて工事が発注され、監理のもとで工事施工が行われ完成、引渡しをします。この一連の作業は、建築主、設計者、監理者、工事施工者間の、さまざまな法令の規定や契約条件などに基づいて実施されます。その中の、**"監理のもとで工事施工を行う"** ことにおける監理の目的、監理者の役割（権利と義務）と監理業務の内容は何かとなると、監理の実務に精通していない限り、一般的にはわかり難く、十分に理解されていない実態が多く見受けられます。

　監理の重要性については、端的にいえば次の三つの事柄が挙げられます。
① **建築士法及び建築基準法の規定により、一定規模以上の建築物の工事は、建築主が建築士である工事監理者を定めなければなりません。この二つの法律には、建築士である工事監理者は、法で定められた工事監理業務を実施することが義務付けられています。**
② **監理業務委託契約（一般的に設計・監理業務委託契約書類をいう。）と工事請負契約約款に定められた監理業務を、監理者が実施する必要があります。**
③ **設計図書（設計図、仕様書等）に、監理者が実施する監理業務が示されており、それを実施する必要があります。**

　また、監理の実務については、どのように実施するのかについても、理解している人はそれほど多くはないと思われます。

　建築士事務所の建築士であっても、設計にかかわることはともかく、「工事監理」と「監理」の違いや、監理の実務内容について、詳しく理解しているとは言いきれないと思います。

　一方で、建築物の設計・監理業務を委託し、工事を発注する立場の建築主はどうでしょうか。設計及び工事監理や監理の業務委託契約に先だって、委託する建築士事務所の建築士から、建築士法で規定する「重要事項説明」及び「設計・監理業務委託契約書類」などに基づいて説明を受けるはずですが、同じ建築士が行う設計と監理は、法定上も別々の業務であり、その役割や業務内容の違いなどについて、正しく認識できているでしょうか。

　また、工事施工者についてはどうでしょうか。工事施工段階で設計者と監理者の役割を区別して、個別の業務項目として対応しているでしょうか。ひとつの役割だ

と誤解して、対応しているケースが多く見られます。設計者として対応することと、監理者として対応することは、その結果責任をどちらが取るのかを含めて異なります。一人の建築士が設計と監理を兼務する場合が多いこともありますが、その違いを理解して対応してほしいものです。

さらに、工事施工段階で使われる用語についても、工事施工者が行う「施工管理」や「工程管理」などと「工事監理」、建設業法に基づいて工事現場に置く「監理技術者」や「施工管理技士」と「工事監理者」など、混同されがちな用語があります。また、法令上の条文には具体的な対応方法などが定められておらず理解し難いという一面もあります。「監理すること」と「管理すること」にも大きな違いがあり、誤解されている場合が多く見られます。

このように、監理に関して、建築技術者はもとより一般社会を含め正しい理解と認識が望まれる所以です。

本書は、適切な監理業務を実施するための実用書として、監理業務委託契約の受託者としての責任を負う「建築士事務所の開設者」、建築士事務所の技術的な事項を総括する「管理建築士」はもとより、実際の工事監理等の業務を担う「監理担当者」などの実務者に活用してもらうことを目的としています。また、設計者においても、本書を設計業務の参考にしてほしいところです。

さらに、設計・監理等業務を建築士事務所に委託し、工事施工に発注する「建築主」、工事請負契約により工事を行う「工事施工者」、そして、設備工事などを施工する「専門工事業者」などにも、監理者は、何をどのように行い、どんな点に注意を払っているかなどについても、本書により理解を深めていただきたいと思います。

本書『**知る・学ぶ・分かる 建築監理の実務**』は、第1編では、工事監理、監理業務とは何かなど基本的事項について解説します。第2編では、監理者が監理業務をどのように実施するのかについて、事務所ビル新築工事などの場合を事例として、具体的に解説します。

併せて、広く建築物の生産にかかわる方々に、工事監理や監理業務について共通した理解を持ち、そのことによって建築物の品質が向上し、建築生産が円滑に進捗することを目的として、主要な監理業務内容をできるだけ実務に即して解説します。

なお、特に建築工事に係わる実務者の方は、法令と契約に基づき監理業務を履行する役割（権利と義務）については、本書とは別に、大成出版社から刊行されている「よくわかる建築の監理業務」、「四会連合協定設計・監理等業務委託契約約款の解説」及び「民間（旧四会）連合協定工事請負契約約款の解説」をお読みいただくと、監理と監理業務について、より一層、理解が得られると思います。

2015年2月

天野禎藏　豊田鐵雄

## ■ 本書の目的と用語について

　本書、『知る・学ぶ・分かる **建築監理の実務**』は、建築監理業務を行う監理者を主体として、建築主、設計者、工事施工者などとのかかわりを含め、業務上必要となる、関連法令や業務委託契約などの基本的要件などについて解説します。次に、監理業務実務の進め方と実践について、事務所ビルの事例などをもとに、具体的に監理業務の対応方法などを詳しく解説します。これら監理業務にかかわる必要項目の要点を理解することにより、また、建築監理業務の重要性について知ることにより、監理担当者はもとより、工事関係者の皆様においても、実務に役立たせていただくことを目的とします。

　本書は、以下の用語の定義などに基づいて記述します。

①「**工事監理**」は、建築士法第2条第7項の定義です。「工事監理とは、その者の責任において、工事を設計図書と照合し、それが設計図書のとおりに実施されているかいないかを確認することをいう。」

　「**監理**」は、監理者が行う工事監理を含むその他の監理の全般をいいます。

②「**工事監理者**」は、建築基準法第2条第11号の定義です。「工事監理者とは、建築士法第2条7項に規定する工事監理する者をいう。」

　「**監理者**」は、工事監理者の役割を含む、その他の監理業務の全般を履行する者をいいます。本書では、特に断りのない「監理者」には、工事監理者の役割も含みます。

③「**工事監理業務**」は、「工事監理者」が行う工事監理の業務項目をいい、建築士法で定められた「**法定業務**」をいいます。

　「**監理業務**」は、工事監理業務を含む、その他の監理の行う業務項目をいいます。本書では、特に断りのない「監理業務」には、「工事監理業務（法定業務）」を含みます。

④本書の「**建築監理**」の用語のうち、「建築」を付した意味合いは、監理を行う対象の建築物（構造、設備などを含む。）や外構などの付帯工事を含めた全般の総称です。本書では、特に断りがない場合の「建築監理」は、上記のことをいいます。

⑤「**建築主**」という用語は、法令で用いられますが、建築設計・監理等業務委託契約では、「**委託者**」ということが多く、工事請負契約では、「**発注者**」ということが多いと思われます。法令上の用語の定義は、「**建築主**」です。本書では、特に断りがない場合は、これらを総称して『**建築主**』といいます。なお、以下に示すように「委託者」に相対する用語は「**受託者**」、「発注者」に相対する用語は「**受注者**」といいます。

⑥監理者の呼称は、準拠する監理業務委託契約に基づく場合は、「**受託者**」といい、工事請負契約では、「**監理者**」ということが多いようです。本書では、特に断りがない場合は、総称して『**監理者**』といいます。

⑦工事施工者の名称については、監理業務委託契約では「**工事施工者**」、工事請負契約等に関連する場合は、「**受注者**」又は「**請負者**」、法令上の用語は、「**工事施工者**」です。本書では、特に断りがない場合は、元請負業者や専門工事業者などの下請負業者を含め、総称して『**工事施工者**』といいます。

⑧「**四会約款書類**」は、民間工事の設計・監理等業務委託契約の場合に、最も多く使用されている標準的な約款である「四会連合協定 建築設計・監理等業務委託契約書類(以下、「**四会約款書類**」という。)」の呼称です。四会約款書類には、業務委託契約書、建築設計・監理等業務委託契約約款(以下、「**四会約款**」という。)業務委託書(以下、「**四会委託書**」という。)などを含みます。

⑨「**民間工事約款**」は、民間工事の工事請負契約の場合に、最も多く使用されている標準的な約款である「民間(旧四会)連合協定 工事請負契約約款(以下、「**民間工事約款**」という。)」の呼称です。

## ■ 本書の構成

本書は、次の2編構成としています。
### 第1編 建築監理実務の基本
　監理者及び監理業務の法的要件、契約要件などについて、主に次のテーマについて解説します。
　　①『監理者の立場と監理の役割を知る』
　　②『建築士である工事監理者としての法的要件（権利と義務）を知る』
　　③『監理(者)と工事監理(者)の役割とその違いを知る』
　　④『監理業務と工事監理業務の役割とその違いを知る』

### 第2編 建築監理業務の実践
　監理業務の実践について、一般的な建築物を想定して次のテーマについて、具体的に解説します。
　　①『建築監理業務とその実践について知る』
　　②『事務所ビルを事例に立会い検査のポイントを知る』

　「**第1編**」では、監理の基本的な位置付けと、その業務内容の概要について解説します。監理業務及び監理者がかかわる法令や契約、相互に関連する工事関係者との関係における役割（権利と義務など）について、具体的に解説します。また、建築士法で規定された建築士として、「自らの責任」において行う法定業務である「工事監理」を含め、建築士事務所が受託した監理業務委託契約によって実施する監理業務について、建築士法などの関連法令や監理業務契約などの基本的な要件を、必要項目ごとに解説します。

　「**第2編**」では、監理業務実務の実践について、建設事例が多い一般的な事務所ビル新築工事の場合を念頭に置いて具体的に解説します。

　まず、第1章では、工事着手時、工事中、完成引渡し時、及び完成後の監理業務について、契約書、設計図書などに基づいて建築主や工事施工者などと連携しながら、監理者がどのように業務を実施していくのか、具体例をもとに解説します。

　また、第2章において、監理業務のうちの「立会い検査」について、建築工事と設備工事の主要な工種ごとに、そのポイント・注意点について詳細に解説します。

# 目 次

- はじめに
- 本書の目的と用語について
- 本書の構成

## 第1編　建築監理実務の基本

### 1. 建築監理業務の基本

#### 1.1　建築監理の役割を知る …………………………………………… 3
（1）建築生産における監理者と監理業務の義務と役割 (3)
（2）工事監理業務と監理業務の違い (3)
（3）工事監理者と監理者の違い (4)
（4）工事監理、監理業務の法と契約に関する義務 (4)
（5）監理者として必要な法令の基礎知識 (6)
（6）監理者としての職業倫理 (11)

#### 1.2　建築監理実務の基本を知る ……………………………………… 11
（1）監理実務の要点 (11)
　1）監理業務の役割とその重要性を理解して実務に当たる
　2）監理業務には法定義務と契約の履行義務がある
（2）監理業務実践の要点 (12)
　1）主要な監理業務の要点を知る
　2）建築生産における監理業務のプロセスを知る
　3）監理業務は工事施工においてのプロセス管理が重要
（3）監理実務の基本的な働き (19)
　1）工事の運営をマネジメントする
　2）設計図書等の内容及び設計意図を確定する
　3）つくり方を検討し確認（又は承認）する
　4）つくられたものの照合及び確認する
（4）監理実務に当たる監理者の心得 (21)
　1）建築士である工事監理者は、法令等を順守して工事監理に当たる
　2）監理者は監理に必要な専門的知識、技術力を持って誠実かつ適切に対応する
　3）監理の実践においては、プロセス管理を重視する
　4）工事施工者による施工品質管理を徹底するよう指示する
　5）監理者の適正な監理は建築物の施工品質を高める
（5）監理者に求められる能力とは (23)

## 2．建築監理業務実務の目的と役割

### 2.1　監理業務の進め方　―監理業務の内容を知る― ……………………… 24
（1）誰が監理業務を実施するかはパターンがある (24)
　　1）設計者が監理者を兼務して監理を行う
　　2）設計者と同一建築事務所の別の監理者が監理を行う
　　3）第三者が監理を行う
　　4）設計・施工一括請負契約の中で監理も行う
　　5）建築主自ら監理を行う
（2）監理チーム編成　―監理体制を決める― (25)
（3）監理業務の実施方針 (25)
（4）監理業務は書面主義で (25)

### 2.2　**工事発注方式により監理体制等が異なる**　―監理方法の類型― ………… 26
（1）建築・設備工事一括発注の監理 (26)
（2）建築工事、設備工事分離発注の監理 (26)
（3）設計・施工一括発注の監理 (27)
（4）関連工事の監理 (27)
（5）別途工事の監理 (28)

### 2.3　**監理者として対応する実施項目**　―工事関係者との対応を的確に実施する―
……………………… 28
（1）監理者自ら対応すべきこと (28)
　　1）建築士法に基づいて工事監理者が実施する工事監理等
　　2）四会約款、監理業務委託書で契約した監理業務
　　3）民間工事約款で規定された監理者にかかる項目
　　4）設計図書で規定された監理者が対応する項目
（2）建築主(委託者)に対応すべきこと (29)
　　1）建築士法で工事監理者が建築主と対応する工事監理の項目
　　2）四会約款、監理業務委託書で監理者が建築主と対応する項目
　　3）民間工事約款で監理者が建築主と対応する項目
　　4）設計図書で規定された監理者が建築主と対応する項目
（3）工事施工者に対応すべきこと (30)
　　1）建築士法で工事監理者が工事施工者と対応する工事監理の項目
　　2）四会約款、監理業務委託書で監理者が工事施工者と対応する項目
　　3）民間工事約款で監理者が工事施工者と対応する項目
　　4）設計図書で規定された監理者が工事施工者と対応する項目
（4）設計者に対応すべきこと (31)
　　1）告示第15号で設計者が工事監理者及び工事施工者に伝達する項目
　　2）設計図書で規定された監理者が設計者と対応する項目

（5）関係機関に対応すべきこと (31)

　　1）告示第15号で規定された「工事監理に関するその他の標準業務」の中の「関係機関の検査の立会い等」における関係機関と対応する項目
　　2）四会約款、監理業務委託書で監理者が関係機関と対応する項目
　　3）設計図書で規定された監理者が関係機関と対応する項目

（6）関連工事、別途工事と対応すべきこと項目 (31)

　　1）特約した監理業務の項目

## 2.4　監理の役割を活かす　―監理の役割を高める―　　　　　　32

（1）工事の運営を適切にマネジメントする (32)
（2）設計図書に盛り込まれた情報をより良い建築物につくり上げる (32)
（3）工事施工者による積極的な施工品質管理を促す (32)

# 第2編　建築監理実務の実践

## 1. 建築監理業務の具体的内容

### 1.1　はじめに　　　　　　37

（1）本章の目的 (37)
（2）監理業務と工事監理業務 (37)
（3）本章の位置付け (38)
（4）工事施工者の行為について (38)

### 1.2　工事着手時の業務　　　　　　38

（1）監理方針の策定と説明 (38)

　　1）告示第15号における位置付け
　　2）この業務の目的と手段
　　3）監理方針書の目次例
　　4）監理方針策定のポイント
　　5）監理方針の説明
　　6）監理方法の変更
　　7）書面主義について

（2）設計図書等の内容の把握 (42)

　　1）告示第15号における位置付け
　　2）業務の目的
　　3）設計図書とは何か
　　4）業務の実施

（3）工事請負代金内訳書の検討 (43)

　　1）告示第15号における位置付け
　　2）業務の目的

　　　　3）業務の実施
　　（4）工程表の検討 (44)
　　　　1）告示第15号における位置付け等
　　　　2）業務の目的
　　　　3）業務の実施
　　　　4）工程表の種類
　　　　5）総合工程表の記載事項例

1．3　施工図、施工計画書等の検討業務 ……………………………………………… 45
　　（1）施工図等の検討・確認 (45)
　　　　1）告示第15号における位置付け等
　　　　2）業務の目的
　　　　3）施工図の種類
　　　　4）業務の実施
　　　　5）見本、見本施工
　　　　6）総合図による調整
　　（2）施工計画書の検討・確認 (51)
　　　　1）告示第15号における位置付け等
　　　　2）施工計画書とは何か
　　　　3）施工計画書の種類
　　　　4）業務の実施
　　　　5）工種別施工計画書に記載する記載例
　　（3）監理者の承認 (53)
　　　　1）監理者の承認とは
　　　　2）承認行為の根拠
　　　　3）監理業務委託契約等における承認行為
　　　　4）承認、承諾、確認の違い
　　　　5）承認の効果
　　　　6）承認により生じる監理者の責任
　　　　7）監理者の承認行為と印紙税

1．4　検査業務 ……………………………………………………………………………… 56
　　（1）検査業務の位置付け等 (56)
　　　　1）監理者の検査とは
　　　　2）告示第15号における位置付け
　　　　3）検査と工事監理の関係
　　　　4）検査の方法
　　　　5）工事監理ガイドラインについて
　　（2）設計図書との照合及び確認について (61)
　　　　1）計算書の取扱いについて
　　　　2）施工図・施工計画書等の取扱いについて
　　（3）検査業務の実施 (62)

　　　　1）検査の種類
　　　　2）検査の頻度・密度
　　　　3）検査の実施要領例
　　　　4）検査のポイント・注意点
　1.5　工事中のその他の業務 …………………………………………………… 71
　　（1）工事の運営 (71)
　　（2）工事費支払い請求の審査 (71)
　　（3）監理報告書の作成・提出 (72)
　　（4）設計変更の処理 (73)
　　　　1）設計変更
　　　　2）軽微な変更
　1.6　工事完成時の業務 …………………………………………………………… 77
　　（1）関係機関の検査への立会い等 (77)
　　　　1）告示第15号における位置付け
　　　　2）業務の内容
　　　　3）関係機関の検査の例
　　　　4）業務の実施
　　（2）工事完了時のその他の業務 (83)
　　　　1）工事完成時の各種検査への対応
　　　　2）工事完了時の提出物の確認
　　　　3）鍵合わせへの立会い等
　　　　4）工事目的物の引渡しへの立会い
　　　　5）最終支払い請求の審査
　　　　6）工事監理報告書の提出
　1.7　工事完了後の業務 ………………………………………………………… 87
　　（1）建物経年調査 (87)
　　　　1）業務の位置付け・概要
　　　　2）業務の実施
　　（2）建築設備機器等の性能検証 (91)
　　　　1）告示第15号における位置付け
　　　　2）業務の内容
　　（3）不具合への対応 (92)
　　　　1）業務の位置付け
　　　　2）業務の内容
　　（4）メンテナンス会議 (93)
　1.8　監理業務に伴って生じる監理者の責任 …………………………………… 93
　　（1）監理者の民法上の責任 (93)
　　　　1）契約責任（債務不履行責任）

2）不法行為責任
　（2）工事監理者の建築士法上の責任 (98)
**1．9　官庁工事における監理業務** ………………………………………… 99
　（1）官庁工事における監理体制 (99)
　（2）会計法・地方自治法における監理の概念 (99)
　（3）官庁工事における一般的な監理業務委託の位置付け (100)
　　　1）民間建築士事務所への監理業務委託の根拠
　　　2）官庁工事における業務委託契約の形態
　（4）業務実施における注意点 (101)
　　　1）業務委託契約における注意点
　　　2）官庁工事における監理の特徴
　（5）官庁工事の監理に臨む姿勢等 (103)
　　　1）法令と監理業務委託契約の条項がすべて
　　　2）ルールに沿った業務の実施
　　　3）工事施工者への指示は担当官の了解を得てから
　　　4）勝手に設計変更をしてはいけない
　　　5）監理業務の責任者を明確にする
　　　6）確認業務は厳格に
　　　7）業務処理は文書で
　　　8）担当官との信頼関係が重要
　　　9）規律正しい勤務が求められる

## 2．工事の検査のポイント

**2．1　はじめに** ………………………………………………………………… 106
　（1）本章の目的 (106)
　（2）「検査のポイント・注意点」の位置付け (106)
　（3）検査における確認 (107)
　（4）想定する対象建築物等 (108)
　（5）工事監理との関係 (108)
　（6）工事監理者の補助者 (108)
　（7）工事監理ガイドラインとの関係 (109)
　（8）施工のやり方の確認について (109)
　（9）工事施工者に指導・助言する際の注意点 (110)
　（10）工事施工者が行う行為の根拠 (110)
**2．2　一般的な事務所ビルにおける建築工事の検査** ……………… 111
　（1）土工事 (111)
　　　1）山留の位置の確認

2）山留の施工状況
　　　3）ＳＭＷ芯材の位置、鉛直度の確認
　　　4）根切り底の確認
　　　5）埋戻しの確認
　　　6）発生土の処分
　　　7）敷地周辺の地盤

（2）地業工事 (115)

　　　1）杭の位置の確認
　　　2）掘削孔の形状等の確認
　　　3）安定液の管理の確認
　　　4）支持層（土質）の確認
　　　5）鉄筋かごの組立ての確認
　　　6）孔底のスライム処理の確認
　　　7）鉄筋かごの建て込みの確認
　　　8）コンクリートの打設状況の確認
　　　9）根切り完了後の杭の確認

（3）鉄筋工事 (122)

　　　1）構造耐力に直接影響する基本的な事項の確認
　　　2）柱配筋や床配筋のＸ・Ｙ方向の確認
　　　3）鉄筋等のかぶり厚さの確認
　　　4）差筋（さしきん）・立上り筋の台直し
　　　5）柱の４隅の主筋頂部における180°フックの確認
　　　6）柱の帯筋や梁のあばら筋の端部における135°フックの確認
　　　7）鉄筋間隔の確認
　　　8）開口補強の確認
　　　9）柱帯筋などの溶接継手に結束線が溶け込んでいないかの確認
　　　10）コンクリートに埋設される設備配管等の確認

（4）コンクリート工事 (127)

　　　1）型枠の検査
　　　2）コンクリート打設の立会い等
　　　3）型枠解体後のコンクリートの検査

（5）鉄骨工事 (138)

　　　1）製品検査
　　　2）工事現場施工の場内検査
　　　3）耐火被覆

（6）防水工事 (148)

　　　1）下地の確認
　　　2）プライマー塗布の確認
　　　3）アスファルト防水施工後の確認
　　　4）水張試験
　　　5）保護コンクリートの確認

(7) 石工事 (152)
　　1) 工場検査
　　2) 取付け状況の検査
(8) タイル工事 (159)
　　1) 材料の確認
　　2) 工法の確認
　　3) 下地コンクリートの確認
　　4) 下地モルタル施工後の確認
　　5) タイル張り施工後の確認
(9) 金属工事 (163)
　　1) 材料の確認
　　2) 軽量鉄骨天井下地取付け後の確認
　　3) 軽量鉄骨壁下地取付け後の確認
(10) 左官工事 (170)
　　1) 下地との関係での留意事項
　　2) その他の留意事項
(11) 建具工事 (172)
　　1) アルミニウム製サッシ（AW）
　　2) 鋼製ドア（SD）
　　3) ガラス
(12) カーテンウォール工事 (188)
　　1) 製作図、製作要領書、施工計画書の段階で確認しておきたいこと
　　2) 金属製カーテンウォール（メタルCW）
　　3) プレキャストコンクリート製カーテンウォール（PCCW）
(13) 塗装工事 (198)
　　1) 見本の確認
　　2) 素地ごしらえ
　　3) 材料の確認
　　4) 塗装工程等
　　5) 塗付け量の確認
　　6) 仕上がり状態の確認
(14) 内装工事 (200)
　　1) 材料見本の確認
　　2) ビニル床シート、ビニル床タイル及びゴム床タイル張り
　　3) カーペット敷き
　　4) 合成樹脂塗床
　　5) フローリング張り
　　6) 畳敷き
　　7) せっこうボード、その他ボード及び合板張り
　　8) 壁紙張り

9）断熱・防露
10）その他の確認ポイント

（15）シックハウスへの対応 (215)
1）建築材料のＶＯＣ等の放散
2）枯らし期間
3）家具からのＶＯＣ放散
4）室内空気質の測定

## 2．3　一般的な事務所ビルにおける設備工事の検査 …………………………… 219

（1）設備工事共通事項 (219)
1）鉄筋コンクリート造（ＲＣ造）壁への箱抜きスリーブの取付け
2）床スラブへのスリーブの取付け
3）インサートの取付け
4）設備機器類の基礎
5）コンクリート埋設配管の設置
6）その他の注意事項

（2）電気設備工事 (224)
1）電力設備工事 (224)

①照明器具の確認
②配管、ケーブル、ケーブルラック等の設置
③インバータ使用機器等について
④避雷設備等の接地極

2）受変電設備工事 (228)

①屋外型キュービクルの設置
②室内に設置する受変電設備

3）静止形電源設備工事 (230)

①直流電源装置
②交流無停電電源装置

4）発電設備工事 (232)

①非常用自家発電機の設置
②煙道、煙突
③その他の注意事項

5）通信・情報設備工事 (234)

①機器内蔵バッテリーの寿命
②情報通信用ＥＰＳの換気設備
③屋外用キャビネット
④ケーブル表示札
⑤リレーのデバイス番号表示
⑥盤に設置される換気ガラリのフィルター

6）総合停復電試験 (236)

①一般停電試験
　　　②停電火災試験
　　　③火災停電試験

（3）給排水衛生設備工事・空調換気設備工事 (236)

　1）共通工事 (236)
　　　①配管工事
　　　②保温・塗装工事

　2）空気調和設備工事 (241)
　　　①空気調和設備機械
　　　②ダクト工事等

　3）自動制御設備工事 (248)
　　　①室内センサーの位置
　　　②挿入形センサーの取付け
　　　③電線管敷設などの電気工事との整合
　　　④保守・点検の容易性
　　　⑤停復電時の機器の機能
　　　⑥システムとしての試験
　　　⑦冷凍機の台数制御

　4）給排水衛生設備工事 (250)
　　　①誤接続防止対策
　　　②銅管内の流速
　　　③受水槽の給・排水試験
　　　④排水槽からの排水の会所での呑み込み
　　　⑤埋設配管の水圧試験
　　　⑥排水管の通水試験

（4）昇降機設備工事 (252)

　1）ロープ式エレベーター (252)
　　　①工事中の機器の養生
　　　②地震時管制運転の地震感知器
　　　③ロープの振れ止め
　　　④レールの取り付け
　　　⑤救出口の設置
　　　⑥車いす対応の押ボタン・操作盤
　　　⑦完成時の確認
　　　⑧昇降路の確認

　2）エスカレーター (254)
　　　①騒音防止
　　　②防火防煙区画
　　　③屋外エスカレーターの手すり
　　　④手すりにおける挟まれ防止

⑤エスカレーターのかかり代
　　　⑥安全装置等
■ **あとがき** ……………………………………………………………… 257

# 第1編　建築監理実務の基本

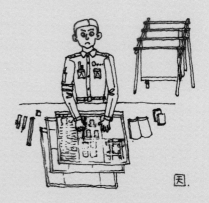

# 第1編　建築監理実務の基本

## 1．建築監理業務の基本

### 1.1　建築監理の役割を知る

　建築監理業務については、監理とは、誰が、どのような役割をもって、何を実施するのか、また、法定上の義務は何か、など基本的な要件を正しく理解して実施することが重要です。その要件として、監理にかかわる主要な項目の関係法令及び契約などの規定について解説します。

#### （1）建築生産における監理者と監理業務の義務と役割

　建築生産においては、監理者（工事監理者の立場を兼ねる。）によって、監理業務（工事監理業務を含む。）が実施されます。その監理業務の役割（権利と義務）は、法令及び監理業務委託契約約款などの契約書類で規定されています。ポイントとなる事項は、次のとおりです。

○『一定の建築物は、建築士による工事監理者を定めなければ、当該建築工事をすることができない。』
○『建築士である工事監理者が行う工事監理業務は、法定業務（独占業務）であり、主な役割は、「工事と設計図書との照合・確認」で、その業務項目は後述する告示第15号で規定されている。』
○『一般的には、工事監理業務を含む広い範囲の監理業務は監理者が行う。この場合の監理者の資格要件は法的には問われない。』
○『監理者が行う監理業務には、一般に工事監理業務が含まれ、監理者が工事監理者の立場でこれを行う。』
○『監理業務の範囲は、監理業務委託契約の締結によって定められ、これを監理者が実施する。』

#### （2）工事監理業務と監理業務の違い

　監理業務は、一般的に監理業務委託契約により、その業務内容が定められ、建築士法による「工事監理業務」と「工事監理業務に含まれない、その他の業務」で構成されます。

　なお、工事監理業務については、「国土交通省平成21年告示第15号（本書では「告示第15号」という。）」の「工事監理に関する標準業務及びその他の標準業務」

が、工事監理業務に含まれないその他の業務については、「四会約款」の「四会委託書」が参考になります。

「工事監理業務」

　建築士法で定めた、建築士の責任において、工事を設計図書と照合し、それが設計図書のとおりに実施されているか、いないかを確認する業務をいいます。

「監理業務」

　法令等では規定されていません。「四会約款」などに基づく監理業務委託契約に定められる業務をいいます。一般的には建築士法で定められる工事監理業務などの法定業務と、その他の業務を含め、総称して監理業務といいます。

### (3) 工事監理者と監理者の違い

「工事監理者」

　建築基準法の定義により、建築士法に規定する、工事監理を行う者をいいます。同法の定めにより、一定の建築物については、建築士であるところの工事監理者を定めなければ、工事をすることができません。工事監理者は建築士法で規定された法定業務を行います。

「監理者」

　特に法令等で規定されていません。「四会約款」及び「民間工事約款」など、契約で定められた監理業務を行う者をいいます。一般的に監理者は、建築士である工事監理者と兼ねている場合が多いと思われます。

### (4) 工事監理、監理業務の法と契約に関する義務

　監理業務には、法令において規定された順守すべき法的義務と監理業務委託契約上の契約義務があります。法的義務としては、建築士法、建築基準法、などの「公法」がその基準となります。また、契約上の義務としては、「私法」である民法とともに契約約款、業務委託書など契約上の規定があります。民間工事の場合、設計・監理業務契約については標準的な約款として広く使用されている「四会約款」、工事請負契約については「民間工事約款」がその基準となることが多いと思われます。

　なお、これらの規定では、工事監理業務及び監理業務の履行に当たって監理者等の権利と義務が生じますが、当然ながら違法行為や契約不履行などがあった場合は、罰則や損害賠償などの、さまざまな「法的責任」、「契約責任」、「不法行為責任」を負うことになる場合があるため、留意する必要があります。

「法的義務」

　設計業務及び工事監理業務は、法令によって一定の規制（権利等）と行動が義務付けられています。また、それに違反した場合は、法律上の罰則や制裁を負わ

され、一般的に「法的責任」といわれています。なお、行政法規に違反したときは、建築士事務所の免許取消しなどの「行政処分」を受ける場合があります。

その他、設計、工事監理業務を受託している、いないにかかわらず、故意や過失によって他人の権利や利益を侵害したときは「不法行為責任」を負うことになる場合があります。

「契約義務」

契約の成立は、簡単にいえば当事者間の「口約束」によっても成立するといわれていますが、一般的には業務委託契約書の締結によることになります。後日、契約変更が発生した時の対応方法、契約内容に対する見解の相違の発生など、契約当事者間の争いが起きないように、あらかじめ契約約款等に基づいて必要事項を明確に定めておきます。

なお、設計、工事監理業務の契約に際しては、建築士法の規定により契約締結の前と後に、建築主と建築士事務所間で、次の二つの書面の取交しが義務付けられています。また、平成26年6月20日の建築士法改正により「延べ面積300㎡を超える建築物について、書面による契約締結の義務化」（第22条の3の3）に伴い②は不要となります。同じく「一括再委託の禁止」（第24条の3）となりました。

① ［建築士法第24条の7に基づく重要事項説明］

設計、工事監理業務委託契約の締結の前に、建築士事務所の開設者は、あらかじめ建築主（委託者）に対し所属する建築士が一定の事項を記載した、標準書式の「重要事項説明書」を交付して、説明を行う義務があります。重要事項説明の主な内容は、次のとおりです。

（基本事項）

建築士事務所の名称及び所在地、開設者の氏名・対象となる建築物の概要、従事することとなる建築士・建築設備士の氏名・資格、報酬の額及び支払いの時期、契約の解除に関する事項

（工事監理契約の場合）

工事と設計図書との照合方法及び工事監理の実施の状況に関する報告の方法

（設計又は工事監理の一部を委託する場合の計画）

委託する業務の概要及び委託先、建築士事務所の名称及び所在地・開設者の氏名

② ［建築士法第24条の8の規定に基づき委託者に交付する書面］

設計、工事監理業務委託契約の締結の後に、速やかに委託者に対し一定の事項を記載した、標準書式の「建築士法第24条の8の規定に基づき委託者に交付する書面」を交付して説明を行うことが義務付けられています。書面交付の主な内容は、次のとおりです。

（重要事項説明書の事項のほかに、次の事項が加わる。）

　　　　設計又は工事監理の種類及び内容、実施方法及び業務実施期間、設計又は工事監理の一部の委託先、契約の年月日・契約の相手方（委託者）の氏名又は名称

「四会連合協定　建築設計・監理等業務委託契約約款（本書では「四会約款」という。）の規定」

　民間工事の監理業務の契約については、民間工事の標準的な契約を目的とした四会約款に基づいて締結し、それに基づいて監理業務を実施することが多いと思われます。四会約款は、業務委託契約書、設計・監理業務委託書、約款などの書類を伴って制定されています。

　業務委託書の業務一覧表は、建築士法第25条の規定に基づく告示第15号に定めた、建築士の独占業務である「工事監理に関する標準業務」及び非独占業務の「その他の標準業務」に相当する「基本業務」の項目を示しています。この基本業務以外に、告示第15号にはない非独占業務扱いの「オプション業務」があり、二つの業務を合わせて監理業務といいます。

「民間(旧四会)連合協定工事請負契約約款（本書では「民間工事約款」という。）の規定」

　この民間工事約款は、発注者と受注者（工事施工者）間の工事請負契約に利用するものですが、この約款に「監理者」の役割が詳細に規定されています。監理業務契約とは契約上、直接関係しませんが、監理契約で監理業務範囲を決めていないあるいは曖昧な場合は、工事約款の監理者にかかわる規定が適用されることになる場合もあるため、注意する必要があります。　なお、当然ながら監理業務の範囲・内容は、民間工事約款よりも監理契約の規定が優先します。

　ただし、工事施工者は、発注者（建築主）から監理契約の内容が説明されていない場合は、監理者の役割は、民間工事約款に規定された内容で実施するものと誤解する可能性があります。

「契約上の注意義務」

　監理は、民法上の準委任契約に該当するといわれています。監理者は、この契約の実施に当たって、善良な管理者の注意をもって事務の処理する義務を負う（民法第644条）ことになります。この「善管注意義務」は、監理業務の履行に必要な知識・能力を備えている専門家に対して、一般的に要求される注意義務と考えられています。

### （5）監理者として必要な法令の基礎知識

　監理者は、監理業務を実施するに当たり、関連する法令等の規定などについて、ポイントとなる内容をあらかじめ理解しておく必要があります。建築生産にかかわる法律として、建築物の設計、工事監理等に関する資格制度は「建築士法」、

建築物の敷地、構造、設備及び用途に関する最低基準は「建築基準法」、建設工事の適正な施工を確保するなどに関しては「建設業法」があります。

「建築士法」の工事監理に関するポイントは、次のとおりです。

建築士法により、建築士法の目的、建築士の職責などが規定されています。特に工事監理は、建築物の安全性の確保及び質の向上のために重要な役割を担うものであり、建築物の床面積、階数、構造の種別など一定の建築物の設計又は工事監理は、建築士の独占業務としています。

---

**（目的）**

第1条　この法律は、建築物の設計、工事監理等を行う技術者の資格を定めて、その業務の適正をはかり、もって建築物の質の向上に寄与させることを目的とする。

第2条第7項　この法律で「工事監理」とは、その者の責任において、工事を設計図書と照合し、それが設計図書のとおりに実施されているかいないかを確認することをいう。

**（職責）**

第2条の2　建築士は、常に品位を保持し、業務に関する法令及び実務に精通して、建築物の質の向上に寄与するように、公正かつ誠実にその業務を行わなければならない。

（一級建築士でなければできない設計又は工事監理）

第3条　（略）

（一級建築士又は二級建築士でなければできない設計又は工事監理）

第3条の2　（略）

（一級建築士、二級建築士又は木造建築士でなければできない設計又は工事監理）

第3条の3　（略）

（設計及び工事監理）

第18条第3項　建築士は、工事監理を行う場合において、工事が設計図書のとおりに実施されていないと認めるときは、直ちに、工事施工者に対して、その旨を指摘し、当該工事を設計図書のとおりに実施するように求め、当該工事施工者がこれに従わないときは、その旨を建築主に報告しなければならない。

（業務に必要な表示行為）

第20条第3項　建築士は、工事監理を終了したときは、直ちに、国土交通省令で定めるところにより、その結果を文書で建築主に報告しなければならない。

（「工事報告書等」の提出の規定）

（信用失墜行為の禁止）

第21条の4　建築士は、建築士の信用又は品位を害するような行為をしてはならない。

（業務の報酬）

第25条　（略）

なお、留意しておきたいことは、設計業務や監理業務として行われる業務内容は、建築士法で定められ、建築士の独占業務とされる設計又は工事監理の業務内容よりも、広い範囲であることが一般的だということです。このため、監理業務契約を締結する場合の業務範囲を明確に定めておくことが重要となります。

「建築基準法」の工事監理に関するポイントは、次のとおりです。

建築基準法により、一定の建築物においては、建築士である工事監理者を定めることを建築主に義務付け、これに違反した工事をすることができないと定められており、これにより、工事監理の実効性を担保しています。

---

(用語の定義)

第2条第11号　工事監理者　建築士法第2条7項に規定する工事監理をする者をいう。

(建築物の設計及び工事監理)

第5条の4　(第1項～第3項は略)

第4項　建築主は、第1項に規定する工事をする場合においては、それぞれ建築士法第3条第1項、第3条の2第1項若しくは第3条の3第1項に規定する建築士又は同法第3条の2第3項の規定に基づく条例に規定する建築士である工事監理者を定めなければならない。

第5項　前項の規定に違反した工事は、することができない。

(報告、検査等)

第12条第5項　特定行政庁、建築主事又は建築監視員は、次に掲げる者に対して、建築物の敷地、構造、建築設備若しくは用途又は建築物に関する工事の計画若しくは施工の状況に関する報告を求めることができる。

---

なお、第12条第5項の規定により、建築主事又は確認検査機関による、工事の「中間検査」、「完了検査」の申請をする際、工事監理の状況報告が必要となります。

「建設業法」の監理に関するポイントは、次のとおりです。

建設業者に対する許可制度は、施工能力、信用力の乏しい建設業者の参入を抑制、請負契約の適正化、建設工事の施工技術の確保等を目的として規定しています。また、建設業者は、工事を施工するに当たって、発注者及び設計者の意図を設計図書等から把握し、十分な施工技術と能力を持って完成させることが求められています。

建設業法には監理業務に直接関係する規定はありませんが、工事施工者の技術力や能力などが監理業務を実施する前提となります。仮に、監理者が適切な監理を行っても、工事施工者の技術と能力が不足していれば、建築物の質の確保等は困難となってしまいます。

なお、建設工事の適正な施工技術の確保を図るため、建設業者の許可要件とし

て営業所ごとの専任の技術者の設置を義務付けるとともに、建設工事を施工する工事現場にも「主任技術者」や「監理技術者」を置くことを義務付けています。

---

（主任技術者及び監理技術者の設置等）
第26条 （略）
（主任技術者及び監理技術者の職務等）
第26条の3 主任技術者及び監理技術者は、工事現場における建設工事を適正に実施するため、当該建設工事の施工計画の作成、工程管理、品質管理その他の技術上の管理及び当該建設工事の施工に従事する者の技術上の指導監督の職務を誠実に行わなければならない。

---

「工事監理における法令上の措置等」

　工事施工者には、契約や法令等に準拠して当該工事を完成させ、引き渡す義務があり、工事監理者にも法令に基づいて所定の業務を履行する義務があります。しかし、時には、その工事の過程において工事施工者が工事監理者の指摘に従わない場合あるいは従えない理由がある場合があります。このような場合の措置が、次のとおり規定されています。

---

[建築士法] 第18条第3項　（設計及び工事監理）
　建築士は、工事監理を行う場合においては、工事が設計図書とおりに実施されていないと認めるときは、直ちに、工事施工者に対して、その旨を指摘し、当該工事を設計図書のとおりに実施するよう求め、当該工事施工者がこれに従わないときは、その旨を建築主に報告しなければならない。

[建設業法] 第23条の2　（工事監理に関する報告）
　請負人は、その請け負った建設工事の施工について建築士法第18条第3項により建築士から工事を設計図書のとおりに実施するよう求められた場合において、これに従わない理由があるときは、直ちに、第19条の2第2項により通知された方法により、注文者に対して、その理由を報告しなければならない。

---

「設計と工事監理の業務報酬基準（告示第15号）」

[建築士法] 第25条（業務の報酬）
　国土交通大臣は、中央建築士審査会の同意を得て、建築士事務所の開設者がその業務に関して請求することのできる報酬の基準を定め、これを勧告することができる。

---

　この第25条の規定に基づく業務報酬基準は、告示第15号で定めており、一般に

広く適用されています。ただし、この業務報酬基準は報酬額を定めているものではなく、また、業務報酬基準そのものには強制力はなく、当事者間の監理業務契約に基づいて個別に委託業務の範囲と業務報酬の算定をすることを妨げてはいません。なお、告示第15号の施行に伴い、従来の昭和54年建設省告示第1206号（以下、「旧業務報酬基準」という）は廃止されています。

　民間工事における設計・監理等業務委託契約の場合は、一般に標準約款として使用されている四会約款の契約書、業務委託書、約款等に基づき業務内容、業務報酬額などを決めることが多いと思われます。なお、四会約款の業務委託書における設計及び監理に関する「基本業務」は、告示第15号の「標準業務」に相当しています。

　告示第15号の業務報酬基準は、「業務報酬の算定方法」及び「設計と工事監理の標準業務」からなり、工事監理については、「工事監理に関する標準業務」と「その他の標準業務」で構成されています。ここで、監理業務の実施にあたって必要なことは、この標準業務の項目と内容を十分に理解しておくことです。

　次に、告示第15号で規定する工事監理の項目を記載します。各項目の業務内容の説明については、本編1.2（2）項を参照してください。

---

[工事監理に関する標準業務] の項目

（1）工事監理方針の説明等（ⅰ）工事監理方針の説明（ⅱ）工事監理方法変更の場合の協議
（2）設計図書の内容の把握等（ⅰ）設計図書の内容の把握（ⅱ）質疑書の検討
（3）設計図書に照らした施工図等の検討及び報告（ⅰ）施工図等の検討及び報告（ⅱ）工事材料、設備機器等の検討及び報告
（4）工事と設計図書との照合及び確認
（5）工事と設計図書との照合及び確認の結果報告等
（6）工事監理報告書等の提出

[その他の標準業務の項目] の項目

（1）請負代金内訳書の検討及び報告
（2）工程表の検討及び報告
（3）設計図書に定めのある施工計画の検討及び報告
（4）工事と工事請負契約との照合、確認、報告等（ⅰ）工事と工事請負契約との照合、確認、報告（ⅱ）工事請負契約に定められた指示、検査等（ⅲ）工事が設計図書の内容に適合しない疑いがある場合の破壊検査
（5）工事請負契約の目的物の引渡しの立会い
（6）関係機関の検査の立会い等
（7）工事支払いの審査（ⅰ）工事期間中の工事費支払いの請求の審査（ⅱ）最終支払

> い請求の審査

なお、これらの項目の業務内容は、告示第15号を参照してください。

### 「工事監理ガイドライン」

前述の告示第15号の「工事に関する標準業務」第（4）項に掲げる、「工事と設計図書との照合及び確認」の業務内容に示す「確認対象工事に応じた合理的方法」について、具体的に例示した「工事監理ガイドライン」が、平成21年9月1日に国土交通省住宅局建築指導課により策定されており、参考になります。
このガイドラインの対象工事は、新築の非木造建築物と戸建木造住宅に係る建築工事、電気設備工事、給排水設備工事、空調換気設備工事、昇降機等設備工事です。このガイドラインでは、これらの対象工事について、種別ごとに工事監理における確認内容として、確認項目と確認方法を例示しています。

なお、このガイドラインに基づいて工事監理を行うことが強制されるものではありません。あくまでも工事監理者が合理的に判断した方法で工事監理を実施することが重要となります。

### （6）監理者としての職業倫理

建築士である工事監理者について、前述のとおり、建築士法の「職責」及び「信用失墜行為の禁止」の条項で、建築士の倫理などについて義務付けています。

また、建築関連団体である（公社）日本建築士会連合会、（一社）日本建築士事務所協会連合会、（公社）日本建築家協会では、倫理規定や憲章を定め、設計者や監理者の「職務の遂行」、「職業倫理」、「自己研鑽」、「社会的使命」、「相互信頼と協力」、「創造行為」などについて、団体及び会員としての理念、目標、行動などを掲げています。

監理者又は工事監理者が業務を履行する場において、時として工事関係者間で難しい判断を求められたり、考えの不一致などが起こることがあります。このような場合、これらの行動規範を念頭に置きながら、適切に対応したいものです。

## 1.2　建築監理実務の基本を知る

### （1）監理実務の要点

#### 1）監理の役割とその重要性を理解し実務に当たる

完成した建築物に対する一般的な不具合としては、構造躯体の欠陥、雨漏りなどの発生、耐力や耐久性の不足など、さまざまな問題があり、建築主の建設関係者に対する不信を招いている場合があります。

不具合は、さまざまな要因によって発生します。建築物として所定の品質、機能、耐久性などが確保されていないなどの問題は、設計図書に不備がある場合や設計図書のとおりに工事施工がされていない場合にも起こります。建築生産において、不具合や問題の発生を未然に防ぐことは、設計者や工事施工者に限らず、監理者にとっても最も重要な役割といえます。

建築物の品質や耐久性などを確保するために、契約の履行、設計図書内容の具現、関連法令の順守、設計及び施工の品質の確保など、建築生産の各段階において、工事に係わる建築主、設計者、監理者、工事施工者など工事関係当事者は、相互理解のもとに一体となって、自らの役割と責任を果たす必要があります。特に、工事施工者が工事を進めるうえで直接かかわることになる監理者による監理業務は、重要な立場と役割を担っているといえます。

### 2）監理業務には法定義務と契約の履行義務がある

前記1.1項で解説したとおり、工事監理者による建築士法上の工事監理は、法定業務であり、通常この監理業務に含まれます。また、より広い業務を行う監理者は、このほか監理業務委託契約に定められた種々の監理業務を実施する必要があります。

具体的な監理業務の内容については、一般的に使われることの多い四会約款の監理業務委託書による業務、民間工事約款に定める監理者の業務及び監理契約に基づくその他の特約（オプション）監理業務があります。監理者は、これらの業務を適切に履行する義務があります。

### （2）監理業務実践の要点

#### 1）主要な監理業務の要点を知る

ここでは、監理業務委託契約（告示第15号の標準業務を含む。）や、設計図書で規定された項目など、監理者として当然に実施すべき主な監理業務の要点について解説します。

なお、監理業務を履行する際は、標準的な業務範囲のほかに関連工事の調整などのオプション（追加）監理業務や、当該工事の特性などを勘案して監理体制をつくり、具体的な監理方針を策定して、監理業務を実施します。

① 関係法令、契約書等に照らして監理業務を適切に履行する。

　a 建築士法に基づいて工事監理業務を行うほか、建築基準法、消防法などの関係法令、地方公共団体の諸条例など、関連法令の要点を把握し監理を実施

建築物の用途や規模等によっては、設計及び工事施工について、関係法令等の規制対象になる場合があり、それに該当する場合は、事前の申請手続きや検査を受けるなどの対応を行う必要があります。

また、当該工事の何が法令等による規制の対象になるのか事前に把握した

うえで、工事施工の工程や作業の進捗状態などを確認し、これらの規制に対処することが求められます。

主な関連法令は、次のとおりです。詳細は、関係法令集等で確認してください。

[主な関係法令] 建築士法・建築基準法・建設業法・都市計画法・消防法・バリアフリー法・省エネルギー法・景観法・住宅品質確保法・長期優良住宅普及促進法・耐震改修促進法・特殊建築物等関係法・労働安全衛生法・民法・その他の法令

b 四会約款による監理業務委託契約・監理に関する業務委託書の内容、又は独自の契約書等による監理業務内容を把握し監理を実施

四会約款の業務委託書の「監理に関する基本業務」は、告示第15号の「工事監理に関する標準業務及びその他の標準業務」に相当する業務内容です。なお、告示第15号は、工事監理等の標準業務を規定するとともに、設計監理業務報酬の算定根拠になっていることに留意する必要があります。

c 民間工事約款などの工事請負契約に示される監理者についての規定を把握し監理を実施

監理業務委託契約で明確に監理業務内容を定めていない場合で、かつ、民間工事約款に準拠して工事請負契約が締結されているときは、工事約款に示される監理者の規定がすべて適用されてしまうということに留意する必要があります。

d 設計図書(設計図面、標準仕様書、特記仕様書をいう。また、見積要項書、質問回答書を含めて「設計図書等」という。)の内容を把握し監理を実施

一般的にこの設計図書等の中に、承認・確認・検査・立会い・指示・協議など監理者が行うべき項目(役割)が規定されています。その内容を把握して監理業務を実施する必要があります。

なお、本項における「設計図書」の説明は、建築士法の定義に基づくものですが、工事請負契約の中で定められ定義によっては、これと異なる場合があります。一例として国交省監修の標準仕様書では、設計図面及び仕様書に加えて、質問回答書及び現場説明書を設計図書に含めています。

② 四会約款の業務委託書に規定する「工事監理に関する基本業務」を適切に履行する。

一般的に民間工事に使われていることが多い業務委託書において、監理に関する業務は、「基本業務」と「オプション業務」で構成され、二つを合わせて一般的にいう「監理業務」となります。この基本業務は、前述のとおり告示第15号の「工事監理に関する標準業務」と「その他の標準業務」に相当する業務となっています。

次に、基本業務の項目と業務内容について、そのポイントを解説します。詳細については、「四会連合協定 建築設計・監理等業務委託契約約款の解説」（大成出版社：刊）を参照してください。

a　監理方針の説明等

　　監理業務の着手に先立って、監理体制（監理業務の担当者の氏名及び担当業務を含む）その他の「監理方針」について監理方針書等を策定し、建築主に説明します。この監理方針については、建築主を通して工事施工者に説明します（実務的には、建築主同席のうえ、又は了承のうえ、監理者が説明するのが一般的です）。また、監理業務方法変更の必要が生じた場合、建築主（委託者）と監理者（受託者）は協議を行います。監理者は、変更した監理業務方法を工事施工者に書面で通知します。

　　なお、監理業務において、監理者の工事施工者に対する設計図書等又は工事請負契約に基づく指示、確認、承認、通知などは原則として書面により行います。これを「監理業務の書面主義」といい、通常、監理業務委託契約約款や工事請負契約約款で定められています。また、建築主への対応についても、記録を残すなどの書面主義が望まれます。

b　設計図書等の内容の把握等

　　設計図書等の内容を十分に把握し監理するとともに、必要に応じて工事施工者への説明、工事施工者から提出される質疑書に対して技術的に検討し、回答を通知するなどします。なお、設計意図を正確に伝える（通常、「設計意図伝達」という。）ための質疑応答、説明等は、工事施工段階で設計者が行う業務となっています。

c　設計図書等に照らした施工図等の検討及び報告、工事材料、設備機器等の検討及び報告

　　設計図書等に照らして、施工図及び工事材料、設備機器等が適合しているかいないかについて検討又は確認し、建築主に報告します。また、適合していないと認められる場合は、工事施工者に修正を求め、適合していると認められる場合は、工事施工者に対し「承認」又は「通知」します。この「承認」する業務は、四会約款の業務委託書で規定しています。「通知」する業務は、告示第15号に定められています。

d　工事と設計図書等との照合及び確認、工事と設計図書等との照合及び確認の結果報告等

　　工事施工者が行う工事が設計図書等（一般的には承認された施工図、施工計画書、見本等を含むことが多い。）の内容に適合しているかについて、「設計図書等に定めのある方法による確認、目視による確認、抽出による確認、工事施工者から提出される品質管理記録（自主検査記録、施工記録、試験報

告書、工事写真等をいう。）の確認」など、確認対象工事に応じた「合理的方法により確認」を行います。また、照合及び確認の結果を建築主に報告します。

この監理者（工事監理者を含む。）による照合及び確認の業務は、建築士法第2条第7項「この法律で工事監理とは、その者の責任において、工事を設計図書と照合し、それが設計図書のとおりに実施されているかいないかを確認することをいう。」に規定される工事監理に相当する重要な役割といえます。

なお、照合及び確認の結果、工事が設計図書等のとおりに実施されていないと認めるときは、直ちに、工事施工者に対して、その旨を指摘し、当該工事を設計図書等のとおりに実施するように求めるとともに、建築主に報告します。この業務は建築士法第18条第3項に対応しています。

e　工事報告書等の提出

工事と設計図書等との照合及び確認をすべて終えた後、建築士法第20条第3項に基づく工事監理報告書及び関連する図書を建築主に提出します。また、建築基準法第12条第5項の規定に基づき、建築主事又は審査機関による中間検査や完了検査の申請時に、工事監理報告書を提出する必要があります。

f　請負代金内訳書の検討及び報告

工事施工者から提出される、請負代金内訳書の適否を合理的な方法により検討及び確認し、その結果を建築主に報告します。

g　工程表の検討及び報告

工事施工者が提出する工程表について、工事請負契約に定められた工期及び設計図書等に定められた品質が確保できないおそれがあるかについて検討し、確保できないおそれがないと判断するときは、建築主に報告するとともに、工事施工者に承認又は通知します。そのおそれがあると判断するときは、工事施工者に修正を求めます。

h　設計図書等に定めのある施工計画の検討及び報告

設計図書等の定めにより、工事施工者が提出する施工計画（工事施工体制に関する記載を含む）について、工事請負契約に定められた工事及び設計図書等に定められた品質が確保できないおそれがあるかについて検討し、確保できないおそれがあると判断するときは、建築主に報告するとともに、工事施工者に通知します。

i　工事と工事請負契約との照合、確認、報告等

工事施工者が行う工事が工事請負契約の内容（設計図書等に関する内容を除く）に適合しているかについて、設計図書等に定めのある方法、目視によ

る確認、抽出による確認、工事施工者から提出される品質記録の確認等、確認対象工事に応じた合理的方法により確認を行います。また、確認の結果、適合していない箇所がある場合は、工事施工者に対し是正の指示を与え、工事施工者がこれに従わないときは、その旨を建築主に報告します。この業務は、前記のd項とよく似ていますが、d項が工事を「設計図書等」と照合及び確認するのに対し、i項は、工事を「それ以外の契約内容」、すなわち工事請負契約書や工事請負契約約款などの規定と照合及び確認することを定めています。

このほかに「工事請負契約に定められた指示、検査等」、「工事が設計図書等の内容に適合しない疑いがある場合の破壊検査」が規定されており、必要に応じて対応します。

j 工事請負契約の目的物の引渡しの立会い

工事施工者から建築主への工事請負契約の目的物の引渡しに立ち会います。

k 関係機関の検査の立会い等

建築基準法等の法令に基づく関係機関（建築主事、指定確認検査機関、消防署長などの公的機関）の検査に必要な書類を工事施工者の協力を得て取りまとめます。また、当該検査に立会い、その指摘事項等について、工事施工者が作成し、提出する検査記録等に基づき建築主に報告します。

l 工事費支払いの審査

工事施工者から提出される工事期間中の工事費支払い及び最終支払いの請求について、工事請負契約に適合しているかどうかを技術的に審査し、その結果を建築主に報告します。

③ 監理業務委託契約に定められる「監理に関するオプション業務」を適切に履行する

監理業務委託契約において履行すべき監理業務には、前述のとおり「基本業務」と基本業務に含まれない追加業務としての「オプション業務」があります。このオプション業務は、建築主（委託者）から当該工事の遂行にあたって個別に要請される業務で、建築主と監理者（受託者）が契約範囲に含めることに合意した業務となります。四会約款の業務委託書では、「監理に関するオプション業務のサンプル」が例示されています。

なお、オプション業務は、告示第15号には規定がなく、告示第15号に含まれない追加的な業務となります。四会約款の業務委託書に例示されるオプション業務の主な項目について、次に記述します。

a 住宅の品質確保の促進等に関する法律第5条第1項に規定する住宅性能評価に関する業務

b　建築物総合環境性能評価システムに係る業務
c　建築主と工事施工者の工事請負契約の締結に関する協力に係る業務（工事施工者選定についての助言、見積要項書等の作成、工事請負契約の準備への技術的事項についての助言、見積徴収事務への協力、見積書内容の検討、工事施工者が提案する代替案（ＶＥ提案等）の検討及び評価、その他の建築主と工事施工者の工事請負契約の締結に関する協力に係る業務）
d　第三者への説明（項目のサンプルは省略）
e　完成図（竣工図）等の作成及び確認の業務
f　建築主が別途に発注するテナント工事、生産設備工事、サイン工事等の当該工事に関連する工事との調整により生じる基本業務に含まれない業務
g　工期、工区を分割することにより生じる基本業務に含まれない業務
h　特殊な工事発注形態の採用に伴う対応
i　工事運営に係る業務（項目のサンプルは省略）
j　発注者からの支給材料及び貸与品の検査記録等の検討及び報告
k　建築主の都合等による設計変更及びそれに係る業務（項目のサンプルは省略）
l　建築主の依頼（工事施工者等によるＶＥ提案を含む。）又は関係機関の指導等により設計変更を行い、建築主の承認（設計者への承諾の求めを含む。）を得たうえで、工事施工者に対して必要な指示を行う業務
m　工事施工者が提案する代替案（ＶＥ提案等）の検討及び評価
n　その他、工事段階で生じる監理業務のうち、基本業務に含まれない業務
（項目のサンプルは省略）
　また、このほか「建築物完成後の監理に関するオプション業務」があり、追加業務として契約した場合は、それを履行します（項目のサンプルは省略）。

**2）建築生産における監理業務のプロセスを知る**

　監理業務は、工事の着手から完成引渡しまで、工事施工のプロセスに沿って実施します。監理業務における監理者自らの役割と建築主、設計者、工事施工者、関係機関などと相互に関連する事項を理解し、当事者間で連携を図りながら適切にその役割を遂行する役割があります。
　一般的な工事の建築生産のプロセスにおいて、監理者の監理業務を主体にして発注者（建築主）、設計者、受注者（工事施工者）、専門工事業者などとの相互関係と、その対応すべき項目、役割の概念を次に例示します。

## 図1 「建築生産のプロセスと監理者の一般的な業務内容の例示」

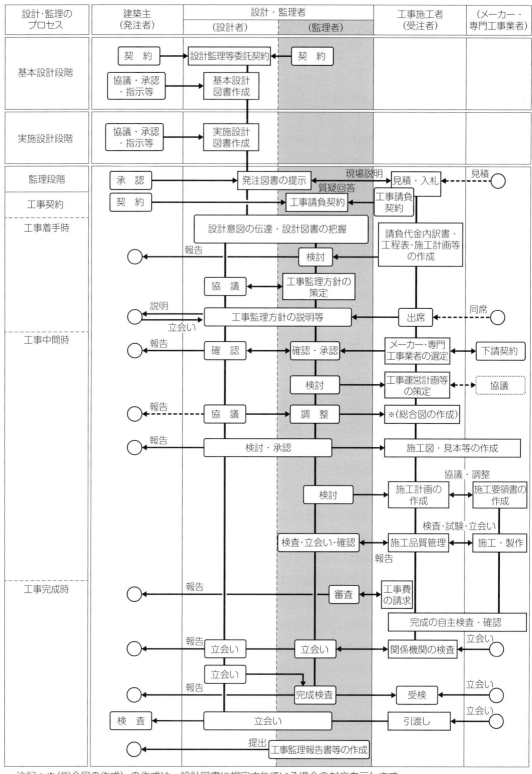

注記：※(総合図の作成)の作成は、設計図書に規定されている場合の対応を示します。

### 3）監理業務は工事施工においてのプロセス管理が重要

① 一般的に工事施工は、工事施工者が、施工工程ごとに施工品質管理を行い、設計図書及び工事請負契約などに示された工事について、工法や品質、性能などを照合及び確認しながら施工し、所定の建築物を所定の工期内に完成させ引き渡すというプロセス管理による一品生産方式で行われます。

監理者もまた、所定の性能、品質などを確保するために、工事の一工程ごとに設計図書等に基づく施工計画、施工図などの検討、承認などを行い、必要に応じて現場や製作所などに立会って、照合及び確認を行い、不適合箇所については、工事施工者に指摘するなどして是正を求め、次工程に進める「プロセス管理」による監理業務を実施することが重要です。

② 工事の照合及び確認については、まず工事施工者が、十分に施工の品質管理、確認をしたあとに、自主検査を実施し、その品質管理記録を書面で監理者に提出、報告します。監理者は、確認対象ごとに、合理的方法により照合及び確認などを行い、これを発注者に報告するのが基本的な方法です。

## （3） 監理実務の基本的な働き

監理実務における基本的な働き（役割）の概念は、一般的に次の主要な4項目に整理できます。なお、この概念は、告示第15号の工事監理に関する標準業務や四会約款業務委託書の基本業務の構成内容と、一致しているものではありません。「監理することの基本的な働き」については、このように整理すると、より理解しやすくなると思います。具体的な内容については、第2編「建築監理業務の実践」で解説します。

### 1）工事の運営をマネジメントする

工事そのものについては、工事施工者が工事の着手から完成引渡しまで、施工段階ごとに進め方をマネジメントします。しかし、工事が円滑に進行できるように監理者も総合定例会議、個別会議、専門工事の分科会など、多くの会議体を開催・運営し、工事にかかわる関係者間の説明、協議、調整、確認などのリーダーシップをとるなど工事の運営における重要な役割を果たします。

例えば、工事監理方針の説明、工事監理の報告、工事管理・工程管理などの確認、関連工事の調整などは、一般的に工事の運営の場において行います。

この働きは、建築主の事業目的である建築物の工事が滞りなく円滑に進捗し完成されるよう、設計図書等の具現化及び工事請負契約の適正な履行を図るために、監理者のリードのもと、必要となる事項の会議や打合せなどを建築主、設計者、工事施工者、関係機関などと協同して行います。監理者は、こういった場において、必要な検討、助言、協議、指示、報告、確認などを行います。

なお、工事を運営する業務は、建築士法や告示第15号にはなく、四会約款の

業務委託書では、オプション業務の扱いで実施しますが、建築主の承諾を得て監理業務契約に含めることが重要と考えます。

### 2）設計図書等の内容及び設計の意図を確定する

設計図書等の内容を把握し、必要に応じて工事の具体化に向けて工事施工者にその要点などを説明します。設計図書等だけでは表現しきれない設計の細部や設計意図について設計者に確認し、工事施工者からの質疑への回答という形で工事施工者へ伝達します。また、工事施工者が作成・提出する施工図や製作図、製作見本などの、照合及び確認をとおして工事の目的物の何をつくるのかを最終的な形を決めていきます。

なお、設計意図の具体化にあたっては、設計者からの説明、質疑応答を受け、また、工事材料、設備機器等の選定などに関しては検討、助言などを受け、何をつくるかを確定していきます。

### 3）つくり方を検討し確認（又は承認）する

前記2）項を踏まえ、工事施工者がその生産組織と生産手段により、契約の建築物をどのような体制で、どのような材料を使用して、どのようなスケジュールで、どのようにつくるかについて、工事施工者が作成、提出する施工計画書、施工要領などについて技術的な検討、助言などを行い確認（又は承認）の作業をします。

### 4）つくられたものの照合及び確認をする

前記2）項、3）項を決めたのち、工事目的物がそのとおりつくられて行くことを工程、工種ごとに確認します。そしてつくられたものが、所定の品質・性能を備えているかなど合理的な方法により照合及び確認などを行います。

「監理の主な働きと目的」について図2に例示します。

監理には、実施しなければならない主要な業務があり、それを適切に履行する必要があります。そのためには、その業務の目的、方法とその結果のあり方について、よく理解したうえで、工事関係者と協力して実施していくことになります。

### 図2 「監理の主な働きと目的の例示」

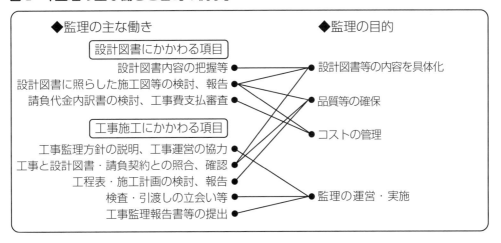

### （4） 監理実務に当たる監理者の心得

監理者が監理実務に当たって、心得ておきたい取り組み方として、一般的に次のようなことが考えられます。確かな心得を持って実務に当たることは、とりもなおさず建築主をはじめ工事関係者に、監理者の役割について正しい理解と信頼を得ることに繋がると考えます。

以下の内容については、心得の例示であり、全体を表現したものではありませんが、「（1） 監理実務の要点」と併せて理解するようにしてください。

#### 1） 建築士である工事監理者は、法令等を順守し工事監理に当たる

前述のとおり、建築士法第2条の2の「職責」の規定に「建築士は、常に品位を保持し、業務に関する法令及び実務に精通して、建築物の質の向上に寄与するように、公正かつ誠実にその業務を行わなければならない。」とあり、また、同法第21条4の「信用失墜の行為の禁止」の規定に「建築士は、建築士の信用又は品位を害するような行為をしてはならない。」とあります。建築士法上の工事監理者は、これらの規定等を心得て適切に監理することが求められます。

#### 2） 監理者は監理に必要な専門的知識、技術力を持って誠実かつ適切に対応する

法的な工事監理者として建築士などの資格を持つことのほかに、監理者は、意匠、構造、設備、ランドスケープなど、建築物にかかわる専門的な知識、技術などと監理実務の経験を持って、設計図書等の内容を把握し、施工計画書・施工図などを検討し承認を行い、検査・立会いなどで工事の照合及び確認をすることが求められます。

なお、特殊な外装、構造、設備などにおける高度な専門技術や工法など、重要かつ難しい工事の監理に当たっては、意匠・構造・設備などの設計者はもと

より、工事施工者、専門工事業者などと連携を密にして対応します。

### 3）監理の実践においては、プロセス管理を重視する

監理は「プロセス管理」が重要なことは、前述のとおりです。プロセス管理は、設計図書等に基づく施工計画、施工図などの検討、承認及び工事施工者が行う工事が設計図書等や施工計画、施工図等に照らして適合しているか否かについて、現場内において所定の施工品質などについて照合、確認することです。また、工事請負契約のとおり工事が履行されているかの確認を行います。

### 4）工事施工者による施工品質管理を徹底するよう指示する

工事施工者には、自ら設計図書や施工図等のとおりに施工品質を確保しながら、監理者の確認などを受けて、工事を進める義務があります。時には、工事施工者が不十分な施工品質管理のままで、監理者に施工計画書や施工図の承認を求めたり、施工の検査や確認を求めるケースが見受けられます。工事施工者が、「監理者に承認や検査、確認をしてもらえば、あとで工事の不具合などがあっても、工事施工者は、その責任を免れることが出来る。」といった、誤った認識を持つことがあってはいけません。場合によっては、工事施工者の施工品質管理について、適切に実施するよう、指導監督することも必要となります。

監理者は、当該工事の特性などを把握して、工事の施工品質確保のために、工事施工者の施工管理体制及び現場代理人、監理技術者、専門工事業者などの実績、技術力の確保などについて、必要に応じて、検討、助言を与えるとともに、必要な処置をとるよう指示します。また、工事施工者に対して施工品質の確保を図るために自主的に施工品質管理の徹底を図るよう指示、助言することなども必要となります。

### 5）監理者の適正な監理は建築物の施工品質を高める

工事施工者にとっては、当該建築物を所定どおり完成させ引き渡すことは、当然の契約上の責務であり、施工品質の良否は、工事施工者の働きにかかっているといえます。しかし、さまざまな工事条件のもとで高い品質の建築物をつくり上げるためには、監理者の働きが不可欠であると考えます。

まれに、施工品質が低いままで建築物を引き渡したために、その後に不具合が発生し、手直しや瑕疵の修補を求められる場合があります。このような施工に係わるクレームは、一般的に工事施工者の責任によることが多いと思われますが、時として監理者が建築主から「なぜ見落とした」、「なぜ適切に工事施工者を指導しなかった」といった責任を問われ、信頼を失う場合があります。また、クレームが監理者の責任でないものであっても、その処置について対応することになる場合も多くあります。

監理者は、必要に応じて工事の中で施工上のクレームが発生しないように、リスク項目を予知するなどして、事前に指摘、助言することが重要です。そし

て、施工中に不具合が発生した場合は、必要に応じて是正を求め工事施工者がこれに従わない場合は、発注者にその旨を報告することになります。これは、建築士法に定められた工事監理者の義務です。

　なお、監理者には、監理の専門家として民法でいう「善管注意義務」があります。何れにしても、監理の役割の重要性を認識しながら、常に監理としての働きを心掛け、高い品質の建築物が完成するよう対処したいものです。

### （5）監理者に求められる能力とは

　監理者に求められる「能力」とは、専門知識、技術力、マネジメント力、協調性、指導力、迅速な対応など、人柄を含めた総合的なものです。この能力として何を求められているかについての自覚を持つことが、監理することのスタートラインに立つことです。そして、監理の担当者は、監理にかかわる専門的な建築知識や技術などの能力をひととおり身に付け、監理することの目的意識をもって業務に当たることが必要となります。

# 2．建築監理業務実務の目的と役割

## 2.1 監理業務の進め方　―監理業務の内容を知る―

監理業務の実施とその進め方については、監理業務の着手に当たって、建築主は、あらかじめ監理業務委託契約により監理者を定めます。その監理者は、監理の実施方法、監理者の体制など必要事項について建築主（委託者）に説明する必要があります。

### （1）誰が監理業務を実施するかにはパターンがある

建築士法に基づく工事監理を含む監理業務の実施パターンの主なケースについて以下に解説します。なお、一定規模以上の建築物の場合、いずれのパターンにおいても、工事監理者を兼ねる監理者は、建築士法で定められた建築士事務所に所属する建築士であることが義務付けられています。以下に、建築士法に基づく工事監理を含む監理業務の実施パターンの主なケースについて解説します。

#### 1）設計者が監理者を兼務して監理を行う

設計と監理の業務を同一人が兼務して行うパターン。

住宅などの小規模建築物の場合や小規模建築士事務所が監理を行う場合に多いケースです。設計と監理を同一人が行う場合は、設計と監理の業務責任と役割が異なることに留意し、混同しないように対処する必要があります。

#### 2）設計者と同一建築士事務所の別の監理者が監理を行う

同一建築士事務所が受託した設計と監理の業務を別々の人が行うパターン。

大・中規模建築物の場合や組織建築士事務所が設計監理業務を一貫して行う場合に多いケースです。建築の監理は設計者ではない監理者が担当し、構造、設備の監理は設計者が兼務する場合もあります。

#### 3）第三者が監理を行う

設計と監理の業務を別々の建築士事務所に委託し、監理を単独で行うパターン。

建築主（委託者）が、設計と監理の業務の違いやその特質を理解したうえで監理業務を設計業務とは分離して委託するケースです。例えば、総合建設業者（ゼネコン）に設計施工一括で発注した場合で、監理業務のみを第三者の建築士事務所に委託するケースなどがあります。

なお、公共工事では設計業務と監理業務を分離して異なる建築士事務所に委託する場合があり、これを「第三者監理」ということがあります。

#### 4）設計・施工一括請負契約の中で監理も行う

主にゼネコンの設計・施工一括請負契約の中で、同一社内の登録された建築

士事務所の建築士が監理を行うパターン。

いわゆる工事施工者インハウスの建築士が監理を行うケースです。このパターンでは、大規模工事を除いて、設計者が監理者を兼務することが多いと思われます。

5）建築主自ら監理を行う

建築主自身が登録する建築士事務所の監理者（建築士）が行うパターン。

主にデベロッパーなどの大手企業が建設事業を行う場合に、自ら登録する建築士事務所の建築士が監理を行うケースです。つまり、建築主のインハウス技術者が監理を行うパターンです。

## （2）監理チームの編成　―監理体制を決める―

住宅や小規模建築物などの場合、法的な工事監理者自らがすべての監理業務を行うこともありえます。しかし、大・中規模や特殊用途の建築物の場合、監理の専門性が求められることが多く、建築・構造・電気設備・機械設備などの役割分担を定め、複数の監理担当者で構成する監理体制（監理業務の組織・チーム）をつくるのが一般的です。

なお、この監理チームに設計チームを併せて図表化した「設計監理業務の組織図」などを作成し、「監理方針（書）」と同時に建築主に提出・説明するとともに、工事施工者にも説明することが一般的です。

## （3）監理業務の実施方針

監理業務の進め方の方針については、前述のように「監理方針（書）」などにまとめ、建築主及び工事施工者に提示し説明するようにします。この方針（書）には、「建築主の建設意図や要望・設計意図・監理方針・監理業務内容・監理体制・重点監理項目・工事の運営・提出書類の処理」などの必要事項を記載して、「当事者間の役割の理解」と「円滑なプロジェクトの運営」などに役立てるようにします。なお、監理方針書の具体的な内容については、第2編1.2「（1）監理方針の策定と説明」を参照してください。

## （4）監理業務は書面主義で

監理者による監理の進め方において、建築士法や告示第15号では、「書面」についての定めは「工事監理報告書の提出」のみです。監理業務の実態を見ても、建築主、工事施工者、設計者等との説明、協議などは、口頭による場合が多く、書面や議事録の作成がされていないことも多いと思われます。

こういった場合に、大きな問題になるのは、工事施工段階においてトラブルが生じたときです。工事関係者間のやり取りや、協議、説明、報告、指示、立会い、

確認、承諾など重要な事項について、相互間で書面や記録を作成し確認したものを残しておかなかったために、認識などにギャップが生じ、取り返しのつかない失敗や不信感を招くことです。時には、訴訟などにおいて、契約上の責任の所在を明らかにするため「証し」が重要な意味を持つ場合があります。また、建築士法に定められる工事監理（工事の設計図書との照合及び確認）などの法定業務についても、工事監理者としての建築士が、適切にその責務を果たしたということを記録として残しておく必要があります。

監理者は、監理を進める過程において、何を行ったかを明確にするため、必要事項については、常に書面による対応が欠かせません。なお、四会約款及び民間工事約款では、監理業務等のやり取りについては、書面による対応が規定されています。記録等を残すための「書面主義」を心掛けてください。

## 2.2　工事発注方式により監理体制等が異なる　―監理方法の類型―

監理を進めるに当たって、当該工事が、どのような工事発注方式で工事請負契約されるかによって、監理体制や工事の運営方法などが異なってきます。

### （1）建築・設備工事一括発注の監理

一括工事発注の受注者は、一般的にゼネコン（総合工事請負業者）であり、設備工事などの専門工事業者は、下請負契約の扱いとなるため、監理者が監理するにあたって直接対応しなければならない相手は、主として受注者（工事施工者）であるゼネコンになります。ゼネコンが設備工事を含め、一括請負契約責任を負う立場です。

なお、「ＪＶ（建設共同企業体）方式」による一括請負契約の場合は、一般的にＪＶ構成会社のうち、請負契約や工事の施工に当たって、幹事会社がその統括又は代表者の役割を担うのが一般的です。

### （2）建築工事、設備工事分離発注の監理

建築工事と設備工事を分離して、建築主（発注者）が個別に工事請負契約を締結する方式であり、ゼネコンと各種専門工事業者のそれぞれが、対等の受注者となります。そのため、監理者が直接対応しなければならない工事施工者は、建築工事のゼネコンと設備工事会社の二者になります。この場合、監理者は建築工事と各設備工事間の工事の運営、検討、指示、協議、工事変更などの場合の対応など、監理するにあたって二者に対して個別又は同時に、同様の対応を行い、必要に応じてそれぞれの受注者を調整しまとめる役割が付加されます。また、設備工事をさらに電気設備、空調設備、衛生設備、昇降機設備工事などに細かく分けて

分離発注する場合も、同様に対応することになります。

　なお、建築工事・設備工事一括発注の一種として「設備工事コストオン発注契約方式」があります。一般的にいう「コストオン方式」とは、設備工事の請負代金額については、建築主（発注者）と設備工事業者で取り決めます。ただし、「設備工事統括管理業務（工事の運営、総合工程管理、安全対策管理、関係機関との調整など）」や「共通仮設工事」にかかわる工事費の一部を設備工事統括管理費等として建築工事に上乗せして、建築工事の受注者（ゼネコン）と締結する建築・設備一括発注形式の契約方式です。この場合、監理者が直接対応する工事施工者は、通常、建築工事及び全体の統括管理業務などについてはゼネコンと、その他は、分離発注と同様の対応をするのが一般的です。

### （3）設計・施工一括発注の監理

　ゼネコンが設計と施工を一括して受注する場合、監理者は、設計施工一括請負契約受注者に対して監理することになります。一般的に、これを「第三者監理」といいます。この場合、設計者と工事施工者は利害を一にする共同体であり、監理者は「よそ者」的な立場となりがちで、監理業務にあたって、場合によっては利害関係が発生することもありえます。監理者の立場で建築主のために監理業務を行い、建築士法などで規定された、工事監理者としての法定業務を履行する義務を負うことに変わりはありません。自主独立的な立場で監理の役割を実施することが求められます。

### （4）関連工事の監理

　関連工事は、発注者が建築工事と設備工事などを分離発注して、工事別に工事請負契約を締結する場合で、一般的に、建築工事と設備工事などが一つの本体工事として密接に関連する場合に、建築工事と設備工事の相互の関係（立場）を呼称して、「関連工事」とよんでいます。建築工事から見て設備工事は「関連工事」となり、その逆の場合も「関連工事」です。ちなみに、建築・設備工事一括発注契約の場合は、建築工事と設備工事の相互関係を関連工事とはいいません。なお、標準仕様書や工事請負契約約款などで規定している「関連工事」は、通常、上記の仕分けによっています。また、「別途工事」とは異なることに留意してください。

　監理者としての対応は、一般的に前述の分離発注の監理と同様の対応になります。ただし、関連工事の監理業務内容を監理業務契約で明確にしておく必要があります。例えば外構工事、昇降機設備工事、機械式駐車設備工事などを工事種別ごとに細分化して分離発注する場合の監理は、監理業務が複雑多岐にわたり四会約款の業務委託書に定める基本業務とは異なる、調整業務などの対応をすること

になるため、一般的にオプション業務扱いとして建築主（委託者）と合意のうえ監理担当者を増やすなどの措置が必要となります。

### （5）別途工事の監理

別途工事は、本体工事の建築主又はテナント等の別途発注者が建築・設備工事などの本体工事とは別に、特殊用途の工事などを、建築主が個別に別の受注者（工事施工者）発注する工事をいいます。例えば貸事務所ビルのテナント内装・設備工事、家具備品などのインテリア工事、病院などの医療機器設備工事、工場の生産設備など多くの別途発注となる工事があります。

これらの別途工事については、工事の内容によっては法的な工事監理者が不要な場合もありますが、別途工事側の建築主が監理者を定める義務が発生する工事もあります。また、法的な工事監理者の要否にかかわらず、監理者を置く場合もあります。このような場合、当該工事の監理業務を本体工事の監理者に、別途に委託する場合があります。

何れにしても別途工事の監理のあり方は、本体工事の設計、施工、監理などと密接に関連することになるため、建築主自ら、工事発注条件や監理業務委託条件を明確にして契約し、それに従って監理する必要があります。

## 2.3　監理者として対応する実施項目
　　　―工事関係者との対応を的確に実施する―

監理者が工事関係者に対応すべき業務については、前述のとおり「告示第15号の工事監理業務等の規定」、「四会約款、同監理業務委託書」、「民間工事約款・同工事請負契約書」、「設計図書」等で規定されています。監理者は、これらに定められた内容を把握して対応することが求められます。実施項目の具体的な実践については、本書第2編を参照してください。

次の内容は、本編1.2「建築監理実務の基本を知る」の内容と一部重複していますが、監理者が工事関係者間で直接対応すべき主な項目を示します。

### （1）監理者自ら対応すべきこと
#### 1）建築士法に基づいて工事監理者が実施する工事監理等

建築士法上の工事監理者にとっての自らの対応は、本編1.1（5）「監理者として必要な法令の基礎知識」のとおりですが、主な義務は、「工事を設計図書と照合し、それが設計図書のとおりに実施されているかいないかを確認すること。」などです。

2）四会約款、監理業務委託書で契約した監理業務

　民間工事の場合、標準的に多く使用されている、本編1.1（4）で記述した「四会連合協定 建築設計・監理等業務委託契約約款、業務委託書」などに基づいて監理業務の内容を定め締結します。監理業務は、告示第15号の標準業務に対応した「基準業務」と、必要に応じて「オプション業務」が追加されます。監理者は、その業務内容を的確に実施する必要があります。

3）民間工事約款で規定された監理者にかかる項目

　ここで、注意すべきことは、前述の「四会約款の監理業務委託書」などにより監理業務内容を十分に示して監理業務委託契約をしない場合は、監理者の業務範囲が曖昧になり、この民間工事約款の監理者の規定に従うことになるため、注意する必要があります。

4）設計図書で規定された監理者が対応する項目

　監理者が対応する設計図書には、設計図面以外に、仕様書（標準仕様書及び特記仕様書）があり、これに監理者のやるべきことが多く規定されています。

　なお、一般的に多くの工事で使用されている、国交省営繕部監修の「公共建築工事標準仕様書」では、「監督職員」の役割について規定しています。この監督職員は、会計法で定められた公共工事の発注者としての職務であり、民間工事の「監理者」の役割とは、基本的に異なる立場です。民間工事において公共建築工事標準仕様書を使用する場合、「監督職員」を、単に「監理者」に読み替えるといった対応では、監理者の役割として、法令や約款等で規定された一般的な監理業務とは異なる業務内容となりますので、そのことを理解したうえで対応する必要があります。

　特に、公共建築工事標準仕様書の「第1章一般共通事項」は、公共工事を前提に規定しているため、民間工事の場合は、この第1章部分を公共建築協会発行の「民間(旧四会)連合協定工事請負契約約款に適合した共通仕様書」に置き換えて適用するようにします。

（2）建築主（委託者）に対応すべきこと

1）建築士法で工事監理者が建築主と対応する工事監理の項目

　建築士法上の工事監理者として建築主に対応することとして、本編1.1（5）「監理者として必要な法令の基礎知識」のとおりですが、主な義務は、「工事監理を行う場合において、工事が設計図書のとおりに実施されていないと認めるときは、直ちに、工事施工者に対して、その旨を指摘し、当該工事を設計図書のとおりに実施するように求め、当該工事施工者がこれに従わないときは、その旨を建築主に報告しなければならない。」及び「工事監理を終了したときは、直ちに、国土交通省令で定めるところにより、その結果を文書で建築主に報告

## 2）四会約款、監理業務委託書で監理者が建築主と対応する項目

本編1.1（4）の「四会連合協定 建築設計・監理等業務委託契約約款の規定」で記述した内容のうち、監理業務の規定に基づいて建築主に対応します。

## 3）民間工事約款で監理者が建築主と対応する項目

本編1.1（4）の「民間(旧四会)連合協定 工事請負契約約款の規定」で記述した内容のうち、監理者にかかわる条項に基づき対応します。ただし、前述の（1）3）「民間工事約款で規定された監理者にかかる項目」で解説したとおり、四会約款の業務委託書の内容が優先します。

## 4）設計図書で規定された監理者が建築主と対応する項目

設計図書のうち、図面や仕様書等に監理段階において監理者が建築主と協議・指示・確認・承認などの手続きや対応が定められていることがあります。これを的確に実施します。

## （3）工事施工者に対応すべきこと

### 1）建築士法で工事監理者が工事施工者と対応する工事監理の項目

建築士法上の工事監理者として工事施工者に対応することとして、本編1.1（5）の「監理者として必要な法令の基礎知識」のとおりですが、主な義務は、「工事監理を行う場合において、工事が設計図書のとおりに実施されていないと認めるときは、直ちに、工事施工者に対して、その旨を指摘し、当該工事を設計図書のとおりに実施するように求め、当該工事施工者がこれに従わないときは、その旨を建築主に報告しなければならない。」などがあります。

### 2）四会約款、監理業務委託書で監理者が工事施工者と対応する項目

本編1.1（4）の「四会連合協定 建築設計・監理等業務委託契約約款の規定」で記述した内容のうち、監理業務の規定に基づいて工事施工者に対応します。

### 3）民間工事約款で監理者が工事施工者と対応する項目

本編1.1（4）の「民間(旧四会)連合協定 工事請負契約約款の規定」で記述した内容のうち、監理者にかかわる条項に基づき工事施工者（受注者）に対応します。ただし、前述の（1）3）「民間工事約款で規定された監理者にかかる項目」で解説したとおり、四会約款の業務委託書の内容が優先します。

### 4）設計図書で規定された監理者が工事施工者と対応する項目

設計図書のうち、図面や仕様書等に監理段階において、監理者が工事施工者と協議・指示・確認・承認などの手続きや対応が定められていることがあります。これを的確に実施します。

## (4) 設計者に対応すべきこと

### 1) 告示第15号で設計者が工事監理者及び工事施工者に伝達する項目

告示第15号における「工事施工段階で設計者が行うことに合理性がある実施設計に関する標準業務」のうち、「設計意図を正確に伝えるための質疑応答、説明等」と「工事材料、設備機器等の選定に関する設計意図の観点からの検討、助言等」の対応があります。また、監理者が「工事監理方針の説明等」を行うにあたっては、「発注者の建設意図」、「設計者の設計意図」、「設計上の重点監理項目」などについて、設計者から説明を受けることは、監理の実施にあたって必要な対応といえます。

そのほか、告示第15号の「工事監理に関する標準業務」の中に、「設計図書の内容の把握」があり、設計図書の内容が読み取れないときは、設計者から説明を受けるなど、これも監理者が設計者に対応する項目です。

### 2) 設計図書で規定された監理者が設計者と対応する項目

設計図書のうち、図面や仕様書等に監理段階において、監理者が設計者と協議・指示・確認・承認などの手続きや対応が定められていることがあります。これを的確に実施します。

## (5) 関係機関に対応すべきこと

### 1) 告示第15号で規定された「工事監理に関するその他の標準業務」の中の「関係機関の検査の立会い等」における関係機関と対応する項目

この業務内容は、「建築基準法等の法令に基づく関係機関の検査に必要な書類を工事施工者の協力を得てとりまとめるとともに、当該検査の立会い、その指摘事項等について、工事施工者等が作成し、提出する検査記録等に基づき建築主に報告する。」ことがあります。

### 2) 四会約款、監理業務委託書で監理者が関係機関と対応する項目

本編1.1（4）の「四会連合協定 建築設計・監理等業務委託契約約款の規定」で記述した内容のうち、監理業務の規定に基づいて関係機関に対応します。

### 3) 設計図書で規定された監理者が関係機関と対応する項目

設計図書のうち、図面や仕様書等に監理段階において、監理者が関係機関と協議・確認などの手続きや対応が定められている場合があります。これを的確に実施します。

## (6) 関連工事、別途工事と対応すべき項目

### 1) 特約した監理業務の項目

本編1.1（4）「四会連合協定 建築設計・監理等業務委託契約約款の規定」で記述した内容のうち、「オプション業務」として関連工事又は別途工事にかか

わる監理業務内容を業務委託契約した場合は、これを的確に実施します。

## 2.4 監理の役割を活かす ―監理の役割を高める―

　監理には、法・告示・契約などで定められた義務的な役割のほかに、監理者の能力や技量などの働きにより、工事施工段階における建築物の性能、品質の確保や出来栄えなどの向上を目指して関係者のモチベーションを高め、発注者、工事施工者など関係者間で協調、連携を図り、課題の解決を図るなど、高品質の建築物を確実につくり上げることができるように対応するという役割もあります。このようなことが監理の信頼性をより高めることに役立つと考えられます。

　「監理実務の基本的な働き」については、本編1.2（3）に記述したとおりですが、その趣旨を活かすことが大切です。

### (1) 工事の運営を適切にマネジメントする

　　工事施工者が工事管理を円滑に運営、推進し工事請負契約の建築物を所定どおり完成させ引き渡すことが出来るように、工事施工者及び建築主と連携して監理者が行う、プロジェクト・マネージメントの役割が重要です。工事施工者による「工事管理の運営」が不十分だと、工事が円滑に進捗せず、当事者間の意思疎通も不十分になり、工事施工の品質・進捗などにも支障をきたすなどの場合があるので注意が必要となります。

　　監理者による工事の運営の仕方は、本編1.2（3）1）「工事の運営をマネジメントする」に解説したとおりですが、監理方針の一部として工事着手時に関係者に説明し、実施するのが良いと考えます。

### (2) 設計図書に盛り込まれた情報をより良い建築物につくり上げる

　　「監理実務の基本的な働き」の中で解説したとおり「設計図書等の内容及び設計の意図を確定する」、「つくり方を検討し確認（又は承認）する」、「つくられたものの照合及び確認をする」の三つの役割を適切に履行して、所定の品質（機能、性能、出来栄えなど）を確保して、当該建築物を所定の工期・工事請負代金額内に完成させるようにすることです。さらには、要求されたものより、より良い建築物とすることを目指したいところです。

### (3) 工事施工者による積極的な施工品質管理を促す

　　工事施工者は、工事を進めて行くうえで「工事工程表の作成」、「施工計画書・施工図等の作成」、「製品・機器などの製作」、「各工種工事の施工」など工事着手から完成まで多くのことを行わなければなりません。これらはすべて工事施工者

の責任において、設計図書や施工図などの施工図書に基づいて、自主的に品質管理を行い、所定の建築物を所定の工期内に完成させ引き渡す義務があります。
　工事施工者が作成・製作・施工する、各工種、工程において監理者は、工事施工者による適切な施工管理と品質管理を促し、より高い品質を目指して監理を遂行することが大切です。

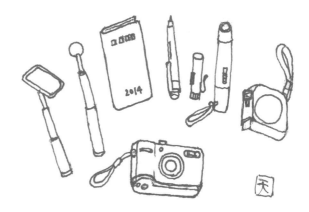

# 第2編　建築監理業務の実践

# 第2編　建築監理業務の実践

本書の第1編では、建築の監理業務について、位置付けや役割などを説明しましたが、本編では、主として一般的な民間の事務所ビルを念頭に置いた非木造建築の新築工事を対象として、監理業務とは何をするのか、業務の実践に当たってのポイントは何かについて具体的に説明します。本編の「1.建築監理業務の具体的内容」では監理業務全般の具体的内容を、「2.工事の検査のポイント」では監理業務のうち特に「検査」を取り上げ、主要な工種ごとに、より詳細に検査のポイント・注意点を説明します。

なお、本編の説明の中で使われる業務や書類等の名称あるいは技術用語は、筆者の知見・経験に基づく、一般的と思われるものを使用しており、必ずしも告示第15号で使用される名称等と整合するものではありません。また、会社や現場によっては、本書と異なる名称・用語を用いていることもあると思われます。

## 1．建築監理業務の具体的内容

### 1.1　はじめに

#### (1) 本章の目的

本章では、監理業務とは具体的に何をするのか、業務に当たって注意を払うべきポイントは何かなどをおおむね工事の流れに沿って、主要な業務項目ごとに説明します。本章を理解することにより、監理業務に携わる方々が監理業務の全容を把握し、その役割を理解し、そして円滑に業務を遂行するための一助となることを目的としています。

#### (2) 監理業務と工事監理業務

本章でいう監理業務とは、第1編1.1（3）でも説明しましたように、建築士法に定める工事監理業務（工事を設計図書と照合して確認する業務）だけではありません。これに、告示第15号に示される「工事監理に関する標準業務及びその他の標準業務」など、建築主から監理業務委託を受けた監理者が委託契約の内容に沿って工事施工段階等に行う他の業務を加えたものが監理業務なのです。

本章では、この監理業務について、一般的に行われることの多い標準的な業務のうち主要なものを取り上げて説明します。つまり、本章の説明は、あくまでも契約に基づく「監理業務」についてであり、建築士法に基づく「工事監理業務」

についての説明、あるいは工事監理業務の限界を示す説明ではありませんので、ご注意ください。この点については、本章の1.4の（1）の「3）検査と工事監理の関係」及び2.1の「（5）工事監理との関係」でも説明します。

### （3）本章の位置付け

　本章に示す業務内容の説明や例示などは、あくまでも筆者の知見・経験に基づく私見であり、絶対的な真実とは断言できませんし、世の中で普遍化された共通認識とは限りません。したがって、監理者として、ここに書かれた内容は、「これだけやればよい」というものではありませんし、また、ここに書かれたことは「すべて必ずやらなければならない」というものでもありません。また、監理業務というものは、建築主との間で締結された監理業務委託契約に基づいて行われるべきものです。したがって、監理業務委託契約の内容等によっては、監理業務の内容が本書で示した説明や例示から変わってくることもありえます。

### （4）工事施工者の行為について

　本章では、各所で工事施工者が行う行為について述べられています。しかし、これらの行為は、あくまでも工事請負契約（工事約款や設計図書等を含む。）に基づいたものでなければならず、監理者は、それを逸脱した行為を強要することはできないことに注意する必要があります。つまり、本章に「工事施工者が～を提出する」とか、「工事施工者に～をさせる」などと書いてあっても、これは、「一般的な工事請負契約では、これらの行為は工事施工者の責務であることが多いと思われる」という前提に基づいての記述であり、そうではない工事請負契約となっている場合には当てはまらないことがあることに注意してください。

## 1.2　工事着手時の業務

### （1）監理方針の策定と説明

#### 1）告示第15号における位置付け

　　この監理方針の策定と説明という業務は、告示第15号別添一の「一　工事監理に関する標準業務」の「（1）工事監理方針の説明等」におおむね対応しています。

　　なお、告示第15号では「…工事監理方針について建築主に説明する」とあり、工事監理すなわち「工事と設計図書との照合及び確認」に関する方針だけを建築主に説明すればよいこととなっています。しかし、一般的には、工事監理（すなわち検査業務）だけではなく、広く監理業務全般について業務方針を策定し建築主や工事施工者に説明することが多いと思われますので、本項では、

その理解のもとに説明をします。

　また、監理方針の「策定」は、告示第15号では言及されていませんが（工事監理方針の建築主への説明だけが定められている。）、監理方針を建築主へ説明するためには当然必要な付随する業務と考えられます。

### 2）この業務の目的と手段

　この業務の目的は、監理業務の開始に当たって、監理体制・監理業務内容・監理業務の進め方や必要に応じて重点監理項目などを明確にすることです。そして、建築主はもとより、工事施工者に対してもこの内容を明らかにし、「建築主・監理者・工事施工者それぞれの役割の理解」及び「円滑なプロジェクト運営」の一助となることを目的としています。

　監理方針を明確にし、それを建築主や工事施工者に伝える手段・ツールとして代表的なものが監理方針書です。一定規模以上の工事においては、監理業務の着手にあたっては、まず、監理者は監理方針書を作成し、建築主や工事施工者に説明することが多いと思われます。

　なお、監理方針のうち監理業務内容や監理業務の進め方などは、工事施工者の体制や施工管理方法などに、ひいては工事請負代金額に影響する可能性もありうると考えられます。そのため、監理方針書を工事請負契約締結後の工事着手段階に示す（これが一般的な方法と思われます。）のではなく、工事請負契約の見積用図書の中に含めるべきだという意見もあります。

### 3）監理方針書の目次例

　監理方針書の目次と記載概要の例を以下に示します。

---

**監理方針書の目次例**

1．監理業務について
　　1-1　監理業務の考え方（監理業務に臨む監理者の基本方針、建築士法で定める工事監理を含むこと、監理業務は監理契約に基づいていること、監理者と工事施工者がそれぞれの役割と責任を果たすことが必要であることなどを記載します。）
　　1-2　監理業務の内容（監理業務委託契約に基づく監理業務の具体的な内容を記載します。告示第15号をベースとする監理業務内容を記載することもあります。）
2．監理体制（監理業務に携わる担当者の氏名、担当業務などを組織図や体制図などにより記載します。設計・監理を一括受託した場合などには、関係する設計者を記載することもあります。さらに、通常時・緊急時の窓口となる担当者の連絡先等を記載します。）

> 3．監理業務の進め方
> 　　3-1　監理業務フロー（工事の進捗に応じた監理業務の概略の流れをフロー図で記載します。）
> 　　3-2　重点監理項目（監理者が特に何に注目するかの重点ポイントを具体的に記載します。）
> 　　3-3　監理業務の具体的な進め方（工事運営[書類処理手順等を含む]、品質管理、工程管理、コスト管理、安全管理などについて、どのように監理業務を進めるかを具体的に記載します。なお、「品質管理」の項の中で、監理者の検査の位置付け、具体的な方法などを記載します。検査は、抽出による立会い検査又は工事施工者の提出する品質管理記録などによる書類検査などの方法で行うことを記載することもあります。「安全管理」については、工事施工者自らがその責任において行うべきものであり、監理者は気がついた点を助言する役割である旨を記載するという事例があります。）
> 　　3-4　会議体（主要な会議体の種類・日時・場所・構成員・議事・司会・記録者などを明示します。）
> 4．提出図書について（工事施工者が作成・提出する工程表、施工図、施工計画書等の提出図書について、記載すべき内容や注意点などの工事施工者に対する説明・依頼事項を記載することがあります。）

### 4）監理方針策定のポイント

① 監理業務委託契約による受託内容を反映した内容とする必要があります。

② 上記の目次例に示す記載内容を確定するためには、必要に応じて建築主や工事施工者との事前協議が必要となります。

③ 重点監理項目は、建築主や設計者が重要視していること、その狙い、工事への要望などを別途、把握したうえで策定するのが一般的です。重点監理項目の例としては、工種については構造関係各種工事、タイル工事、防水工事、カーテンウォール工事、化粧打放しコンクリート工事などが、検討項目については総合試運転、騒音・振動対策、結露対策、寒冷地対策などが考えられます。

④ 会議体には、総合定例会議（月例）、週間定例会議、各種専門工事分科会などがあります。

⑤ 設計変更の処理については、告示第15号では標準業務ではなくオプション業務の位置付けですので、上記の目次例には記載されていません。もし、これを業務範囲とする場合は、目次例の3-3における「工事運営」や「コスト管理」の項に記載する、あるいは別項を立てることになると思います。なお、設計変更そのものの作業（変更指示書や変更図の作成等）は設計者が行

うのが一般的であり（設計変更の内容や起因者によっては、設計のオプション業務となる。）、監理者は、あくまでその事務処理を担当するだけであることに注意が必要です。

設計変更の処理については、後述の「1.5 工事中のその他の業務」の「（4）設計変更の処理」によりますが、監理方針書への記載に係るポイントは次のとおりです。

　　a　建築主、設計者、監理者、工事施工者が設計変更にどのように関与するのかを明らかにし、処理フローを定めます。フローには、工事施工者による概算見積の作成・提出や建築主の承認という手順も入れることが必要です。

　　b　上記フローを反映した書式（工事連絡書、変更指示書などとよばれることがある。）を定めます。1件ごとの設計変更に対して、この書式がフローに沿って流れることになります。

　　c　書式には、整理番号、タイトル、変更内容（変更図などの添付図を伴うことが多い。）を記載する場所とともに、作成者、起案者、変更理由などを明示し、関係者の押印欄、概算工事費欄なども設けます。

### 5）監理方針の説明

監理方針が策定されたら、その内容を建築主及び工事施工者に説明することになります。

説明方法の一般的な例として、「監理方針説明会」が挙げられます。これは、工事の初期の段階で建築主と工事施工者を一同に集め、監理者から監理方針書の内容を説明することです。総合定例会議の機会を利用することもあります。

なお、この監理方針説明会に併せて、設計者による設計内容説明会を同時に行うことは、関係者のプロジェクトについての理解のためにも効果的であると考えます。

### 6）監理方法の変更

監理方針書で定めた監理方法（建築士法に基づく工事監理の方法を含む。）に変更の必要が生じた場合、その都度建築主や工事施工者と協議して調整していくことになります。一般的には、それにより監理方針書を改定するまでには至らないことが多いと思いますが、大きな変更の場合には、必要に応じて改定することもあります。

また、監理業務量や監理体制に影響するような変更が必要な場合は、別途、監理業務委託契約の変更について建築主と協議することになります。

### 7）書面主義について

監理業務の履行は、原則として書面を通じて行い、監理者は何をどう実施し、どう処理したかについて記録や文書という形に残すことが極めて重要です。こ

れは、万一、監理責任（監理業務委託契約上の責任及び建築士法上の工事監理責任を含む。）にかかわる何らかの問題が生じた場合や、工事施工者から思いがけない追加工事費請求が来た場合などに、これらの書類こそが、監理者自身を守る、あるいは不当な請求を退ける証拠書類となるからです。

そのため、監理者についても工事施工者についても、業務はすべて書面主義で行う旨を監理方針書（目次例の3-3などにおいて）に記載することが望まれます。なお、一般的に使われることの多い「民間（旧四会）連合協定工事請負契約約款」においても、この書面主義について定められています。

### （2）設計図書等の内容の把握

#### 1）告示第15号における位置付け

この業務は、告示第15号別添一の「一 工事監理に関する標準業務」の「（2）設計図書の内容の把握等」に対応しています。

#### 2）業務の目的

この業務は、言うまでもなく、監理業務を適切にかつ効果的に行うためには、業務のベースとなる設計図書の内容を把握することが不可欠だから行うものです。

#### 3）設計図書とは何か

設計図書については、建築士法により「建築物の建築工事の実施のために必要な図面（現寸図その他これに類するものを除く。）及び仕様書をいう。」と定義されています。

しかし、ここではその定義によらず、工事請負契約の中で定められる定義によることとします。一例として、国土交通省大臣官房官庁営繕部監修「公共建築工事標準仕様書」（以下、国土交通省標準仕様書という。）における定義では、設計図（図面）及び仕様書（特記仕様書を含む。）に加えて、質問回答書及び現場説明書を設計図書に含めています。

また、監理者は、この設計図書に加えて、工事請負契約書の内容も把握しておく必要があります。そのため、本項では、告示第15号の表現とは変えて、「設計図書等の内容の把握」としています。

なお、建築士法による定義では、設計図書に構造計算書などの計算書を含むこととなっていますが、工事請負契約には計算書が添付されない、すなわち設計図書には計算書を含まないことが一般的です。ただし、必要に応じて参考図書として計算書が工事施工者に開示されることはあります。

#### 4）業務の実施

設計図書等の内容の把握の方法は、とにかく熟読することしかありません。時として、特記仕様書や図面の片隅に重要なことが記載されていることもある

ので、注意が必要です。まず地業・基礎、次に躯体、それから仕上げなど、工事の進捗に応じて読み進めていくという方法もあります。また、必要に応じて設計者から設計内容の説明を受けることも効果的です。

　監理者や工事施工者が、設計図書等に矛盾・誤謬・脱漏・不適切な納まりや不明瞭・不都合な部分などを発見したときは、監理者を通じて設計者に文書（質疑書の形式が多い）で問い合わせ、回答書や指示書などを発行してもらい、監理者はそれを工事施工者に提出することになります。このやり取りは、告示第15号では建築主を通じて行うことになりますが、迅速性の確保のため、建築主の了解を得たうえで、監理者が設計者に直接問い合わせる（質疑書を回付する）ことが多いと思われます。ただし、告示第15号の趣旨に沿うためには、この場合も当該文書の写しが建築主にも届くようにする必要があります。また、監理者が発見した矛盾等についても、監理者からの質疑という形で設計書に問い合わせることになるのですが、同じ内容についての質疑書を工事施工者から出してもらうという方法もあります。

### （3）工事請負代金内訳書の検討

#### 1）告示第15号における位置付け

　この業務は、告示第15号の「二　その他の標準業務」の「（1）請負代金内訳書の検討及び報告」に対応しています。

#### 2）業務の目的

　この業務の目的は、工事請負者から提出される工事請負代金内訳書に記載される項目、数量、単価などの適否を検討するとともに、その内容をよく理解することです。

　工事中に工事請負代金内訳書が使用される場面は、主として、設計変更などによる工事費の増減を計算する際に内訳書に記載の単価を使用する場合です。そのため、この業務のもうひとつの主な目的は、内訳書記載の単価をオーソライズすることにあります。

　また、工事費の中間支払いが出来高払いとなる契約の場合は、出来高の計算にこの内訳書が利用されます。

#### 3）業務の実施

　工事請負代金額及びその内訳書の検討・確認については、通常、工事請負契約締結前に、すなわち着工前、つまり監理業務開始前に行うことが多いと思われます。この場合、工事請負契約書に監理者として記名押印した契約上の監理者は、その時期にはまだ存在しません。そのため、監理者ではなく設計者が査定という形で工事請負代金額及びその内訳書の検討・確認を行うことが多いと思われます。これでも、設計者と監理者が同じ建築士事務所の場合は特に問題

はありませんが、第三者監理など設計者と監理者が異なる建築士事務所の場合は、監理業務委託契約の中でこの業務の扱いを明確にしておく必要があります。

内訳書の検討業務には、告示第15号にも「合理的な方法により」と書かれているとおり、数量の積算し直しは含まず、単価の査定や概略数量の確認程度が一般的と思われます。

### (4) 工程表の検討

#### 1) 告示第15号における位置付け等

この業務は、告示第15号の「二 その他の標準業務」の「(2) 工程表の検討及び報告」に対応しています。

工程表に示される内容のほとんどは、そもそも工事請負契約に規定される工期に係る工事施工者の専権事項であり、監理者には、工事の進め方、人員や機材の投入量・投入時期など工期に影響する事項に関する権限がなく、その内容に責任を負うことができないため、一般的には工程表の検討はしますが承認はしません。なお、旧建設省告示第1206号では、監理者による「承認」となっていたのですが、告示第15号では「検討」に改められました。

#### 2) 業務の目的

監理者にとっては、工事の進捗に応じて、その進み方が適正であるかどうかを見るための判断基準になるのが工程表ですので、工事施工者から提出される各種の工程表の内容に問題がないかどうかを検討します。

#### 3) 業務の実施

工程表の検討は、告示第15号にあるように、「工事請負契約に定められた工期及び設計図書等に定められた品質が確保できないおそれがあるか」という視点で行います。

工程表に、着工日・完成日の間違いや重要なタスクの欠落、極端に短期間だと思われるタスク、主要なタスク同士の不適切な前後関係など明らかに「適切でないと思われる」という点を発見したときは、工事施工者に指摘し、必要に応じて修正してもらうことになります。

工事施工者が修正に応じないときや、工程表の修正ですまないような大きな問題を発見したときは、告示第15号にあるように、建築主に報告し、建築主、監理者、工事施工者の三者（必要に応じて、設計者を加えた四者）で協議することになります。

#### 4) 工程表の種類

工程表の種類には、総合工程表（基本工程表、実施工程表、マスター工程表などともいう。）、月間工程表、週間工程表、工種別工程表などがあります。月間工程表や週間工程表は、その月（週）だけではなく、前月（前週）の一部や

翌月（翌週）まで記載することも多いと思われます。

### 5）総合工程表の記載事項例

総合工程表に記載すべき事項を次に例示します。ただし、これらをすべて1枚の工程表に記載するのではなく、一部を別紙の形で示す場合もあります。特に次に示す例の2については、プロモーション工程表、ソフト工程表、施工図等工程表、施工計画書等一覧表などの名称で別途提出されることが多いと思われます。

---

総合工程表の記載事項例

1. 工事の工程（工事の着手から完成に至る工事全般の手順と日程の計画）
2. 総合図や主要な施工図、施工計画書などの作成・提出・承認の日程
3. 官公署その他の関係機関への届出など手続きの時期
4. 建築主事・消防署その他関係機関による中間検査など関係法令に基づく諸検査の時期
5. 完成時の諸検査の時期
6. 部分使用・部分引渡しがある場合、その日程及び関係する諸検査の時期
7. 出来高予定（%）及びその曲線グラフ（いわゆるSカーブ）
8. 関連工事の主要な工程
9. その他、工事の進行に関係する重要事項（受電、実験、主要な材料の見本決定、モデルルーム建設など）の時期

---

## 1.3　施工図、施工計画書等の検討業務

### （1）施工図等の検討・確認

#### 1）告示第15号における位置付け等

この業務は、告示第15号別添一の「一 工事監理に関する標準業務」の「（3）設計図書に照らした施工図等の検討及び報告」に対応しています。

なお、告示第15号においては、工事施工者に対するアクションまで書いていませんが、四会約款の中の「業務委託書 ①基本業務委託書」では、施工図等の検討の結果、設計図書等に適合していると認められる場合には、工事施工者に対して承認することとしています。

#### 2）業務の目的

施工図とは、設計図書の内容を建築物という形に具現化するため、施工に必要なより詳細なすべての情報を盛り込んだ、工事施工者が作成する各種の図面のことです。施工図における図面のボリューム・情報量は設計図書等より格段に多くなります。なお、施工図の中には機器や製品の製作図なども含まれます。

工事はこの施工図をもとに施工されますので、施工図が間違っていると、出来上ったものも間違っていることになります。そのため、監理者は、施工図等の内容が設計図書等に適合しているかどうかを検討・確認する必要があるのです。

### 3）施工図の種類

施工図には各工種に応じてさまざまなものがあります。建築工事における施工図には、杭工事施工図、躯体図、平面詳細図、各種の製作図（カーテンウォール、サッシ、スチールドア、ゴンドラなど）、鉄骨工作図（鉄骨製作図ともいう。）、等々があります。なお、これらのうち平面詳細図（現場では、略して「へいしょう」と呼ぶことがある。）については、設計図の中にも同じ名前の図面があることがありますが、これはそれとは違い、工事段階に工事施工者が通常作成する施工図のひとつで、建物平面図に各種の詳細寸法や仕上げ材料、躯体形状、建具、床レベルなど、実際に施工するための詳細な情報（主として建築工事に関するもので、一般的に設備工事に関する情報は含まれません。）を大きな縮尺（一般的には1/50程度）で盛り込んだものです。

### 4）業務の実施

施工図を検討・確認する手順は、次のようなものが一般的と思われます。
①工事施工者から検討用の施工図が提出される。
②設計図書等と照合してチェックする。
③工事施工者にチェック済み施工図を返却し、工事施工者は必要な修正をする。
④工事施工者から修正済み施工図が承認用として必要部数提出される。この際、前記③のチェック済み施工図を添付させる。
⑤承認用施工図を再確認し、適正と認められるときは承認・押印のうえ、工事施工者に返却する。
⑥施工図の承認の状況等を監理報告書（本編1.5の（3）参照）の形で、また総合定例会議などの場で、建築主に報告する。この建築主への報告は、告示第15号の定めによるもの。

### 5）見本、見本施工

監理者が施工図と同様に確認するものに、機器・材料の見本や製作見本（塗装工事の塗り板見本など）、見本施工があります。本項では、施工図にこれらを含めて施工図等といっています。

見本施工（モックアップということもあります。）とは、工事目的物のある部分を、その施工方法、取合い、出来栄えなどを確認するために、当該工事の着手に先立って、本設工事とは別途に、本設用として承認された施工図・施工計画書のとおりに施工することをいいます。実物とほとんど同じ模型と考えればわかりやすいかもしれません。施工場所については、通常、工事施工者が提

案します。見本施工は、原則として、本設として使用しません。なお、これを本設として使用する場合は、これを「先行施工」とよぶことがあります。

見本施工は、一般的に、設計図書等にそれについての定めがある場合に行われます。

### 6）総合図による調整

① 総合図の位置付け

総合図は、告示第15号の中では触れられていません。また、国土交通省標準仕様書の中でも規定されていません。これは、総合図の必要性や本来誰が作成するべきかについて議論のあるところだからと思われます。したがって、総合図は、特記仕様書などの設計図書等により、工事請負契約の中でその旨を規定される場合に、はじめて工事施工者がそれを作成する責務を負うことになります。ただし、設計図書等にその定めがなくても、その有効さにより、工事施工者が自主的に総合図を作成する場合も多いと思われます。

② 総合図の目的・役割

総合図は、工事施工者が建築・設備その他関連する工事の全体概要と相互関係を把握し、施工図作成の適正化と効率化のために活用することを目的として、建築・設備の各工事に含まれる部品・機器の類を、設計図書に示される躯体形状・仕上形状等とともに同一の平面図（前述の平面詳細図を使用することが一般的です）・天井伏図・展開図又は外構図などに網羅記入したものです。

また、これにより建築設計図と設備設計図の不整合や納まっていない箇所、問題点などを確認し、調整することもできます。この調整の多くの部分は一種の設計にかかわることであり、工事施工者（設備系などの専門工事業者を含む。）や監理者の協力のもと、設計者が行うのが一般的です。

つまり、総合図は、あくまでも設計図書に示された建築や設備に関する情報をより詳細かつ具体的に一元化して総合的に明示するものであり、これから作ろうとしている建築物の詳細な内容を確定するためのものです。すなわち、これはその後の施工図を作成するためのツールのひとつであり、工事施工者は、この総合図を基に各種の施工図を作成し、施工を実施することとなります。

したがって、すべての工事で、あるいは建築物のすべての部分について総合図を作成する必要はなく、総合図がなくても建築と設備の整合をとることが容易な建築物や部位においては、総合図を作成する必要はないと思われます。

総合図は、監理者又は設計者が建築主にも提出・説明し、使い勝手上や家具の配置、維持管理上などの要望・意見を聞き、これに反映することが一般

的です。また、この段階で建築主の確認を得るということは、後々の平面計画や設備器具配置等にかかわる苦情を減らし、未然にトラブルを防止するという効果も期待できます。

　なお、設計図書が不十分で、工事段階に「総合図の作成」という名のもとに工事施工者に不整合の調整や詳細設計をやってもらうというケースが時として見受けられます。しかし、これは本来あってはならないことであり、設計者は完成度の高い設計図書を提供することが求められます。また、工事段階において、設計図書の不整合や情報不足などによる調整・詳細設計などの設計行為は設計者が行うべきことです。

　総合図の名称は、プロット図と呼ばれることもあります。また、天井伏図などに電気設備や機械設備の機器・器具類とともにラックや配管類、ダクト等の配置・ルートを落し込んだ図を作成することがあり、これを重ね図とか重ね合せ図などということがあり、これも総合図の一種です。これにより、天井内のスペースが納まっているか、設備配管・ダクト等がお互いに干渉していないか、あるいは梁などの躯体や仕上げ材などと干渉していないか、天井点検口の位置は適切かなどを検討することができます。

③　総合図に記載するもの

　総合図に記載する主なものを次に例示します（部屋名、躯体形状、壁仕上げ、天井高、床レベル、床仕上げなどは省略）。ただし、工事の種別などによっては、これ以外にも多くのものを追加する必要がありますので、ご注意ください。なお、これらのすべてを一枚の図面に書き込むのではなく、床・壁総合図と天井総合図に分けて、それぞれ該当するものを記載することが多いと思われます。

---

総合図の記載例

建築：防水範囲、防火区画、防煙区画、断熱区画、防煙垂れ壁、遮音壁、シャッター、建具、操作ボックス、天井・壁点検口、手すり、タラップ、鏡、消火器ボックス、マンホール、ピット、排水溝、排水口、排水トラップ、たてどい、造付け家具、コーナーガード、機械基礎など

電気：点検口、照明器具、スイッチ、感知器、スピーカー、ＩＴＶ、避難誘導灯、アンテナ、コンセント、アッテネーター、時計、各種端子、各種機器・盤類、立て幹線ラックなど

空調：点検口、吹出し口、吸込み口、排煙口、各種機器類、サーモスタット、換気扇、スイッチ、立て管、立てダクトなど

衛生：点検口、スプリンクラーヘッド、消火栓、消火器、衛生器具、湯沸かし器、ガスコック、水栓・混合栓、衛生陶器、床排水金物、床上掃除口、バルブ、たて管、各種機器類など

④ 総合図作成の手順

総合図を工事施工者が作成する場合、その手順は、次のようなものが一般的です。通常、これらの作業はCADで行います。

a 納まり等の基準図の作成（各種建具の開き勝手の基準、建具周りのスイッチ等の配置の基準、建具と壁・床との納まり基準、防水端部の納まり基準、各部品・器具等の表示符号などの基準図を作成します。）

b 元図の作成（工事施工者が設計図書を基に平面詳細図や天井詳細図を作成します。）

c 各工事の部品・器具等の記入（電気・空調・衛生などの専門工事業者により、前述の部品等を記入します。工種ごとに色を変えて区別することが一般的です。）

d 不整合や納まり等の調整（設計者を中心に関係者が集まり、不整合部分や問題点の解決、改善、各部の納まりなどの調整を行います。）

e 総合図の確認（監理者を中心に設計者を含む関係者が個々に総合図を設計図書等と照合し、確認を行います。疑問点がある場合は、前d項に戻ります。また、d項とe項を逆の順序で行うこともあります。）

f 建築主への説明（監理者又は設計者が建築主に説明し、確認を受けます。）

g 再調整（建築主から修正の要求がある場合、再調整・修正を行います。）

h 総合図の完成

工事現場によっては、設計者、監理者、工事施工者、専門工事業者が同時に出席する総合図分科会といった名称の会議体を設け、その場で総合図そのものをテーブルに広げて、上記のd、eを同時に行うこともあります。また、この会議体に建築主が出席し、fとgも併せて行うこともあります。

⑤ 総合図検討のポイント

総合図をチェックする際のポイントについて、事務室の場合を例にとって主なものを次に例示します。

---

**総合図チェックの要点例**（事務室の場合）

1. 室と扉位置の確認

① 扉の開き勝手は、原則として「内開き（廊下を通行する人が突然開いた扉に衝突しないように）」「右引き左押し（右利きの人が扉を引いて開けて中に入りやすくするため）」とする。ただし、直交壁際の扉は、壁に向かって開くのが原則（部屋に入りやすくするため）。

② 直交壁際に建具を設ける場合は、ドアハンドルやドアクローザーが壁に当たら

ないように、袖壁の寸法（100mm 以上）や戸当りの位置に注意。

③　部屋内の家具など（特にドア近くの壁沿いの棚など）の配置に考慮してドア位置や戸当たり位置、スイッチ類の配置を決める。

2．建具の高さ、沓摺（くつずり）の形状・高さの確認

①　廊下側を優先して建具枠上端の高さを統一する。

②　建具枠の見付け寸法をそろえる。

③　沓摺（くつずり）の納まりは、コンクリートスラブレベル、床仕上材とその厚みを考慮する。時として、構造体であるコンクリートスラブをはつって沓摺を納めている例が見受けられるので注意が必要。

3．ドアクローザーは、器具が共用廊下やロビー側、大部屋側に出ないよう、室内側に設置する（美観上の配慮）。

4．建具周りの設備スイッチ類の配置の確認

①　スイッチ類は扉の戸先側（ドアハンドル側）の壁に配置する。

②　建具枠内面（扉側の最外面）から200mm を第一器具芯とし、以降150mm ピッチに配置する。

③　高さ（器具プレート芯の床からの高さ）の標準は照明スイッチ・空調リモコンなど使用頻度の高いもので H=1300mm、アッテネーターなど使用頻度の低いものは H=1500mm とする。ただし、バリアフリーの観点からより低くすることもある。掃除用コンセントは H=300mm を標準とする。横並びの場合は、器具プレート上端をそろえる。

④　横並び器具類の配列は、幅600mm 程度までとし、それを超える場合は2段配列とする。ただし、3段配列は使い勝手が悪いので、原則として避ける。

5．その他各所の設備器具類の配置

①　柱周りなど、将来間仕切壁が取り付いてくる可能性がある場所では、柱芯を避けるなどそれを考慮した位置に配置する。

②　部屋の入隅など、キャビネット等の家具が配置される可能性のあるところでは、それを避けた位置とする。

6．防火区画・防煙区画を確認申請、防災計画書と照合確認する。

7．テナントビルの場合、貸し方基準や募集パンフレットとの整合性を確認する。

8．照明、空調など設備器具の配置・割付けを、建築モデュールを考慮して確認する。

9．照明、空調機器、スプリンクラー、センサー、放送設備などの配置が、将来ありうるテナント区画に整合しているか確認する。

10．消火器、消火栓、スプリンクラー、センサー、避難誘導灯、避難誘導表示、非常照明等が法令等に適合した配置となっているかを確認する。また、スプリンクラーやセンサーが建具の軌跡内に配置されて扉と干渉していないかを確認する。特に、扉高さの高い防火戸に注意する（防火戸の扉が平常時に開いてスプリンクラーヘッド

に当たり、誤って放水してしまった事故があった。)。
11. 天井点検口の配置、開き勝手を確認する。配置は、天井内の点検対象の配置と整合していること。壁際の点検口は、扉が壁に当たらないように、開き勝手を壁に対して横向きとする。また、天井点検口が防火戸の軌跡内にあると、地震の揺れで点検口の扉が開いて垂れ下がったときに火災が生じると、防火戸が点検口の扉と干渉して閉まらなくなるので注意する。
12. 間仕切りの配置・形状や柱形状などによって、スプリンクラーやセンサーなどの未警戒区域が生じていないか確認する。

## (2) 施工計画書の検討・確認

### 1) 告示第15号における位置付け等

この業務は、告示第15号の「二 その他の標準業務」の「(3)設計図書に定めのある施工計画の検討及び報告」に対応しています。

なお、四会約款では施工計画書等を承認することにはなっていませんが、国交省標準仕様書では、施工計画のうち、品質計画に係る部分（使用材料の特定、許容誤差の設定、品質管理方法の策定などが該当します。）は監督職員の承諾の対象となっています。

### 2) 施工計画書とは何か

施工計画書とは、当該工事の施工に先立って、「どのように作るか」を明確に定めておくものです。そのため、施工計画書では、当該工事についての施工体制、施工スケジュール、使用材料、作り方（作業方法・手順・主要な仮設計画）、品質管理方法（品質管理フロー、検査要領、検査用チェックリスト、合否判定基準・許容誤差の設定、補修要領などを含む。）、安全計画などを明示します。

施工計画書という用語のほかに施工要領書と呼ばれるものがあります。これらの用語の正確な使い分けを定義することは難しいのですが、施工計画書は工事施工者（受注者）が専門工事業者の協力のもとに作成する基本的なもので、一方、施工要領書は、必要に応じて施工のある部分について、施工計画書に基づいて専門工事業者が作成する、より詳細で具体的な要領という区別をすることがあります。しかし、工事によっては、工事現場での施工については施工計画書と呼び、場外（工場）での製作については製作要領書と呼ぶこともあります。

### 3) 施工計画書の種類

施工計画書には、工事着手時に工事全体を見据えて作成する総合施工計画書と工種ごとに作成する工種別施工計画書があります。また、同様のものに各種の試験について、その試験が属する施工計画書から切り離して別途に定める試

験計画書もあります。

建築工事の工種別施工計画書の例としては、杭工事施工計画書、鉄筋工事施工計画書、コンクリート工事施工計画書、鉄骨工事製作計画書（要領書）、鉄骨工事現場施工計画書、建具工事製作計画書（要領書）、建具工事施工計画書、防水工事施工計画書などさまざまなものがあります。また、各工種をさらに細分化してそれぞれの施工計画書を作成する場合もあります。

### 4）業務の実施

施工計画書等を確認する手順は、施工図の確認と同様、次のようなものが一般的です。

① 工事施工者から検討用の施工計画書が提出される。
② 設計図書等と照合してチェックする。
③ 工事施工者にチェック済み施工計画書を返却し、工事施工者は必要な修正をする。
④ 工事施工者から修正済み施工計画書が確認又は承認用として必要部数提出される。この際、前記③のチェック済み施工計画書を添付する。
⑤ 確認用施工計画書を再確認し、適正と認められるときは押印のうえ（必要に応じて承認し）、工事施工者に返却する。適正と認められないときは、工事施工者に再修正を求める。工事施工者がこれに従わないときは、告示第15号の定めにより、その旨を建築主に報告する。
⑥ 施工計画書の承認の状況等を監理報告書（本編1.5の（3）参照）の形で、また総合定例会議などの場で、建築主に報告する。

### 5）工種別施工計画書に記載する記載例

工種別施工計画書の記載例を次に示します。

---

工種別施工計画書の記載例

1．工事概要（工事全体の概要と当該工種の概要を示す。）
2．工事体制（工事施工者と専門工事業者の体制、品質管理責任者・担当者を明記する。また、工事に携わる有資格者と資格証の写しを明示する。）
3．使用材料・機器（要求仕様・性能・材質・寸法・仕上げなど、及びそれに適合し選定された使用材料・機器の製品名・型番・具体的内容・製造者名などを明示する。材料カタログの写しを添付することが多い。）
4．工法の概要（施工フロー、施工方法・手順の説明と施工機器の説明を記載する。）
5．当該工種の工程計画（工事概要の項に記載することもある。）
6．品質管理計画（管理項目、品質管理フロー、管理値、判定基準、許容誤差、不合格の場合の処置方法などを含む。品質管理フローについては、施工フローと統合することも多い。）

7. 検査（品質管理計画の一部とすることもある。自主検査と監理者検査について検査時期、検査項目、不適合品の管理、是正処置、検査記録の書式などを示す。検査時期については、施工フロー・品質管理フローと統合することも多い。検査記録の書式は、確認項目のチェックリスト形式とすると効果的である。）
8. 仮設計画（足場、資材搬入、揚重計画などを含む。）
9. 養生計画（搬入時、保管時、取付け時、取付け後の各種養生について記載する。）
10. 安全計画（当該工種に係るものを重点的に記載する。）
11. 環境保全計画（必要に応じて記載する。）
12. 他工種との関連、関連工事との整合、その他必要事項

### （3）監理者の承認

以下に、「監理者の承認」とはどういうものか、どういった意味を持っているのか、どんな効果と責任があるのかなどについて説明をします。

なお、ここに述べる説明は、あくまで筆者の知見に基づく私見です。また、もし「監理者の承認」等にかかわる法的な紛争などが生じた場合、その状況や背景は多種多様であり、裁判官の判断はケースバイケースになるものと考えざるを得ません。つまり、必ずしも以下の説明のとおりとはならない可能性もあることにご注意ください。

#### 1）監理者の承認とは

監理者の承認とは、監理者が工事施工者から提出された施工図書や見本等の内容を、設計図書等と照合のうえ、妥当又は適正と認め、そのとおりに施工することを書面で了承すること（施工図や施工計画書、見本などの場合）、又は提出された図書等に記載された内容が事実に相違なく適切であることを書面で通知すること（報告書・記録などの場合）と解されると考えます。

#### 2）承認行為の根拠

監理者はもとより工事監理者の工事施工者に対する承認行為については、建築士法でも告示第15号でもまったく触れられておりません。

工事施工者に対する施工図書や見本等の承認の権限は、本来、工事請負契約の当事者の一方である建築主（発注者）に存するものです。そして、監理者が建築主から監理業務委託契約によりその権限を与えられ、かつ、建築主と工事施工者がそのことを工事請負契約により合意して（工事請負契約の一部である約款や仕様書に監理者の承認行為が規定されることが一般的。）はじめて監理者への権限の委譲すなわち「授権」が成立し、工事請負契約の当事者でない監理者が工事施工者に対して承認行為を直接行うことができると解釈されると考えます。ただし、これらの契約に定められる「承認」という用語の意味は、使用される箇所によって異なる場合がありますので注意が必要です。

### 3）監理業務委託契約等における承認行為

監理者の承認行為について、監理業務委託契約の一部として使われることの多い四会委託書では、次のものを定めています。
① 施工図等の承認（4A103 1）②項）
② 工事材料・設備機器等の承認（4A103 2）②項）
③ 「工事請負契約に定められた … 承認 … を行い、…」（4A204 2）②項）

また、民間工事の工事請負契約によく使われる民間工事約款では、「第9条 監理者」において、ほぼ同様のことを定めています。

これらの定めを受けて、設計図書（特に仕様書）の各所で監理者の承認行為が定められています。

### 4）承認、承諾、確認の違い

四会委託書や工事約款、仕様書などには承認のほかに、提出図書等の「確認」という用語が出てきます。また、国土交通省標準仕様書では承認の代わりに「承諾」という用語を使用しています。これらの違いは何なのでしょうか。

承認と承諾は、ともにその対象物の適否を判断のうえ、適正であることを相手に伝えるもので、これらの意味、その効果と責任については、法的にはまったく同じだと考えます。

一方、提出図書等の確認は、本来、承認とは違い、対象物の内容の適否についての判断は下さず、「内容を承知しておく、そして気が付いたことがあれば指摘する。」程度のことと思われます。しかし、状況によっては、すなわち工事請負契約の中で「承認」という表現が使用されている箇所によっては、裁判官に「適正であることの確認」とみなされ、承認と同じ効果をもつと判断されることもありえます。

なお、「確認」についての以上の説明は、提出図書等の確認についてであり、建築士法における「工事の確認」については当てはまらないと考えます。すなわち、工事の確認は、建築士法による「工事監理」に関する定めに基づいて工事が設計図書のとおりかどうかを確認することであり、この「確認」には、適否の判断が含まれると考えます。

ただし、これらの解釈はあくまでも本書における筆者の理解であり、法的にどのように解釈されるかは、個々の裁判事例における裁判官の判断によることになります。

### 5）承認の効果

承認の効果については、工事施工者は、施工図等の提出図書が監理者により承認されるまでは、原則として、その提出図書に基づく施工を実施することはできないと工事請負契約に定められることが多いと思われます。

一方、確認の場合は、適切と認められるタイミングで提出図書が工事施工者から提出される限りは、それについての監理者による「確認したことの通知」がなくても、工事施工者は先に進んでもよいと解釈することができると思います。

### 6）承認により生じる監理者の責任

たとえ提出図書を監理者が承認しても、それにかかわる施工の全責任が工事施工者から監理者に転嫁されるとは考えられません。つまり、承認された提出図書の誤り（設計図書との不適合）による施工ミスが生じた場合、工事請負契約上、建築主に対するその責任はあくまでも提出図書を作成した工事施工者が負うことになると思われます。ただし、もし監理業務の履行すなわち提出図書の処理に不適切な点（例えば、まったくチェックせずに承認していた、あるいはチェックしたけど誤りに気が付かなかった等）があれば、監理業務委託契約に基づいて監理者も「見落とし」について応分の責任を負うことになると思います。

監理者の承認は、工事施工者から提出された図書に示された情報の範囲内で、その時点で専門家としての監理者に求められる技術水準に基づいて行うことになります。したがって、工事に組み込まれた部品の製品欠陥など予期せぬ事態による不具合については、提出図書を見るだけで事前に予見することは困難であり、監理者の「見落とし」の対象にはならないと考えます。

また、監理者は、監理業務委託契約にそう定められる場合、施工図などの提出図書を抽出により検討し、それに問題がなければ提出図書全体も大丈夫だろうと判断して承認することがあります。この場合、抽出されなかった部分、すなわち検討の対象外であった部分において、もし提出図書の間違いによる問題が生じたとしても、抽出の程度が妥当と認められる場合は、監理業務委託契約上、監理者に「見落とし」の責任は発生しないと考えます。

### 7）監理者の承認行為と印紙税

民間工事においては、監理者が提出図書を承認すると印紙税がかかるとされています。これは、監理者が承認印を押印した図書を工事施工者に交付するという行為が工事請負契約締結行為の一部になる、すなわち承認された図書を交付する行為は工事請負契約を補完する図書の交付に当たると国税当局がみなしているからです。

そこで、これを避けるため、一般的に「受領書方式」とよばれる方法が取られています。これは、「工事施工者に返却・交付する提出図書に押印された監理者の印は承認印ではなく、これらの図書を監理者が受領したことを示す受領印である。そして、この書類を工事施工者が受け取ってから一定期間（例えば１週間など）内に監理者から訂正又は保留の指示がない限り、それらの図書は

承認されたものとみなす。」というものです。つまり、受領印を押した図書を交付した後、一定期間を経てから、その図書は承認された図書としての効果を持つということです。こうやって、図書の交付時期と承認の時期をずらすことにより、図書に印紙税を貼付する必要がなくなるというわけです。この受領書方式は、国税当局も了承しています。

　なお、ここでいう「受領印」とは、工事施工者から提出を受けたその時に押印する受付印のようなものではなく、提出を受けたのち、監理者のチェック・検討・返却及び工事施工者の修正・再提出を経て、監理者が「承認に値するもの」として提出図書を工事施工者に最終返却する際に押す印を「受領印」と呼ぶこととしているのです。すなわち、「受領印の日から一定期間（例えば１週間など）で承認」とは、「監理者が工事施工者からチェック用図書の提出を受けてから一定期間（１週間など）以内にチェックを終え、承認しなければならない。」ということではありません。これは、監理者のチェックとそれに対する工事施工者の修正という過程（複数サイクルとなることもある。）を経て、最終段階で「通常なら承認印を押して返却するところを、それに代えて受領印を押して返却する。そしてそれから一定期間経過したら、この受領印が自動的に承認の効果を持つ。」ということです。したがって、当該図書の押印欄などに「承認印」といった記載があると、受領印とはみなされなくなるので注意が必要です。

　この受領書方式を採用するためには、監理者と工事施工者との間で前記の趣旨を記した覚書などを取り交わす、あるいは特記仕様書等にその旨を記載しておく必要があります。なお、後者の方法は、監理者が工事請負契約書に監理者としての記名押印をする場合は、前者の覚書と同等の効果があると考えられています。

## 1.4　検査業務

### （1）検査業務の位置付け等

#### 1）監理者の検査とは

　監理者による工事の検査について、国交省標準仕様書1.1.2項では、「施工の各段階で受注者等が確認した施工状況、材料の試験結果等について、受注者等より提出された品質管理記録に基づき、監督職員（民間工事では監理者と読み替えられます。）が設計図書との適否を判断することをいう。」と定義しています。これは監理者の検査とは何なのかを説明する一例ですが、本来、監理者の検査の意味は工事請負契約の定めによるべきものですので、国交省標準仕様書を工事請負契約図書としていない場合は、これとは異なる定義としている場合

もありえます。

しかし、一般的には、監理者の検査とは、国交省標準仕様書の定義と同様、工事に使用される材料・機器や工事施工者による施工の結果などが設計図書等に適合しているかどうかを監理者が判断することと解されることが多いと思われます。この業務は、監理業務の中でも、工事目的物の品質確保という視点の根幹をなす最重要なものということができるでしょう。

なお、四会委託書においては、「4A104 工事と設計図書等との照合及び確認」が、また民間約款においては、第9条（1）の「g 工事の内容が設計図、・・・（中略）・・・仕様書などこの契約に合致していることを確認すること。」が監理者の検査に該当します。

### 2）告示第15号における位置付け

監理者の検査業務は、技術的には、告示第15号別添一の「一 工事監理に関する標準業務」の「（4）工事と設計図書との照合及び確認」すなわち建築士法に定める「工事監理」にほぼ対応しています。

### 3）検査と工事監理の関係

上記のように、検査と工事監理は、技術的には似かよった行為ですが、その立場や責任などに若干の違いがあります。本項では、「検査」が本書第1編の「1．建築監理業務の基本」で説明した「工事監理」（すなわち、工事と設計図書との照合及び確認）とどういう関係にあるのか、どこが違うのかについて説明します。なお、この説明については、おおむねそのように理解されていることが多いと思われますが、実際の場面々々によっては異なる解釈があるかもしれません。すなわち、ここでの説明は、あくまでも筆者の知見に基づく私見であることをご理解ください。

まずはじめに、第1編1.1（2）、（3）や本編1.1の（2）でも説明しましたが、「監理」と「工事監理」の違いを理解することが必要です。「監理」は契約に基づく多様な業務であり、「検査」はその一部分です。一方、「工事監理」は建築士法に基づく行為・業務（工事を設計図書と照合し確認すること）のことです。そして、監理業務を行う者が「監理者」で、工事監理業務を行う者が「工事監理者」なのです。

監理業務の一部である「検査」と「工事監理」の関係についてですが、これらは、表面的な行為そのものは同じ「工事の確認」ですが、これを建築士法や告示第15号の視点から見ると工事監理者が行う法定業務としての工事監理であり、同じ行為を監理業務委託契約や工事請負契約の視点から見ると契約に基づいて監理者が行う検査となるということができます。

しかし、厳密に見ると、検査と工事監理の間には、この視点・スタンスの違いだけではない次のような若干の差異があると思われます。

すなわち、工事監理は、建築主との契約により建築士事務所が組織として工事監理業務を委託されるものの、個々の確認そのものには公法（国家と国民との関係における規律）である建築士法に基づく「工事監理者個人の、その者の責任で行う行為」を含んでおり、一方、検査は私法（国民相互の関係における規律）である民法をベースとする監理業務委託契約に基づいており、個々の検査までも「契約当事者である監理者の組織としての行為」ということができると考えられます。

　この違いを極端な表現で言い換えると、確認行為において見落としなどのミスがあった場合、「工事監理、すなわち工事監理者としての確認」については、主として個人が建築士法上の責任を国家に対して負い、「監理者としての検査」については、組織が契約上の責任を建築主（委託者）に対して負うことになると思われます。すなわち、工事監理者を兼ねる監理者が工事の確認においてひとつのミスを犯すと、その結果としての責任が2種類発生するということになります。

　ただし、「工事監理者としての確認」にかかわる建築士法上の責任については、工事監理者個人ばかりではなく、その工事監理者（建築士）が所属する建築士事務所やその事務所の管理建築士も責任を問われて行政処分を受けることがありますので注意が必要です。

　「監理者としての検査」にかかわる責任については、基本的には組織が契約上の責任を負いますが、検査を行った個人も民法上の不法行為責任（契約関係の有無を問わず、善管注意義務違反に基づく責任）や刑法上の責任（ミスが人身事故につながった場合の業務上過失致傷罪等）などを問われる場合があると思われます。

　また、検査は契約に基づいて「監理者が工事の適否を判断」するものであり、監理者の判断の幅や裁量の余地がある場合もあると思いますが（もちろん、この判断の幅や裁量の余地は、監理者の恣意的なものではなく、建築主や第三者が妥当と認めるものでなければなりません。）、一方、工事監理は建築士法に基づいて「設計図書のとおりにできているかどうか」を厳密に照合及び確認するもので、工事監理者の判断の幅、裁量の余地はほとんどないといえると思います。

　さらに、確認又は検査の頻度や抽出の程度について、検査の場合は、監理業務委託契約に基づいて、監理者の判断でメリハリをつけたり、報酬に見合う範囲で行うなどの裁量が可能ですが（ただし、検査という用語が契約上使用されている箇所によっては意味が異なることがあるので、注意が必要です。）、工事監理の場合は、監理業務委託契約の内容には関係なく、客観的に妥当と思われる頻度・程度でなければならないと考えられます。そして、その程度は、工事

監理者自身が「その者の責任で」判断しなければならないと思われます。

検査業務の内容は、監理業務委託契約及び工事請負契約によって変わりますが、一般的に用いられることの多い四会委託書や民間連合工事約款、及び工事請負契約の一部として用いられることが多い国交省標準仕様書などに基づいて検査業務を監理者が適切に行えば、工事監理者の工事監理についてもおおむねカバーできると考えます。

そして、ここでは建築士法に基づく「工事監理者による工事監理」ではなく、あくまで監理業務委託契約や工事請負契約に基づく「監理者による検査」について説明をします。

### 4）検査の方法
#### ① 告示第15号による工事監理の方法

監理者による検査の方法を説明する前に、まず、よく似た行為である建築士法上の工事監理はどんな方法で行われるのかを見てみましょう。

告示第15号では、工事監理者による工事と設計図書との照合及び確認、つまり工事監理について、「工事施工者の行う工事が設計図書の内容に適合しているかについて、設計図書に定めのある方法による確認のほか、目視による確認、抽出による確認、工事施工者から提出される品質管理記録の確認等、確認対象工事に応じた合理的方法により行う。」としています。

すなわち、工事監理者は、工事の特性や確認対象等に応じた判断に基づき、立会い確認又は書類確認のいずれかの方法により、あるいは両方を併用して工事の確認を行うことになります。ここで、立会い確認とは、自ら工事場所に臨み、目視等の方法により確認することをいい、書類確認とは、工事そのものを直接見るのではなく、工事施工者から提出される品質管理記録等（工事施工者の自主検査記録を含む。）を確認することによって工事を確認することをいいます。また、これらの確認は、合理的と考えられる範囲での抽出で行えばよく、全数に対して実施する必要はないとされています。

この告示第15号における「合理的方法」による確認に関する記述は、実は画期的なことです。この確認方法については、従来、建築士法にも、旧告示第1206号にも、どこにも何も示されていませんでしたが、告示第15号に、抽出による確認や工事施工者から提出される品質管理記録の確認等の確認対象工事に応じた「合理的方法による確認」が明記され、公に認められるようになったのです。これは、工事監理者のマンパワーには限界があり、全数確認をすることは現実的ではなく、また、この合理的な方法でも十分に実効があると判断されたことによると思います。なお、この告示第15号における「合理的方法による確認」に関する記述は、東洋大学法学部教授大森文彦弁護士の著書「建築家の法律学入門」等で示された見解が反映されたものです。

ただし、以上の説明については、おおむねこのように理解されていることが多いと思われますが、もし検査の方法にかかわる法的な紛争が生じた場合、裁判官の判断はケースバイケースとならざるを得ないことにご留意ください。

② 監理者による検査の方法

建築士法上の工事監理の方法については、前述のとおりですが、監理者が行う検査の方法についても、同じことがいえると考えられます。

つまり、検査は全数について実施するのではなく、合理的と認められる範囲での抽出により行い、また、立会い確認又は書類確認により、あるいはそれを併用して行うことになります。

一般的に、監理者の検査については、当該施工の初回などに立会い検査を行い、以後は、書類確認による抽出検査を主体とし、適宜必要に応じて抽出で立会い検査を行うという方法が多いと思われます。

この場合、抽出されなかった部分、すなわち抽出検査の対象外であった部分あるいは書類確認による検査のみを行った部分において、もし何らかの不具合が生じたとしても、工事施工者による当該部位についての自主検査記録が「合格」としていれば、そのことを書類確認した監理者に「見落とし」の責任は発生せず、工事施工者が全責任を負うことになるというケースもあり得ると考えます。ただし、「抽出の程度が適切であったかどうか」、すなわち「その部分を立会い検査の対象として抽出しなかったことが合理的で妥当であったかどうか」について、責任を問われることがあるかもしれません。

### 5）工事監理ガイドラインについて

本項では、監理業務としての検査について説明していますが、検査と表裏をなす工事監理を対象とした「工事監理ガイドライン」が検査業務の実施に際してとても参考になりますので、これについて説明します。

平成21年（2009年）9月1日、国土交通省住宅局建築指導課により「工事監理ガイドライン」が策定されました。これは、建築士法上の工事監理すなわち「工事と設計図書との照合及び確認」について、これを適正に行うためのガイドラインを定めたものです。このガイドラインは、その目的、用語の定義、工事と設計図書との照合及び確認の方法などの考え方を述べた前書き部分と工種ごとの確認項目及び確認方法の例示一覧表で構成されています。

このガイドラインは、国交省住宅局建築指導課長からの各都道府県建築主務部長宛の事務連絡にも記載されているとおり、工事と設計図書との照合及び確認について対象工事に応じた合理的方法を例示するものであり、これに基づくことを強制するものではありませんが、工事監理にあたってはこれを参考にすることが望まれるとしています。

そして、検査を実施する際にも、検査方法や検査項目などについて、このガイドラインはとても参考になると思います。

　また、建築士が適切な工事監理を行ったかどうかが裁判で争われることになった場合、この種の公的な指針は今のところこのガイドラインしかないと思われますので、裁判官が判断の基準としてこのガイドラインを根拠とする場合があるかもしれません。そういった意味からも、検査に当たっても同様に、このガイドラインを参考にすることが望ましいと考えられます。

　なお、このガイドラインが実態に即して適切に運用されることを目的として、平成25年9月7日に、「工事監理ガイドラインの適正活用検討研究会」の編著、「公益財団法人 建築技術教育普及センター」の編集による「実務者のための工事監理ガイドラインの手引き」が発行されました。この手引きは、ガイドラインに示される確認項目のうち主なものを取り上げ、工事監理者が行う工事監理の方法や確認のポイントについて、事例写真を用いて具体的に分かりやすく例示したものです。

## （2）設計図書との照合及び確認について
### 1）計算書の取扱いについて

　建築士法に定める工事監理は、工事を「設計図書」と照合し、確認することとしています。そして、同じ建築士法による設計図書の定義（第2条第5項）には、「この法律で『設計図書』とは建築物の建築工事の実施のために必要な図面（現寸図その他これに類するものを除く。）及び仕様書を、・・・いう。」とあります。一方、同法における「構造設計」の定義（第2条第6項）には、「この法律で『構造設計』とは基礎伏図、構造計算書その他の建築物の構造に関する設計図書で国土交通省令で定めるもの（以下『構造設計図書』という。）の設計を、・・・いう。」とあり、構造設計図書には構造計算書が含まれていることになります。このことから、全体としての設計図書に構造計算書などの計算書が含まれると読み取ることができ、それについては議論のあるところとなっています。

　これについて、筆者の私見ではありますが、次のような考え方もあると思われます。

　工事現場で実施される工事監理（通常は検査を兼ねています。）の実態を見ますと、施工結果などを、ボリュームが大きくて読みづらい計算書と照合することは、現実的ではありません。また、構造や設備など各種の計算書の結果は既に設計図や仕様書に反映されているとみなして、計算書を除く設計図書等と照合して工事監理を実施するのが通常のやり方だと思われます。さらに、先に述べた工事監理ガイドラインの講習会テキスト（一般社団法人 新・建築士制

度普及協会発行）では、「なお、設計図書には、構造計算書、設備計算書等の計算書が含まれていますが、ガイドラインにおいては、これらの計算書と工事を照合することは想定していません。」としています。これらのことから、工事監理において、工事と計算書を照合する必要はないと考えることもできそうです。ただし、これについても、もしこのことにかかわる法的な紛争が生じた場合、裁判官の判断はケースバイケースとならざるを得ないと思われます。

以上は工事監理についての記述ですが、検査においても同様の取扱いになると考えられます。

#### 2）施工図・施工計画書等の取扱いについて

また、工事現場では、材料・機器や施工結果を、設計図書だけではなく、より詳細な情報を盛り込んだ施工図や施工計画書と照合することが、よく行われています。監理者（又は工事監理者）の承認・確認を経た施工図や施工計画書は設計図書の内容を反映しているとみなされることから、この方法が一般的に行われていると思われます。しかし、この場合であっても、仮にその施工図や施工計画書に間違いや設計図書と異なる記載があり、それを監理者（又は工事監理者）が承認・確認し、そのまま施工されてしまい、それについての検査（又は確認）で施工図や施工計画書と照合して合格としてしまった場合が問題です。つまり、建築士法上の工事監理者として、「建築士法のとおり設計図書と照合していればその間違いなどを発見できたのに、間違った施工図などと照合したために施工の間違いを発見できなかった。」という見落としの責任を問われることがありうることに注意が必要です。

### （3）検査業務の実施

#### 1）検査の種類

##### ① 立会い検査と書類検査

工事監理ガイドラインの用語の定義に「立会い確認」と「書類確認」について次のように定義されていますが、立会い検査と書類検査についてもこれに準じた定義になります。

| | |
|---|---|
| 立会い確認 | ：施工の各段階で、工事現場等において、工事監理者自らが目視、計測、試験、触診、聴音等を行う方法、又は工事監理者が工事施工者が行うこれらの行為に立ち会う方法により、当該工事又はその一部を設計図書と照合し、それが設計図書のとおりに実施されているかいないかを確認することをいう。 |
| 書類確認 | ：施工の各段階で、工事請負契約の定めに基づいて工事施工者から品質管理記録が提出される場合において、工事監理者がその品質管理記録を設計図 |

> 書と照合して確認することにより、当該工事又はその一部を設計図書と照合し、それが設計図書のとおりに実施されているかいないかを確認することをいう。

② 各種の分類による検査の名称

　検査には、その対象、主体、方法、場所、時期に応じて種々の呼び名があります。これらの分類ごとに検査の種類・名称を整理し、次に例示します。

a　検査対象による分類：機器・材料の検査（製品検査を含む。）、施工の検査（配筋検査、型枠検査などを含む。）等
b　検査主体による分類：工事施工者の検査（自主検査ともいう。）、第三者検査、監理者の検査、建築主（発注者）の検査、官公署（諸官庁、関係機関ともいう。）の検査等
c　検査場所による分類：場内検査、場外検査（工場検査ともいう。）等
d　検査方法による分類：立会い検査、書類検査（前記①項参照）等
e　検査頻度による分類：全数検査、抜取り検査（抽出検査ともいう。）等
f　検査手法による分類：外観検査（目視検査ともいう。）、計測検査、打診検査（打音検査ともいう。）、指蝕検査等
g　検査時期による分類：着手前検査（下地検査などを含む。）、中間検査、完成検査（竣工検査ともいう。）、完了検査等

**2）検査の頻度・密度**

　監理者が検査を行う際、どの程度の頻度（何フロアーに1回立会い検査に行くかなどの回数）と密度（1回で行う立会いによる配筋検査で何箇所の柱の鉄筋を確認するかなどの程度）で行えば、建築士法上の工事監理と契約上の検査義務を果たしたことになるのか、すなわち、どこまでやれば「合理的方法による確認」とみなせるのかという疑問に対する一律の回答は、極めて難しいといえます。

　それは、工事ごとに工事目的物の性格、設計内容、その重要ポイントや工事施工者の技術力などが異なるために一律の定量的な指標を作ることや見解を出すことが難しいことに加え、最終的には監理者又は工事監理者がその責務を果たしたかどうかの判断は、個々の法的紛争事例における裁判官の判断によるしかないからです。

　結局のところ、個々の工事の都度、監理者又は工事監理者が、その判断と責任において、監理業務委託契約に適合し、かつ客観的に妥当と思われる検査の頻度と密度を決めるしかないと考えます。

　検査の頻度に関しては、工事監理ガイドラインでは、工事監理の立会い確認と書類確認の方法について、次のように例示しています。これを参考に監理者

又は工事監理者は、当該工事に合った検査頻度を設定することになります。

> ① 立会い確認
> 　　原則として、施工の各段階で、その段階で確認する工程について、初回は詳細に確認を実施し、以降は設計図書のとおりに実施されていると確認された（以下「合格した」という。）工程（当該工程が合格したときと同じ材料が使われているものに限る。）については、抽出による確認を実施する。
> ② 書類確認
> 　　原則として、施工の各段階で、その段階で提出される品質管理記録の内容について、初回は詳細に確認を実施し、以降は合格した工程（当該工程が合格したときと同じ材料が使われているものに限る。）については、抽出による確認を実施する。
> ③ 抽出による確認
> 　　立会い確認及び書類確認における抽出を行うに当たっては、それまでの施工状況や提出書類の状況を踏まえつつ、工事内容や設計内容に応じた効果的な抽出率をその都度設定することとする。

　また、これらについて、このガイドラインの講習会テキストでは、次のように解説しています。この内容は、検査についても当てはまります。

> （d）ガイドラインでは、原則として、各工事種別ごとに立会い確認や詳細な書類確認を初回に実施することとしています。以後、同様の工事が繰り返され、初回と同様に間違いのない施工が行われると推定できる場合は、工事監理者の確認が抽出でよいこととしています。こうした確認方法は、国土交通省大臣官房官庁営繕部監修「公共建築工事標準仕様書（平成19年版）」を参考にしています。
> （e）施工の各段階において、工事請負契約の定めに基づき工事施工者から提出される品質管理記録については、工事監理者において記載範囲、欠落の有無等の確認を行う必要があります。なお、ガイドラインにおいては、機器等の欠陥や認定表示の偽装、品質管理記録の虚偽記載等は想定していません。
> （f）ガイドラインでは、立会い確認や書類確認による照合・確認の抽出率等を定量的に示しておらず、工事監理者が対象工事や設計内容に応じた抽出率をその都度設定することとしています。これは、抽出率は工事内容や設計内容により変動し、また、工事施工者の技量や品質管理能力によっても変わってくるため、これを一律に示すことは難しいことによります。

　一方、検査の密度については、工事監理ガイドラインでは触れられていませんので、検査の頻度の設定に準じた考え方で、監理者又は工事監理者自らが密度も設定することになると考えます。

### 3）検査の実施要領例

検査をどのように行うか、その具体的な進め方、手順について、工事中の場内立会い検査及び場外検査の実施要領例と注意点を次に例示します。

#### 1．工事中の場内立会い検査の実施要領例
##### （1）検査時期・日程
① 仕様書などの設計図書により工事施工者が監理者の検査を受けることが規定される機器・材料が搬入され、もしくは施工が所定の工程に達した時点で検査を実施する。前述のように検査には立会い検査と書類検査があり、立会い検査は原則として抽出で行うので、工事施工者が適切な時期に立会い検査を要請をするためには、立会い検査を行う機器・材料・施工はどれで、どの部分・段階かなどについて事前に監理者から工事施工者に指示しておく必要がある。

② 立会い検査の時期は、当該施工が完了した時点や防水工事の下地確認など施工が所定の段階に達した時点などであるが、あらかじめ工事施工者と協議のうえ、当該工事の施工計画書でその時期・タイミングを明確にし、月間工程表や週間工程表にその予定を入れておくとよい。

##### （2）工事施工者からの検査要請
① 立会い検査に際しての工事施工者からの要請については、場外検査と違って、一般的にはそのための検査願い書を提出させることは少ない。これは、日常的な検査での書類処理の煩雑さを避けるためである。また、上記の月間工程表・週間工程表等に記載された検査予定を検査要請と解釈することもできる。

② 工事施工者による自主検査をあらかじめ実施しておくことが前提である。

③ 立会い検査の前には、工事施工者による当該検査対象についての自主検査記録（品質管理記録の一種）を提出させ、その内容を確認する。

④ この自主検査記録は、立会い検査を行わず書類検査とする場合も提出させる必要がある。

##### （3）事前の準備
立会い検査に先立って、次の準備をするとよい。

① 工事施工者の自主検査記録を確認する。併せて検査対象と検査範囲を確認するとともに工事施工者自身の指摘事項を確認する。これらは、検査直前に工事施工者との打合せの形で行うことが多い。

② 以前に同種の立会い検査を行っている場合は、そのときどのような指摘がなされたかを再確認するとよりよい。これは、同じ指摘が繰り返されることのないように工事施工者を指導するためである。

③ 当該工事の施工図（必要に応じて設計図も）・施工計画書に目を通す。検査は設計図書及びこれらと照合することになる。また、施工計画書には、工事施工者の自

主検査の確認項目や合否判定基準、自主検査記録の書式などが記載されているはずなので、それを確認する。

④ どういうポイントを確認するのか、工事監理ガイドラインなどに目を通す。併せて本書第2編の「2．工事の検査のポイント」における当該工事の部分に目を通し参考するとよい。

(4) 検査者・受検者

① 監理業務の担当者（現場監理組織）が複数いる場合は、当該検査対象を担当する者（例えば建築工事担当、電気設備工事担当、機械設備工事担当など）が立会い検査を行う。

② 受検者は工事施工者であるが、検査に参加するのは、当該施工の内容を熟知している工事担当者（現場係員）クラスでよく、必ずしも現場代理人や監理技術者の出席は求めないことが多い。ただし、必要に応じてそれらの出席を求めることもある。

(5) 検査道具など

① 立会い検査には、当該部分の設計図などを持っていく。工事施工者に施工図・施工計画書とともに設計図を持参してもらうことも多い。

② 立会い検査には、検査に必要な道具を持っていく。ただし、脚立など大型の道具や特殊なものについては工事施工者に用意してもらう。検査道具には次のようなものがある（例示）。

・巻尺
・懐中電灯
・検査鏡（伸縮棒の先端に小さな鏡が付いたもので、陰になる部分など見にくい部分を目視確認する。）
・レーザーポインター（同行する工事施工者の担当者に、離れた位置の欠陥などを指し示す。）
・パルハンマー（タイル工事などの打診検査に使用する。）
・検査ハンマー（コンクリート工事などの打診検査に使用する。）
・クラックゲージ（コンクリート工事などでひび割れ幅の測定に使用する。）
・溶接ゲージ（鉄骨工事などで溶接のサイズやのど厚、アンダーカットの深さなどを測定する道具で、測定する対象に応じて種々のタイプがある。）
・隙間ゲージ（溶接部のルートギャップや各種の隙間を測定する。また、吹付け断熱材などの厚さを突き刺して測定することもある。）

このほか、やや遠いところを確認するために双眼鏡や単眼鏡などを持っていくと便利なことがある。

③ 精度や寸法があらかじめ決まっている部分の測定のためのバカ棒を用意するなど、検査対象に応じて検査道具を工夫・作成するとよい。バカ棒とは、木の棒などにあらかじめ所定の長さをマーキングし、又はそれを所定の長さに切断しておき、

それを検査対象にあてがって寸法の合否を判断するという道具の通称である。

(6) 立会い検査の実施

① 検査の実施に当たっては、安全帽（ヘルメット）の着用、安全帯の使用など工事施工者が定めた安全規則を遵守する。また、安全で確実な検査ができるように、工事施工者に検査対象へのアクセスの確保をさせる。

② 検査での指摘は、明確である必要がある。曖昧な指摘・指示に対しては工事施工者による適切な処置・対応は望めない。また、設計図書等に基づく適切なものである必要がある。監理者の恣意的な指摘や根拠のない理不尽な指摘は、厳に慎むべきである。

③ 自分では合否の判断がつかない場合には、一旦保留にして、直ちに設計図書や資料を調べたり、上司や先輩、専門家に相談して判断する。また、状況によっては、工事施工者自身の判断根拠を訊くことがあってもよい。こういった場合の知ったかぶりや速断は危険である。ただし、これらの検討は工程に影響しない範囲で速やかに行うべきであることはいうまでもない。

④ 検査で疑問に思う点を発見した場合、その指摘が品質・出来栄えに影響するものであれば是正を指示するのは当然だが、それが瑣末なことであり、大局的に見て設計図書に適合していると判断できるのであれば、あまりこだわらず、その是正に要する手間・費用、全体工程への影響などを考慮して総合的に判断することがあってもよいと考える。ただし、必要に応じて建築主の了解を求めておく。

⑤ 検査に同行する工事施工者の担当者は、工事を所定どおり完成させるという同じ目的をもち、契約上も対等な技術者である。監理者と工事施工者の信頼関係が重要であり、接し方に注意したい。これは、検査に限ることではない。

(7) 記録

① 立会い検査の指摘事項は、同行する工事施工者の担当者が現場でメモをとるとともに当該箇所の写真をとり、検査終了後、検査記録書など所定の書式に検査内容とともに記録するのが一般的である。監理者は、記録の内容を確認のうえ押印・処理する。

② 記録には、検査日・検査者・受検担当者・検査範囲（対象）・測定値・合否判定・指摘事項などを記載する。指摘事項についてはその是正・手直しの処置方法を併せて記載する。指摘事項及びその処置方法は簡潔かつ明確に記録する必要がある。キープランにマークと指摘番号をつけ、それに対応させて指摘事項を記載するなどの工夫をするとよい。

③ 検査記録の書式は、前記②の内容を記入できるようなものとするよう、事前に工事施工者と協議して決めておく。

④ 記録には、検査状況の写真を添える。写真には、検査対象や検査者（監理者）とともに検査概要を記載した黒板又は白板を映し込む。黒板や白板には、工事名称、

検査日、検査名称、検査対象、検査場所・部位、検査者、受検者、測定値などと合否判定を記載する。

併せて、測定値を示す巻尺・機器などの目盛の拡大写真を付ける。また、指摘を受けた部分の拡大写真を添付する。

これらの記録と写真は、監理者が業務を適切に履行したことの証拠にもなるので、重要である。

（8）手直しと確認

① 立会い検査における指摘事項の手直し・是正が完了したら、原則として監理者が立会いによりその確認を行う。ただし、軽微な指摘の場合などは工事写真（指摘された部分の是正前と是正後の写真を対比）による確認に代えることもある。この場合、この写真を前記（7）項の検査記録に添付することも多い。また、非常駐監理の場合などで、次工程の着手時期により監理者の次回の来場を待てない場合なども、後日、工事写真などによる後追い確認を行うことがある。

② 手直しの確認が完了したら、検査記録の確認欄に監理者が押印のうえ、ファイリングなど所定の処理を行う。

## 2．工事中の場外検査の実施要領例

（1）検査時期・日程

① 製品検査などの場外検査を行うことをあらかじめ定めた機器・材料・製品などが、製造工場などで完成した時点で場外検査を実施する。

② 場外検査の予定については、実施日の1ヶ月程度前には明らかにし、月間工程表や週間工程表に予定を記載しておく。工場などの場外における製作の進捗状況は監理者にはわからないので、十分早い時期に週間定例会議などで工事施工者に場外検査予定（検査対象、場所、日程）などを報告させるとよい。

（2）工事施工者からの検査要請

① 場外検査実施日の1ヶ月程度前（遅くとも2週間前）に、工事施工者から場外検査申請書を提出してもらう。これは、場外検査には建築主や設計者が同行する場合があるので、その調整を目的としている。また、場外検査は遠距離出張を伴う場合があるので、監理者の会社における社内手続きのためでもある。

② 検査申請書には、工事名称、検査名、検査対象、検査場所、検査日程、出席者名（監理者、工事施工者及び工場側の主な対応者を含む。）などを記載する。当日の旅程や時間割が記載されているとなおよい。まず「案」の形で受け取り、以下の調整を行う。この調整を工事施工者が行うこともある。

・監理者の日程

・建築主の同行の有無確認と日程
・設計者の同行の有無確認と日程
③ 参加者及び日程が確定した時点で正式の申請書を出してもらい、処理する。

（3）事前の準備

場外検査に先立って、前述の場内立会い検査と同様の準備をする。

（4）検査者・受検者・立会い者

① 監理者が検査を行う。設計者と監理者が別人で、設計者が同行する場合は、設計者は検査者ではなく、設計意図の視点から監理者の検査を支援するという立会い者の立場になる。設計者の参加の必要性は、検査対象物の性状、発注者の同行の有無などから判断する。設計者のみが検査に参加し、監理者が行かない場合は、設計者が代行して検査者になるということもある。ただし、これは設計者と監理者が同じ会社（事務所）の場合に限る。

② 受検者は工事施工者であるが、実質的には製作工場が検査を受けることになる。ただし、工事施工者は、原則として、あらかじめ自主検査をしておかなければならない。しかし、場外検査は遠隔地の場合もあり、監理者の検査と同時に工事施工者の自主検査が行われることもあるが、あまり望ましくはない。こういう場合、工事施工者は同じ日の午前中に先に工場に乗り込んで自主検査を行い、午後から監理者が検査をする、という方法をとることもある。

③ 建築主が同行する場合は、建築主は立会い者の立場となる。ただし、建築主からの指摘や意見などがある場合は、それを尊重しなければならないことは言うまでもない。

（5）場外検査の実施

① 検査は、次の手順により行われるのが一般的と思われる。

　a　まず会議室にて、出席者の自己紹介や挨拶のあと、工場側から製作の進捗状況、検査対象・範囲、検査要領、判定基準などの説明を受ける。併せて工場概要の紹介がされることもある。

　b　その後、工場による自主検査記録等の説明を受け、その確認を行う。

　c　検査場に移動し、実地立会い検査を行う。

　d　会議室にもどり、指摘事項（書類確認、実地検査とも）とその処置方法を確認し、検査記録を作成する。

② 検査に当たっては、前述の場内立会い検査の実施に際しての留意点に準ずる。

③ 通常、実地検査は、抜取りで選んだ製品に対して行う。ただし、検査対象物がすでに工場側により選び出されて検査台などの上に用意されていることも多い。こういう場合は、"問題のないもの"を検査対象として選んでいるおそれもあるので、用意されたものの検査のほかに、ストックヤードにあるものや製作中のものを抜取りで検査してみるとよい。

④ 建築主が同行する場合は、たとえその立場は立会い者とはいえ、建築主の意見を伺う必要がある。
⑤ 場外検査においては、監理者には適切で積極的な動きが求められる。もし、監理者の検査が工事施工者や工場任せで、いてもいなくても同じだと建築主から思われたら、その監理者は建築主から信頼されない。
⑥ しかし、監理者が場外検査において動けば動くほど、工事施工者はそれに頼りきって傍観者的になることがある。特に工事施工者の自主検査を兼ねている場合は、工事施工者に対して、その点の注意を促すことも必要である。検査を行う主体が監理者なのか工事施工者なのかを明確にしておき、それに応じた対応が求められる。

(6) 記録
① 検査における指摘事項などは、工場側の担当者がメモを取り、実地検査終了後、所定の書式に記録するのが一般的である。監理者は、記録の内容を確認のうえ、記名・押印（署名することが多い。）する。場外検査の記録には、監理者のほかに建築主・設計者・工事施工者など参加者全員が署名することも多い。
② 記録には、工事名称・検査名・検査日・検査者・立会い者・検査範囲（対象）・確認項目（書類と実地について）・測定記録・指摘事項・処置方法・合否判定などを記載する。場外検査記録の書式は、工場で用意しているものを使用することが多いが、当該工事全体に共通の書式を用意しておき、それを使う場合もある。
③ 当日は記録のコピーを持ち帰り、後日、工事施工者に工場自主検査記録や検査時の状況写真（集合写真や検査状況写真等）などを添付して正式に提出させる。この際、指摘事項の是正完了の記録・写真を添え、また表紙として所定の書式（場内検査と同様の書式とすることも多い。）をつけ、それに再度監理者として押印することも多い。

　上記のような監理者の場内立会い検査や場外検査などにおいて、検査記録を残すことは、非常に重要です。将来、万一、契約上の監理業務が適正であったか、あるいは建築士法上の工事監理が適正であったかが問題になったとき、監理者の検査又は工事監理者の工事監理（これらの違いについては、前述1.4の(1)3)参照）が適正であったことを証明できる証拠としては、この検査記録が唯一のものとなるからです。

### 4）検査のポイント・注意点
　各工種に対する監理者の検査において、どういうところに注意するか、そのポイントや注意点については、次章「2．工事の検査のポイント」でその主なものを詳しく説明します。

## 1.5 工事中のその他の業務

### (1) 工事の運営

　この業務は、工事が円滑に進めるための「プロジェクトマネジメント」あるいは「仕切り」とも考えられる業務で、次に例示するような内容を含みます。これは、実はとても重要な業務であり、監理者による工事の運営の成否が工事の円滑な進捗、ひいては建築主からの監理者の評価につながることも少なくありません。

　なお、この業務は、告示第15号にも四会委託書にも規定されておらず、監理業務委託契約で特約するオプション業務となります。

- 各種会議体の開催（出席・司会・議事録確認等を含む。）
- 工事施工者からの提出図書等の処理手順の確立と管理
- 建築主・設計者・監理者・工事施工者間の情報の流れのかなめ
- 建築主・設計者・監理者・工事施工者間の総合調整
- 建築主への対応
- 設計者への対応
- その他、工事を円滑に進行させるための対応

### (2) 工事費支払い請求の審査

　この業務は、告示第15号の「二 その他の標準業務」の「(7) 工事費支払い請求の審査 (ⅰ) 工事期間中の工事費支払い請求の審査」に対応しています。なお、工事中におけるこの業務は、工事請負契約にて中間支払いが定められている場合に発生します。

　支払い時期及び支払い額は、工事請負契約の定めによります。監理者は、この時期及び請求額が適正かどうかを工事請負契約書と照合して確認するとともに、請求書の宛先や差出人、日付、工事名称などの記載内容に間違いがないかどうかも確認します。

　中間支払いの方法は、分割払いによる定額支払いのケースが多いと思われますが、出来高払いの場合もあります。出来高払いの場合は、出来高の審査についてはオプション業務となります。この業務を委託された場合は、監理業務委託契約での委託内容によりますが、監理者は、工事施工者が支払い請求の根拠としているその時期までの工事の出来高が適正かどうか、確認する必要があります。ただし、民間工事の場合は、出来高による中間支払いの額がどのようなものであっても、工事施工者の倒産などといった不測の事態が生じない限り、仮に多少の過払いがあっても最終的な総額は変わりませんので、金利などの影響が多少あるかもしれませんが、大きな影響はないと思われます。このことから、監理者自身が工事完了部分を精密に積算するという監理業務委託契約内容にするケースは、多く

ないと思われます。

### (3) 監理報告書の作成・提出

　ある程度以上の規模の工事などで、監理業務委託契約で定められている場合、監理者は、月ごとに実施した監理業務内容をまとめ、監理報告書として建築主に提出することが一般的です。なお、この監理報告書（契約に基づくもの）は、後述1.6の（2）6）で説明する工事監理報告書（建築士法に基づくもの）とは違うものですのでご注意ください。

　この監理報告書については、告示第15号では特に定められていませんが、告示第15号の各所に定められる「建築主への報告」を、この監理報告書を利用して行うことも多いと思われます。

　監理業務は、民法上は準委任行為とみなされており、目に見える成果物はありませんが、唯一この監理報告書が成果物といえるものかもしれません。また、この1ヶ月間に実施した監理業務の内容・成果を建築主にアピールする効果的なツールともいえます。

　監理報告書の内容の例を次に示します。

---
監理報告書の目次例
1．工事概要
2．工事進捗状況
3．工事出来高
4．工事現況写真
5．工事施工者からの提出図書の検討・承認
6．機器・材料・施工の確認・検査・立会い（検査状況写真を付けることもある。）
7．定例会議・打合せ（建築主との協議を含む。）
8．変更に関する事項
9．その他

---

　工事施工者から提出される工事報告書（月報。工事進捗状況報告書などということもある。）については、監理者が内容を確認して表紙に押印のうえ、監理報告書に添えて建築主に提出することも多いと思われます。

### (4) 設計変更の処理

#### 1）設計変更

##### ①　設計変更とは

　工事開始後も、関係法令の改正や建築主の追加変更要求、設計内容の見直し・改良、工事施工者からの施工上の提案、時として設計図の食違い等の修正

などの理由により、当初の設計図書の内容から大小の変更が生じることがよくあります。これが設計変更ですが、一般的には、工事費の増減や工期の変更、計画変更確認申請、設計意図の大きな変更を伴うものを「設計変更」といい、部品位置等の多少の移動や詳細な納まりの検討等に伴う仕上がり寸法の調整など、工事費の増減や計画変更確認申請などを伴わない変更を後述の「軽微な変更」ということが多いと思われます。以下、本1）項では軽微でない「設計変更」について説明し、「軽微な変更」については次の2）項で説明します。

設計変更の起因者（すなわち提案者）には、建築主、設計者、監理者、工事施工者の誰もがなりえます。

なお、設計者が起因者となる設計変更については、特段の理由がない限り、設計段階で十分な検討を行っていれば避けることができる場合もあると思われます。そういった意味で、設計者は、設計図書の完成度を上げ、工事段階における設計変更を最小限にとどめるべきだと思います。

② 業務の内容

当然のことですが、設計変更には建築主の事前の承諾が必須ですが、設計変更そのものは一般的に設計者が行うべき設計業務の一種（ただし、オプション業務となる。）であることから、建築主への説明と承諾を得る業務は、通常、設計者が行います。

設計変更に関する監理者の業務（厳密にはオプション業務です。）は、設計者から受け取った（正確には、建築主を通じて受け取る。）設計変更指示を工事施工者に発行するなどの事務処理業務です。これには、設計変更を処理するための手順と書式（変更指示書、工事連絡書などといわれる。）の策定や、工事施工者と協力して、各種設計変更の項目・処理状況・工事費への影響などを一覧表にして管理する業務なども含まれます。

また、これに付随する監理者の業務（オプション業務）として、設計者等が提案する設計変更内容が工程上・施工上の視点や技術的な視点から見て適切かどうかを検討し、必要に応じて設計者に助言する（正確には、建築主を通じて行う。）こともあります。

さらに、監理業務委託契約の定めによっては（オプション業務となる。）、設計変更に伴って工事施工者から提出される工事費の増減見積額が妥当かどうかを検討（査定と呼ぶこともある。）する業務を行う場合もあります。

設計変更がなされた後には、当該変更工事の施工を監理する業務もありますが、これも契約上はオプション業務に当たるとみなされます。

③ 業務の実施

設計変更の処理手順については、建築主起因の設計変更を例にとると、次に例示するような手順が考えられます。

**設計変更の処理手順例**

1. 建築主から設計者へ変更についての検討依頼。
2. 設計者による設計変更作業、変更指示書(案)作成。
3. 設計者から建築主へ変更案の説明。
4. 建築主の内諾。設計者は、この内諾について変更指示書(案)に建築主の押印をいただくか、あるいは了解をいただいた旨の議事録を作成する。
5. 建築主は変更指示書(案)を監理者に回付(実務的には設計者が直接行うことが多い。)。
6. 監理者は、変更指示書(案)を工事施工者に渡し、変更工事に関する概算見積書作成を依頼。
7. 工事施工者は、概算見積書を作成し、監理者に提出(概算でなく、正式な見積書の場合もある)。
8. 監理者は概算見積書の内容を検討・確認のうえ(オプション業務となる。)、先の変更指示書(案)を添えて設計者に回付(正式には、建築主を経由して設計者に回付だが、実務的には直接設計者に回付することが一般的。)。
9. 設計者は、概算見積書を確認のうえ、変更指示書(案)に押印して建築主に提出。
10. 建築主は、概算見積書を確認のうえ、変更指示書(案)に押印して(すなわち、正式に承認して)監理者に発行。
11. 監理者は、変更指示書(案)に整理番号や日付を記入し、押印のうえ、正式の変更指示書として工事施工者に発行。
12. 工事施工者は、変更指示書に受領印を押印のうえ、監理者に返却。変更工事に着手する。
13. 監理者は、押印済みの変更連絡書のコピーを関係者に配付し、原本を保管する。
14. 後日、建築主と工事施工者は、この概算見積書に基づき、工事費等に関する協議を行ったうえで、工事請負契約の変更契約を締結する。

　この例示は、契約関係を考慮した、厳密な手順・フローを示していますが、設計者と監理者が同一人の場合や、工事の規模によっては、もっと簡略化した手順とすることも考えられます。

　また、監理者が設計変更内容を検討する場合は、上記の手順の5．の段階で行うことになりますが、実務的には、もっと早い段階(上記手順の2．の段階)に設計者や工事施工者を交えた打合せ等で行うこともあります。

　なお、設計変更の処理手順における関係者の押印の意味合いとしては、次のような例が考えられます。

　　建築主：設計者等が作成した変更指示書の内容及び工事費の概算増減額を承知し、それに同意することを証するために押印する。また、変更内

　　　　容を工事施工者に発行するよう、監理者に対して指示するという意味合いもある。
　設計者：変更指示書（工事連絡書）の作成者となることが多い。設計者として、変更内容が関係法令及び設計意図に合致しており、それに責任を負うことを証するために押印する。
　監理者：建築主の指示を受け、変更指示書（工事連絡書）を、工事請負契約に基づいて、工事施工者に対して正式に発行するために押印する。
　工事施工者：変更内容を了解したことを証し、変更工事の実施など必要な行動をとることを約するために押印する。

④　設計変更についての注意点
　　先に述べたように、設計変更の起因者には建築主や設計者、工事施工者など工事関係者の誰もがなりえます。また、設計変更作業は主として設計者が行います。したがって、次に示す注意点は、監理者に関するものとは言えないものが多いですが、事務処理にかかわることなどもあり、参考にしていただければと思います。
a　設計変更は、後々のトラブルを防ぐため、所定の書式による文書により、定められた手順を踏んで行う必要があります。そのため、変更指示書（工事連絡書）の書式や処理手順をあらかじめ策定しておく必要があります。一般的には、この策定は監理者が主導して行うことが多いと思われます。この変更指示書には、次例のような事項を記載することが考えられます。
　・工事名称
　・整理番号、発行日
　・案件名（変更内容を簡潔に示す表題）
　・起因者名（建築主、設計者など変更の提案者）
　・変更理由（法令の改正、建築主の要望、設計内容の改良など）
　・概算工事費（工事費増減の総額を書式に書き、見積明細書や専門工事業者等の見積書などを添付する。）
　・変更内容（書式に文章等で記載するとともに変更設計図等を添付することが多い。これらは明確で分かりやすいものである必要がある。）
　・関係者の押印欄
　　後日、出来上がった建築物における設計変更を行った部分について、設計図書のとおりかどうかが問われるような問題が生じた時などは、この文書が唯一の判断根拠になります。時として、監理者による施工図チェック時に朱書きして設計変更を行ったり、口頭で変更を指示したりすることが見受けられますが、これは、後日、万一それについてのトラブルが生じたとき、「言った」「言わない」の水掛け論になるおそれがあります。

b 当たり前のことですが、設計変更内容は、必ず、建築主に事前に説明し（上記手順の3.）、その了解を文書で得てから行うべきです（上記手順の4.）。特に建築主の発議による設計変更は、その旨を議事録等に残しておくことが望まれます。変更をした後で、建築主から「そんな変更は知らなかった。元に戻せ。」とか「勝手にやったことに対して、金は払えない。」などといわれないようにしておきたいものです。

c 設計変更は、工事費の変更を伴うことが多いので、常にその影響を考慮して変更提案を行う必要があります。

d 設計変更は、工事工程に影響がない早い時期にタイムリーに発行する必要があります。設計変更によって、工事に手戻りや遅れを生じさせることは、特段の理由がない限り、あってはならないことです。

e 設計変更は、起因者が誰であっても、監理者を通して正式発行すべきです。これは、工事を設計図書と照合する監理者は、すべての設計変更を知っておく必要があるからです。また、通常の工事請負契約では、工事施工者への指示窓口は監理者に絞られていますので、建築主や設計者から直接指示するようなことがあると、工事施工者は、その指示が正式なものかどうか分からず混乱するおそれがあり、また、後々のトラブルの元となる可能性があるからです。

## 2）軽微な変更

### ① 軽微な変更とは

施工図等の検討を行っていく中で、設計図書の記載内容から、細部の取合いや工事間の調整等の関係で、又は建築主等の依頼や関係機関の指導等により、工事費や工期あるいは設計意図の変更を伴わない、かつ計画変更確認申請を必要としない程度の軽微な変更の必要が生じることがよくあります。

これは、厳密には設計変更の一種ですが、前掲の設計変更と区別して「軽微な変更」ということがよくあります。この場合、設計変更とは「軽微な変更ではない変更」を指すことになります。ただし、「設計変更」と「軽微な変更」の境界線は必ずしも明確ではなく、また、誰が判定するのかも明確でないことが多く、追加工事費の要否などについて、立場の異なる者同士の間で見解の相違による論争が生じることもあります。このため、これについては都度、関係者の了解を取るなどの注意が必要です。

### ② 業務の内容

軽微な変更といえども、設計変更の一種であるこの業務は、本来は設計者が行うべきであり（この場合も、厳密には設計者にとってオプション業務となる場合が多いと思われる。）、四会約款でも監理者の基本業務とはされていません。

しかし、監理業務委託契約の内容によっては、軽微な変更をオプション業務

として監理者の業務とすることがあります。この場合も、変更の手順などについては、前掲の設計変更の場合に準ずる（ただし、設計者が行うことを監理者が行うことになる。）ことになりますが、より簡略な手順とすることも多いと思われます。変更の軽微さの程度によっては、変更手続きを行わず、完成図（竣工図）に盛り込むだけで済ませるということもあります。

## 1.6　工事完成時の業務

### （1）関係機関の検査への立会い等

#### 1）告示第15号における位置付け

この業務は、告示第15号の「二　その他の標準業務」の「（6）関係機関の検査の立会い等」に対応しています。

#### 2）業務の内容

関係機関の検査とは、建築基準法や消防法等の法令に基づいて、建築主事や消防署等の官公署（行政機関等）あるいは法令で定められた指定確認検査機関などにより行われる検査のことです。なお、この業務については、本節「1.6 工事完成時の業務」の中で説明していますが、関係機関の検査は、工事完成時だけとは限らず、「中間検査」という位置づけで工事中にも行われることが多いことをご承知おきください。ある程度以上の規模の工事における建築基準法や消防法に基づく検査については、中間検査が行われます。

主要な関係機関の検査（労働基準法や労働安全衛生法等に基づく、施工に直接係るものを除く。）の申請者、受検者はおおむね建築主であり、建前上は監理者や工事施工者は立会い者の位置付けとなりますが、実務的には監理者や工事施工者が検査を受ける形になることが一般的です。これらの関係機関による検査で建築主が申請者となるものを、民間工事約款では「法定検査」といっています（第23条の2）。

なお、告示第15号や四会約款で「立会い等」としていますが、ここに「等」がついているのは、立会いそのもののほかに「必要な書類を工事施工者の協力を得て取りまとめる」業務や「指摘事項等について、工事施工者等が作成し、提出する検査記録等に基づき建築主に報告する」業務などを含むからです。

これら関係機関の諸検査については、それぞれ所管の官公署及び準拠法令が異なり、したがって必要な手続きと受検対象・時期もまちまちなので、注意が必要です。また、民間工事であっても、公的な補助金を受けている場合には、関係官署による確認検査が行われることがありますので、事前に確認するとよいでしょう。なお、この場合の監理者の立会い等の対応業務は、監理業務委託契約上はオプション業務とみなされる場合が多いので、契約上の調整が必要と

なります。ただし、通常、建築主事等の検査と消防署長の検査への対応は標準業務とみなされていることが多いと思います。

建築主が申請者である場合も、工事施工者がその手続きを代行し、代わって受検することが一般的です。監理者は、その経緯を把握しておくほか、必要に応じて関係機関との打合せに同席し、検査に立ち会うことになります。また、検査対象により建築主の立会い（受検）を必要とすることがあります。

### 3）関係機関の検査の例

関係機関の検査の例として、次のようなものがあります。

・建築主事等の検査（建築基準法に基づく中間検査及び完了検査）

建築確認申請を提出し確認済証の交付を受けた建築物の工事が完了したときは、建築基準法第7条又は同法第7条の2に基づき、建築主事（又はその委任を受けた地方自治体の職員）又は民間の指定確認検査機関（以下、建築主事等という。）による完了検査を受けなければなりません。

また、一定の建築物については、同法第7条の3又は第7条の4に基づき、工事の一定の工程（特定工程という。）を終えたときは、建築主事等による中間検査を受けなければなりません。

・消防署長の検査

消防長又は消防署長による（実際はその委任を受けた検査官による）、消防用設備が消防法及びこれに基づく政令・命令・条例で定める技術上の基準に適合していることの確認検査を受けます。監理者は、通常これに立ち会い、必要な対応を行います。

・開発申請にかかわる許可申請完成検査、使用制限解除申請検査
・緑化申請にかかわる完成検査
・バリアフリー法による容積認定申請にかかわる完成検査
・福祉の街づくりにかかわる完成検査
・廃棄物保管申請にかかわる完成検査
・飲食店、宿泊施設、プールなどの設置申請、営業許可にかかわる完成検査
・警察協議による施設設置にかかわる完成検査
・受電にかかわる安全管理審査
・住宅の品質確保の促進等に関する法律（品確法）にかかわる検査
・部分引渡し、部分使用に伴う仮使用承認申請の検査

そのほか、関係機関の検査の例としては、次のようなものについての検査も考えられます。

> （例）大規模建物事前協議、総合設計、ゴミ収集施設、駐車場施設、工作物、自家用電気工作物、危険物貯蔵所・取扱

> 所、圧力容器・ボイラー、上水道・下水道、高圧ガス、
> 厨房設備、ゴンドラ設備、道路（位置指定、拡幅など）、
> 歩道切り下げ、騒音規制条例の対象となる設備機器

### 4）業務の実施

関係機関の検査をどのように行うか、その具体的な進め方、手順について、「建築主事等による建築基準法に基づく完了検査」を例にとって、その実施要領例と注意点を次に示します。

---

**建築主事等の検査（建築基準法に基づく完了検査）実施要領例**

**（1）検査者**

建築主事（又はその委任を受けた地方自治体の職員）又は民間の指定確認検査機関（以下、建築主事等という。）が検査を行う。

**（2）受検者・立会い者**

① 法的には、申請者及び受検者は建築主である。実務的には、その委任を受けた工事監理者としての監理担当者及び工事施工者が出席し、受検する。監理者が受検のリーダーシップをとることが多い。この検査では、特に中間検査においては、工事監理業務が適正に行われているかどうかについても審査対象になることに注意する。

② 監理者のほか、必要により、確認申請時の経緯を知る設計関係者が出席する。また、検査者として関係機関の「構造係」が参加する場合（特に中間検査の場合）、構造設計や専門技術に関する質問をされることが多いので、可能な限り構造設計者も出席する。

③ 工事施工者の現場代理人及び監理技術者（又は主任技術者）は、必ず立ち会う。

④ 原則として、建築主（法的な申請者）の立会いをお願いする。検査開始前と検査終了後に、簡単な挨拶をしていただく他に、検査を見届けていただくとよい。

**（3）受検時期**

① 完了検査については、一般的に引渡し日の2～3週間前に受検する。その日程について、監理者及び工事施工者は、建築主事等と事前に十分打ち合わせておく必要がある。なお、行政庁等関係機関の運用によっては、この検査以前に消防署長の検査を終了しておくことを求める場合が多いので、全体にわたる検査関係のスケジュール把握を早い段階に行う必要がある。

② 検査者によい印象を与えるためには、検査までに工事がほぼ完了している必要がある。ただし、工程上の都合で、部分的な工事、補修作業、清掃等が行われている状態で受検することもある。この場合でも、建築物本体及び設備がおおむねすべて確認申請のとおりに完成し、原則として工事施工者の自主検査及び監理者の完成検

査がともに完了していなければならない。

(4) 受検手続き

① 十分な時間的余裕をもって（遅くとも、受検希望日の1ヶ月程度前までに）、工事施工者とともに所管の関係機関へ日程調整及び検査要領の相談に行く。

② 検査対象は大きく分けて次の4区分となり、それぞれ担当検査者が異なることが多い（兼務となる場合もある）。したがって、担当検査者の都合や工事規模により、検査が1日ではすまないこともある。

　a　建築（このうち構造が別班になることもある）
　b　建築設備
　c　昇降機設備
　d　付置義務駐車場

③ 排煙設備などのテストや連動試験をどの程度行うかによっては相当の準備を要することもあるので、事前に担当検査者と打合せをしておく。なお、発煙筒を焚いて排煙のテストを行う場合は、所轄消防署にあらかじめ届け出を要するので注意する。

④ 受検日の7日以前に、建築基準法第7条第1項の規定による正式手続きとして、所定様式の「完了検査申請書」を建築主事等に提出する。申請書の用紙は関係機関で入手する。この申請書の第四面に「工事監理の状況」の記載欄がある。

⑤ このほか、地方自治体によっては建築基準法第12条第5項の規定に基づき各種の報告書の提出を義務付けていることがあるので、所管行政庁に確認のうえ、工事施工者と協力して、必要な書類を作成・提出する。一例として東京都では、一定規模以上の工事について、建築工事施工結果報告書、鉄骨工事施工結果報告書、工事監理報告書、鉄骨工事報告書などの提出を求めている。

(5) 特殊な手続き

① 設計変更などによって、建築物の出来上がりが当初の建築確認申請（確認済証）の内容と異なる場合、その程度や内容によっては、中間検査又は完了検査の前に計画変更確認申請を提出し確認済証を受領しておくことが必要となる。これには時間を要するので、十分余裕をもって設計者等の関係者と協議し、準備を行う。一般的には、建築主事等との事前相談及び申請図書の作成、建築主事等への説明・提出等は設計者が行うので、監理者は必要に応じてこれに協力する。

② 部分引渡し、部分使用の場合に建築基準法第7条の6の規定による部分竣工・仮使用の適用を受けようとする場合も同様である。この場合は、仮使用承認申請の手続きに際し安全計画届の作成など、工事施工者の協力を必要とする。特に、あらかじめ仮使用を予定していなかった場合は、手続きに時間がかかるので注意を要する。

③ 都市計画法に規定された開発行為を伴う場合は、当該開発行為の完了が公告され

るまでは、建築工事に着手することができない。しかし、建設スケジュールの関係で、事前着工許可（都市計画法第37条の建築承認など）を得て建築工事を進めることが多い。この場合は、建築主事等の検査に先立ち、当該開発行為に係る工事完了検査を受け、検査済証を受領し、知事による工事完了公告の手続きがなされていなければならない。ただし、監理者にとって、これに対応する業務は契約上オプション業務と考えられる。

④ このほか、特定行政庁の条例や地方自治体の定める開発指導要項のようなもの、国立公園や緑地保全、沿道整備など特殊な地区指定に係る規制のあることがあり、それぞれ適切な時期に、所管官庁による竣工検査を受けなければならない。これらの手続きを漏れなく、かつ遅滞なく行うため、工事期間中の早い時期に「法定検査一覧表」を工事施工者に作成・提出させることが望ましい。また、併せて官公署への「申請・届け出書類一覧表」も作成・提出させるとよい。これらの一覧表をチェックリストとして活用することもできる。なお、個々の検査についての監理者の受検対応は契約上オプション業務となることが多いと考えられる。

### （6）事前の準備

① 検査要領の作成

　a　必要に応じて、関係者と協議のうえ、工事施工者の協力を得て検査要領書（または受検要領書）を作成し、関係者に配布する。

　b　要領書には、工事名称・工事概要・検査年月日・検査者・受検者・立会い者・検査時間割・班分け・検査ルートその他必要事項を記載する。また、必要に応じて現場案内地図・検査会場案内図・座席表などを記載する。なお、小規模工事などの場合は、実情に応じて内容を簡素化することがある。

② 現場の準備対応

　a　工事施工者に指示して、以下により会場を設営する。

　　ア　仮設事務所の会議室又は完成建物の一画を利用して、検査会場をしつらえる。完成建物の一室を検査会場として使う場合は、床面などの傷・汚れを防ぐためシートなどで養生を施すことがある。

　　イ　検査会場の机・椅子の配列は、出席者の立場・役割・人数に応じた適切な形とする。

　　ウ　会場には検査に必要な図書類（次の③項参照）・用具類のほか、検査者用の軍手・靴カバー（スリッパ）・各階平面図縮小版（防火区画や防煙区画の表示のあるもの）などを適宜用意する。お茶などを用意することも多い。

　b　指摘事項の記録係や写真係、連絡係などは、あらかじめ工事施工者の出席者の中から決めておき、検査がスムーズに進行するような体制を組む。専門工事業者・製造者などの担当者が受検者の補助として同席することが多い。

　c　脚立・携帯用電灯・検査鏡・スケール・ＥＰＳやＰＳ等の鍵・マンホールやＯ

Aフロアーを開けるための工具などを工事施工者に用意させる。また、屋上などに出た後で再度室内に入るときの靴拭き用雑巾があると便利。その他検査巡回中に指摘された部分に貼る色テープや簡単な清掃・手直しなどがその場でできる程度の工具・用具、検査状況や指摘箇所を撮影するためのカメラと白板を工事施工者に携帯させておくとよい。

　　d　検査に際しては、工事施工者に指示して、次に例示するように建築物と設備の機能などを検査対応状態にしておく。

> （例）すべての扉（点検口扉を含む）を開錠しておく。
> 　　　すべての天井点検口・マンホールを開錠しておく。
> 　　　危険のない天井点検口・マンホールは開放しておく。
> 　　　照明を点灯しておく。
> 　　　空調設備を運転状態にしておく。
> 　　　衛生設備を開栓放流可能状態にしておく。
> 　　　非常用設備機器を作動可能状態にしておく。
> 　　　昇降機等を運転状態にしておく。

　　　また、検査者の通行や検査の邪魔にならないよう、現場の状況を調整する。なお、未済工事（検査時に工事が完了していない部分で、未成工事ともいう。）がある場合は、検査前のミーティングで検査者に対して工事施工者から十分説明しておくとともに、該当個所に付箋・色テープ等による表示をしておくと検査巡回がスムーズに進行する。

　③　準備する図書類等

　　a　建築確認申請書類の控え（副本）及び確認済証、中間検査合格証、消防署長の消防用設備等検査済証と検査結果通知書、その他建築基準法に基づく各種許認可・届出関係の図書類、法令・条例に基づく工事途中の各種検査・報告・記録の図書類などを用意する。

　　b　検査用に縮小平面図（防火区画や防煙区画を表示したもので確認申請の防災計画書に貼付したもの。建築概要を含む。）などがあると便利。

　　c　避雷針の接地、機械排煙・換気・非常照明設備など建築基準法に基づいて設置する設備類の測定データ（避雷針については工事記録写真も求められる。）。

### （7）検査手順

　①　検査手順の例を以下に示す。

　　a　監理者による開会の辞、各工事施工者からの出席者紹介

　　b　建築主挨拶

　　c　検査スケジュール・検査班の構成・検査ルート等の確認

　　d　検査（書類確認、現地確認）

       e　指摘事項を確認、検査実施記録書を作成
       f　指摘事項の是正確認の時期と方法（写真等による報告が多い。）について協議
       g　検査済証の交付の時期と受領方法について協議
       h　検査者より完了検査実施記録書の交付（工事監理者及び工事施工者も署名する。）
       i　建築主挨拶
       j　監理者による閉会の辞
   （8）事後処理
     ①　検査結果の概要と検査済証の受領予定日を、できるだけその日のうちに当日出席しなかった関係者（設計者・建築主など）に速報する。
     ②　軽微でない是正を要する指摘事項がある場合は、速やかに関係者（設計者・工事施工者・建築主）と協議のうえ対策を立て、工事施工者に対し必要な指示を行う。是正に無視できない費用を要する場合は、当事者間で協議して定める。
     ③　指摘事項の是正完了後、監理者が確認のうえ、検査者の確認（写真等の提出による確認の場合も多い。）を受け検査済証を受領する。これを工事施工者が代行する場合も、監理者はその経緯を把握し、必要に応じ助言・指導を行う。検査済証を受領したら、その旨を関係者に速報する。
     ④　検査済証は、必要なコピーをとったうえ、工事の引渡し日まで監理者がその責任において厳重に保管するのが一般的。現場事務所等の事情により工事施工者に保管を依頼する場合は、預り証を取り交わすことが望ましい。
     ⑤　検査済証は、「設計・監理業務及び建設工事全体の成果品」と考えてもよいほど重要なものである。また、建築主にとっても、当該建築物における将来の増改築工事や当該建築物の売買などに必要なものであるので、その受理・管理には最大の注意を払う必要がある。
     ⑥　検査済証は最終的には建築主に引き渡すが、確実に引き渡したことを記録に残すため、建築主から受領証をもらうことが望ましい。

### （2）工事完了時のその他の業務
  #### 1）工事完成時の各種検査への対応
   工事完成時には、前項の関係機関の検査のほかにも各種の検査があり、監理者は適宜必要な対応が求められます。以下にそれらの主なものを時系列で整理し、まとめて概要を示します。
   ①　**工事施工者の自主検査**
     工事施工者の現場組織による確認に加えて、工事完成に際して、本社組織等の検査要員による自主検査を行い、工事施工者（会社）として設計図書及

び契約条件に適合していることを確認することがあります。監理者は、この検査には立ち会いませんが、その結果の報告を受けます。

② 監理者の完成検査

　工事施工者の自主検査の結果を受け、監理者として最終的に、工事内容が設計図書及び工事請負契約条件に適合していることを確認します。これについては、民間工事約款第23条（1）でも「受注者は、工事を完了したときは、設計図書のとおりに実施されていることを確認して、監理者に検査を求め、監理者は、速やかにこれに応じて受注者の立会いのもとに検査を行う。」と定めています。ここで、受注者とは工事施工者を指します。

　しかし、告示第15号でも、四会委託書でも、監理者による完成時における検査や確認については触れていません。これは、監理者の完成検査は、あくまでも各工種について工事中から続く一連の「工事と設計図書との照合及び確認」の一部であり、時期が最終段階であるだけと捉えているからです。

　監理者の工事完成時の検査は、現場組織としての監理者（言い換えると監理担当者。）によって行われるのが一般的ですが、それに加えて、監理者の所属する建築士事務所の本社組織等から検査要員が派遣されて行われることもあります。これは、多くの場合、「監理業務委託契約の契約者としての監理者、すなわち会社として、設計・監理・施工のすべての面にわたって、建築主に引き渡せるものであることを最終確認する。」という意味合いから行われるものです。また、監理者の会社がISO9001sの登録企業である場合などは、この本社組織による完成検査を品質マネジメントシステムの一環と位置付けて実施する場合もあります。

③ 関係機関の検査

　監理者の完成検査の後、各種の関係機関の検査を受けます。これらの詳細については、前項1.6（1）を参照してください。

④ 建築主の検査

　工事完成時に、建築主及び建物管理者、又はその代理人による最終的な確認が行われることがよくあります。これを「施主検査」、「発注者検収」などと呼ぶこともあります。これには、原則として監理者や必要に応じて設計者も立ち会います。

　建築主の検査は、建築主にとって、建築業法第19条に工事請負契約に記載する事項として言及されている「注文者が工事の全部又は一部の完成を確認するための検査の時期及び方法…」に相当するものです。しかし一方で、これは、建築主みずからの最終受入検査を法的に明確に義務付けたものとは思えず、また、建築士法上も建築主の確認は不要であり、工事請負契約上も必須の条件とはなっていないことが多いという側面があります。つまり、設計

図書で建築主の検査について定めていない限り、監理者が建築主の代理人として完成を確認すれば、あらためて建築主の検査を受ける必要はない、と理解することもできるように思えます。その意味で、監理者の行為として使用される「検査」という用語を用いず「検収」とよぶこともあります。

建築主の検査は、建築主が建築の専門家でない場合などには形式的になることもありますが、建築主（ユーザー）ならではの視点からの指摘も多く、丁寧に対応する必要があります。特に、デベロッパーや大企業が関与するプロジェクトの場合など、建築主側に建築工事の専門技術者がいる場合は、念入りな検査が行われることもあり、特段の対応が必要となります。

### 2）工事完了時の提出物の確認

工事完了時には、設計図書等の定めに基づいて、すなわち工事請負契約に基づいて、工事施工者から建築主に対して、次に例示するようなさまざまなものが提出されます。監理者は、これらの内容を検討し、設計図書等に適合しているかどうかを確認します。

- 工事完成届、工事完成引渡し書
- 取扱説明書、保証書
- 完成図（竣工図ともいう。）
- 竣工写真
- 主要な施工図
- 主要な施工計画書
- 各種報告書
- 各種検査記録
- 鍵、備品、予備材料
- 敷地境界立会い記録（敷地境界の確認は工事着手時に行われることが一般的だが、境界標識は工事完成直前に設置されることが多い。この敷地境界立会い記録とともに境界標識の最終確認記録を完成時に提出する。）
- その他設計図書に定めるもの

### 3）鍵合せへの立会い等

完成建築物には、多くの鍵があります。建物の出入り口はもとより、部屋ごとの鍵、各種機器の鍵、造作家具の鍵など、さまざまなものがあります。これらの鍵が、マスターキーシステムに沿って適正に作動するかどうかを、すべての錠前について、一本一本確かめるのが「鍵合せ」です。また、この鍵合せには、工事中に工事施工者が使用していた入室管理用の工事用鍵（コンストラクションキーともいいます。）を無効にする作業も伴います（正規の鍵を使って施錠することにより、自動的に工事用鍵が無効になる）。監理者は、この鍵合せに立ち会うことが多いと思われます。

これらの鍵は、防犯・保安上の観点から、つまり紛失や不正な複製を防ぐため、引渡しまで工事施工者による厳重な保管・管理が必要です。ただし、最近は、複製できない仕組みの鍵が増えているため、保管・管理方法の検討にあたっては、そのことを考慮に入れるとよいでしょう。

　また、これらの鍵を建築主に引き渡す際は、設計図書の定めにより、明細書を添付し、一本一本に名札をつけ、キーボックスに整理・収納して引き渡すのが一般的です。監理者は、これが適正に行われているかどうかを確認し、引渡しに立ち会うことが一般的です。

### 4）工事目的物の引渡しへの立会い

　この業務は、告示第15号の「二　その他の標準業務」の「（5）工事請負契約の目的物の引渡しの立会い等」に対応しています。引渡しは、契約工期の最終日（完成引渡し日）に行われることが一般的です。

　この引渡しでは、工事施工者から工事目的物そのものが建築主に引き渡されるのですが、通常、次の書類等とともに引き渡されます。

① 工事完成引渡し書
② 工事完成届をはじめとする各種提出図書類（前記2）項参照）又はその目録
③ 取扱説明書とその明細書（内容説明は、別途事前に建物管理者同席のうえ実施することが一般的です。）
④ 鍵・備品（目録だけとし、現物は別途引き渡すこともあります。）
⑤ 監理業務委託契約に基づいて、工事完成時に監理者から提出する図書もこの機会を利用して引き渡すことが多い。

　建築主は、通常、これらの引渡しに対して、それぞれ受領書を発行します。

### 5）最終支払い請求の審査

　この業務は、告示第15号の「二　その他の標準業務」の「（7）工事費支払い請求の審査　（ⅱ）最終支払い請求の審査」に対応しています。

　最終支払い額は、留保金などの特約がない限り、工事請負契約書に記載された請負金額から前渡金や中間支払いの額を差し引いた額となります。監理者は、この請求額が適正かどうかを確認するとともに、請求書の宛先や日付、工事名称などの記載内容が適正かどうかも確認します。

### 6）工事監理報告書の提出

#### ① 建築士法に基づく工事監理報告書の建築主への提出

　この業務は、建築士法上の工事監理が終了したときに、その結果を建築主に報告する業務ですが、告示第15号の「一　工事監理に関する標準業務」の「（6）工事監理報告書等の提出」に対応しています。また、これは、建築士法第20条第3項に定められた法定業務でもあります。

> 建築士法第20条
> 3 建築士は、工事監理を終了したときは、直ちに、国土交通省令で定めるところにより、その結果を文書で建築主に報告しなければならない。

なお、この報告は、広い意味での監理業務についての報告ではなく、建築士法に基づく狭義の工事監理（工事監理者による工事と設計図書との照合及び確認）の内容についての報告ですので注意が必要です。この報告書については、国土交通省により書式が定められていますので、それを使用することになります。

② **建築基準法に基づく工事監理報告書等の建築主事等への提出**

前①項とは別に、行政庁等によっては、建築基準法第12条第5項に基づいて、工事監理結果の報告の提出を求めることがあります。

> 建築基準法第12条
> 5 特定行政庁、建築主事又は建築監視員は、次に掲げる者に対して、建築物の敷地、構造、建築設備若しくは施工の状況に関する報告を求めることができる。
> 一 建築物若しくは建築物の敷地の所有者、管理者若しくは占有者、建築主、設計者、工事監理者又は工事施工者
> 二～四 省略

そのような場合は、監理者（正確には工事監理者）は、建築主事等に対してこの報告書を提出しなければなりません。例えば東京都では、一定規模以上の工事について、工事監理者及び工事施工者に対して、工事完成時に「建築工事施工結果報告書」、「鉄骨工事施工結果報告書」、「工事監理報告書（構造関係）」、「鉄骨工事報告書」などの提出を求めています。報告書の名称が前記①項と似ている場合がありますので、混同しないよう、注意が必要です。これらの報告書は、工事施工者と協力して作成することが一般的です。

## 1.7 工事完了後の業務

### （1）建物経年調査

#### 1）業務の位置付け・概要

① 建物経年調査とは

工事目的物の故障や不具合には、工事完了時の諸検査では発見することができなかったが、完成後ある程度の期間を経ると現れてくるもの、あるいは建物を使い始めてはじめて気が付くものもあります。建物経年調査とは、これらの故障、不具合などを工事請負契約で定められた瑕疵期間内に洗い出

し、工事瑕疵があった場合に工事施工者に修補・是正させるために、設計図書等の定めに基づいて工事完成引渡し後一定期間を経た後に工事目的物の調査を行うことです。一般的に工事請負契約の瑕疵担保期間内に行います。なお、建物経年調査という名称は、筆者の経験の中で使用されてきたものであり、○年目検査、○年目点検など他の名称でよばれることもあります。

建物経年調査は、工事完了・引渡し後1年（4シーズン）経過すれば、隠れた瑕疵も一通り現れるはずという見方に立って、1年目に行うことが一般的です。2年目調査の必要性は、1年目調査の結果及び建築物の特性・事情や建築主の要望等によりケースバイケースで判断する場合もありますが、通常の工事請負契約における瑕疵期間が終了する時期である2年目に調査を行うケースも多いと思われます。また、建築主等によっては、3ヶ月目や6ヶ月目等にも行うことがあります。

② 建物経年調査の位置付け

建物経年調査は、法令や告示等に定められたものではなく、あくまで、工事請負契約（設計図書を含む。）に定めがある場合に行われるものです。これにかかわる監理者の業務については、告示第15号の標準業務に位置付けられておらず、四会連合委託書でもオプション業務と位置付けられていますので、監理者は監理契約に基づいてこの業務を行うことになります。

工事目的物に施工による瑕疵がある場合、工事施工者は民法及び工事請負契約に規定される瑕疵担保責任に基づいて、修補その他の必要な措置を講ずることになります。このため、一般的には工事施工者が、工事請負契約の定めに基づき、瑕疵担保の期間内に、工事全般について瑕疵及び損耗を洗い出すための建物経年調査を行います。したがって、この場合、これらの建物経年調査及びこれに基づく瑕疵への対応（修補、是正など）は工事施工者の工事請負契約上の義務となります。

③ 建物経年調査における監理者の役割

前述のとおり、工事請負契約上、建物経年調査における主体的な調査者は工事施工者です。監理者は、建築主からこの業務について委託を受けた場合、公正な立場でこれに立ち会い、工事施工者の調査で判明した故障・不具合等が施工による瑕疵かどうかの判定、すなわち当該不具合の修補に係る費用が建築主負担か工事施工者負担かの判定や、瑕疵があった場合に工事施工者から提案される是正方法が適切かどうかの検討、是正工事が適正であったかどうかの確認などを行います。ただし、監理業務委託契約の定めによっては、監理者が主体的な調査者となることがあるかもしれません。

なお、是正工事の費用負担の判定については、監理者に決定権はなく、あくまで助言であり、最終判断は建築主と工事施工者の協議によりなされるこ

とにご注意ください。

　調査で判明した故障・不具合等には、施工上の原因によるものばかりではなく、設計・監理上の問題によるものや建築主側の使用上の原因によるもの、やむを得ない経年劣化などがありますので、監理者が瑕疵かどうかの判断を行う際は、十分かつ正確な状況把握をしたうえで慎重に行う必要があります。その判断に対して、建築主又は工事施工者から異議が出された場合は、建築主、監理者、工事施工者の三者で協議するのが一般的です。

　建築物の使い方に問題があり、又は維持管理が不適切なために故障や不具合が起こることは、よくあります。建築物をよい状態に保ち、かつ、より長持ちさせるために、監理者の立場から（必要に応じて設計者からも）建築主に対して維持管理上の注意を喚起することも建物経年調査における監理者の役割のひとつと思われます。

　通常この建物経年調査にかかわる業務は、前記のとおり監理者にとってはオプション業務ですが、監理業務委託契約に監理者の業務として定められた場合には、監理業務の一環としての「工事完成時に未済であった監理業務の一部分」の履行という位置付けになります。

**2）業務の実施**

　建物経年調査をどのように行うか、その具体的な進め方、手順について、その実施要領例と注意点を次に示します。

---

**建物経年調査実施要領の例**

**（1）事前調査**

① 工事目的物の完成引渡し後1年目などに本調査を行うに当たり、その1ヶ月前を目処に工事施工者による事前調査を実施する。

② その工事を担当した監理者は、あらかじめ調査の目的・概略要領・日程の大枠を建築主と協議のうえ、工事施工者に指示し、これに応じた事前調査の実施計画を提出させ協議・承認する。

③ 事前調査では、工事施工者が自ら工事全般について故障・不具合の有無や状況を調査し、また建築主、建物管理者又はテナントなどから聞き取り調査を行う。

④ 監理者は、工事施工者の行った事前調査の結果及び処置方法の案について書面（事前調査報告書）で報告を受ける。

⑤ 完成引渡しから調査時点までに、工事施工者が自主定期調査（3ヶ月、6ヶ月など）を行っている場合、また随時保全管理（調整・修繕・工事など）を行っている場合、建築主からの故障・不具合の指摘・要請の都度それに対して個別の対応・是正を行っている場合などは、その記録を報告書に添付させる。

⑥ 事前調査で指摘された故障・不具合のうち軽易なものについては、できるだけ本

調査実施までの間に処置を完了させておくよう指示することが望ましい。

(2) 本調査の準備

① 監理者は、事前調査の結果を勘案し、社内外の関係者と調整しながら、工事施工者に指示して、本調査の要領（調査立会い者の構成を含む。）を立案させ、その内容等を確認する。

② 監理者側の調査立会い者は、その工事を担当した監理担当者（建築・設備とも）が主体となることが望ましいので、本調査の日程調整に当たってはその都合を勘案する。事前調査結果の状況によっては、設備監理担当者の参加を要しないこともあるが、当日、何が起きるか予測できないので、こういう場合であっても、設備監理担当者もできるだけ参加することが望ましい。また、本調査においては設計上の意見が必要となることが多いので、設計者の参加を求めることが一般的である。

③ 監理者（建築・設備とも）は、事前調査により判明した故障・不具合について、必要に応じ設計者（建築・設備とも）を含めて工事施工者と協議し、施工上の瑕疵に該当し無償（工事施工者負担）で手直しすべきものか、瑕疵ではなく有償（建築主負担）とすべきものかの判断を、可能な範囲で前もって検討しておく。

(3) 本調査の出席者

① 建築主側からは、設計・建設当時の担当者のほか、主として建築物の維持管理にあたっている建物管理者等に立会いを求めると効果的である。事前調査の結果により必要な場合は、設計・建設当時の上席担当者にも立会いをお願いする。

② 監理者側からは、建設当時の監理担当者が出席する。また、設計担当者に立会いを求めることが多い。監理者の立場は、一般的には調査の実施者ではなく、立会い者ではあるが、契約上の監理者として工事施工者による調査結果の妥当性を確認し、判明した故障・不具合の是正処置方法が適正かどうかを確認し、またこれらの故障・不具合が施工上の瑕疵かどうかの判断を下すという役割を担っており、決して傍観者ではない。

③ 工事施工者側からは、工事を担当した現場代理人や監理技術者以下の施工組織が本調査への出席者の主体となる。なお、事前調査を実施した者は、原則として出席する。工事施工者サイドに、引渡し後、その建物の保全管理を行ってきた部署が別にある場合は、その部門からも出席する。必要に応じて専門工事施工者（電気設備・機械設備等の建設時の担当者及び引渡し後の保全等の担当者）からも出席する。

(4) 本調査の手順

① 本調査の手順はおおむね下記による。なお、調査の主体は工事者であり、監理者は立会い者であるが、上述の役割から監理者が司会などのイニシアチブをとることも多い。

　a　監理者開会の辞・出席者自己紹介
　b　監理者より、調査の趣旨及び事前調査結果の取扱い（経緯や位置付けなど。内

　　　　容の説明は、次のc ア項による。）について説明
　　c　故障・不具合の確認
　　　ア　工事施工者から事前に提出された事前調査報告書の内容を工事施工者が説明
　　　　し、出席者で確認する。
　　　イ　建築主や建築物管理者から前項以外の指摘があれば挙げていただく。
　　　ウ　現地を巡回し、主として事前調査報告書に挙げられた故障・不具合を実地に
　　　　確認する。建築物全般を巡回し、他の故障・不具合がないか見てまわることも
　　　　多い。
　　d　判明した故障・不具合が瑕疵かどうか、すなわちそれらの工事施工者による手
　　　直しが無償か有償かを協議
　　e　故障・不具合の是正処置方法及び処置にかかわる作業日程について協議
　　f　監理者より建築物使用状況についての所見を報告
　　g　工事施工者が調査記録書を作成し、出席者で内容を確認。時間の制約などによ
　　　り、その場で調査記録書を作成することが難しい場合は、当日は主な事項をメモ
　　　等により確認するだけとし、後日、調査記録書を監理者に提出させ確認する。
② 故障・不具合の手直しについて、有償か無償かの仕分けは極力明快な結論を出
　　す。有償とする場合は工事施工者から後日見積書を提出させ、監理業務委託契約の
　　定めによっては、監理者がその内容を審査したうえで発注者に報告し、取扱いにつ
　　いて協議する。
③ 調査記録書に記入する際は、有償の指摘事項や処置方法が保留の項目を除いて、
　　項目ごとに処置完了予定日を記載する。
④ 建築物使用方法に何か問題がある場合や、保守点検・清掃のあり方などに改善を
　　要する事項がある場合は、その要点を「監理者の所見」として調査記録書に記載
　　し、建築主側の注意を喚起する。

（5）事後処理
① 工事施工者から調査記録書が後日提出される場合、監理者はその内容を確認する
　　とともに、建築主の同意を得る。
② 監理者は、工事施工者の行う是正処置が完了した時点で、建築主とともに処置完
　　了の確認を行う。確認は、工事施工者から提出される品質管理記録（自主検査記
　　録、工事写真等）の確認によって行うことがある。
③ 確認した事項は、調査記録書（原本）の項目ごとに完了確認欄に押印する。

## （2）建築設備機器等の性能検証
### 1）告示第15号における位置付け
　　この業務は、工事目的物の引渡し後に行う業務ですので、すなわち建築士法
　　に定める工事監理報告書を建築主に提出した後に行う業務ので、厳密には建築

士法上の工事監理とはみなせないかもしれませんが、実質的には、告示第15号の「一 工事監理に関する標準業務」の「（4）工事と設計図書との照合及び確認」に対応していると考えることができます。この業務は、避けられない事情により、工事完了時には設計図書と照合し、確認することができない事項を完成引渡し後の適切な時期に確認するもので、監理契約上は、オプション業務ですが、工事監理業務のうちの未済部分の履行とみなすことができます。

### 2）業務の内容

工事完成時の季節によっては、冷房や暖房の性能を検証・確認できないことがあります。例えば、夏に完成した建築物については、外部などの熱負荷が冬季とは異なりますので、その時点での暖房性能の検証は困難です。冬に完成した建築物の冷房性能についても同じです。また、省エネなど、ある程度の期間運転することにより、はじめて性能・効果を検証できるという設備もあります。

こういうものについては、工事請負契約に基づいて、引渡し後の適切な時期に工事施工者が性能検証のための試験や測定を行います。

監理者は、監理業務委託契約に基づく監理業務の一環として、必要に応じてこれらの試験・測定計画書を検討し、試験・測定に立会い、試験・測定報告書によりその結果を設計図書に示される性能と照合し、適合しているかどうかを確認することになります。

## （3）不具合への対応

### 1）業務の位置付け

工事完成後、工事目的物に何か不具合が生じた場合の監理者の対応については、通常、監理業務委託契約約款に「乙（受託者）の債務不履行責任」として定められるだけです。すなわち、監理者自身の責任によって生じたもの以外の不具合への対応は、法的にも監理業務委託契約上も監理者の責務ではなく、本来は別途報酬の対象となります（オプション業務と位置付けられる。）。しかし、実態として、建築主から「工事中に監理者も見落としていたのではないか。」と問われることもあり、設計者や工事施工者の責任による軽微な不具合への監理者の対応が無償で行われることがあります。

### 2）業務の内容

工事完成後、たとえ瑕疵期間満了後でも、工事目的物に何か不具合が生じた場合、建築主の依頼により、工事施工者と協力してそれに対応することがよくあります。

監理者の対応としては、工事施工者が行う調査、原因究明、対策の提案などの妥当性を検討し、建築主と工事施工者に助言することが一般的です。また、通常、是正工事完了時の確認も行います。

さらに、前述の建物経年調査と同様、監理者は、工事施工者が行う上記の原因究明の結果に基づいて、生じた不具合の原因者が工事施工者なのか設計者なのか、又は監理者なのか建築主なのか、あるいは誰の責任でもなく不可抗力によるものなのか、について判断し、関係者に助言することもあります。この助言を受けて関係者間で協議のうえ、原因者を特定し、誰が是正工事費用を負担するかが決まることになります。したがって、原因者を特定するための判断は、慎重に行う必要があります。

### （4）メンテナンス会議

大規模プロジェクトなどでは、メンテナンス会議といった名称で、瑕疵期間内に1回／月など定期的に関係者が集まり、引渡し後に発見した又は現出した不具合や問題点について、協議、検討することもよく行われます。

このような場合には、前述の建物経年調査や不具合への対応は、この会議を踏まえて行われることになります。

## 1.8　監理業務に伴って生じる監理者の責任

ここでは、主として、契約に基づいて監理業務（建築士法による工事監理に相当する検査を含む広い範囲の業務）を行う「監理者」の責任について、筆者の理解するところを説明します。併せて、建築士法に基づく工事監理業務（工事と設計図書との照合及び確認）を行う「工事監理者」の責任についても、（2）項で簡単に紹介します。

### （1）監理者の民法上の責任

監理者の行う業務は、本章で説明したとおりですが、これに伴って監理者に生じる民法上の損害賠償責任（監理責任）には、「契約責任」と「不法行為責任」の二つがあります。
　・「契約責任」とは、建築主と監理者との間の約束事（監理業務委託契約）に基づく債務不履行責任を問うものです。
　・「不法行為責任」とは、監理者が善管注意義務を果たさないなどの理由により、建築主や特定の法律関係にない第三者の権利ないし利益を違法に侵害した場合に生じる責任のことです。

これらについて、以下に詳述します。

なお、以下の内容について、より正確かつ詳細な説明については、東洋大学法学部教授大森文彦弁護士著「新・建築家の法律学入門」を参照して下さい。

## 1）契約責任（債務不履行責任）
### ① 四会約款における責任に関する規定

監理者の契約責任（債務不履行責任）について、監理業務委託契約に使われることが多いと思われる四会約款の第21条において、次のように定めています。なお、ここで甲は建築主（委託者）を、乙は監理者（受託者）を指します。

---
**四会約款（平成21年5月27日版）（抜粋）**

第21条〔乙の債務不履行責任〕

甲は、乙がこの契約に違反した場合において、その効果がこの契約に定められているもののほか、甲に損害が生じたときは、乙に対し、その賠償を請求することができる。ただし、乙がその責めに帰すことが出来ない事由によることを証明したときは、この限りではない。

---

この第21条は、監理業務において、監理者（乙）が、契約により監理者に課せられた種々の義務に違反したことにより建築主（甲）に損害が発生した場合に生じる責任について定めています。これは、監理業務委託契約を民法上の準委任契約と捉えた規定と思われます。

ただし、民法では、契約当事者の一方に債務不履行があり、その結果相手方に損害が生じた場合、損害賠償責任が発生すると定めており（民法第415条）、この規定は強制力のある規定（強行規定）ですので、たとえ四会約款の第21条がなくても乙は債務不履行責任を免れるものではありません。その意味で、本条は注意的規定といえます。

### ② 準委任契約における債務不履行責任

監理業務委託契約を準委任契約と捉えた場合、民法により、契約に定められた業務範囲内において、監理者は「善良な管理者の注意をもって委任事務を処理する義務」（これを善管注意義務といいます。）を果たすことが求められます（民法第644条）。すなわち、監理者は、建築主の利益を守るべく誠心誠意をもって、かつ一般的に期待される専門家としての知識・技術を適切に駆使して、注意深く職務を行うことが求められるわけです。もし、監理者が「故意、過失又は信義則上これと同視すべき事由」によってその義務を怠り、建築主に損害を与えた場合は、監理者は債務不履行責任を問われ、損害賠償義務を負うことになります。

なお、この場合、監理者は専門家・プロとしての働きを期待されており、それに課せられる善管注意義務は、一般人に要求されるもの以上のより高度な注意義務（専門家責任＝ professional liability）と解されると考えられます。

ただし、債務不履行責任は過失責任であることから、監理者がその責めに帰すことができない事由によることを証明したときは、すなわち監理者に「過失」がないことを証明したときは、免責となります。四会約款の第21条の「ただし書き」にもその旨が明記されています。

なお、この善管注意義務を課せられるのは、あくまで、監理業務委託契約に定められた業務範囲内に対してです。もし、監理業務委託契約において、監理業務の範囲・程度が明確でないときは、その業務範囲について、告示第15号別添一第2項「工事監理に関する標準業務及びその他の標準業務」が裁判官等の判断の目安として参考にされる可能性があります。

③ 過失の判定

債務不履行責任を論ずるうえで注意を要することは、「過失」の判定です。過失の有無は、東洋大学法学部教授大森文彦弁護士の定義によると、おおよそのところ「予見可能性を前提とした結果回避義務」に違反したかどうかで判断されると考えられます。言い換えれば、高度な専門家として、過失を犯したとされる時点における業界での一般的な技術水準をもって相当の注意(その程度は、善管注意義務と同様と考えられます。)をすれば予見できたはずの事項を見逃していたならば「過失」の責任を問われることとなり、逆に、予見不可能と判断されれば、免責といえます。

すなわち、建築物に施工上の瑕疵があったとしても、工事施工者は工事請負契約に基づく責任を負いますが、監理者が「善良な管理者」として注意深く仕事をしていたことを証明できるなら、監理者には過失はなかったことになり、見落としなどの監理責任は問われないと思われます。

善管注意義務の程度(質・密度)については、確立した基準はなく、裁判例などで窺い知る以外にありませんが、それもケースバイケースで、確たる方向性があるとは思えません。ただし、建築士法に定められる工事監理業務の中核をなす「工事を設計図書と照合し、それが設計図書のとおりに実施されているかいないかを確認する」業務における確認の程度については、確認対象の全数についての網羅的な確認ではなく、告示第15号、工事監理ガイドライン及び四会委託書で定めるところの「確認対象工事に応じた合理的方法に基づく確認」でよいと考えられます。また、工事監理ガイドラインに例示される確認項目・方法が裁判官の判断の参考にされる可能性はあります。

④ 損害賠償額

債務不履行による損害賠償額については、民法にも四会約款にも規定は何もありません。つまり、上限はなく青天井ということです。また、損害賠償には建築物そのものの補修・改造費用ばかりではなく、当該債務不履行と相当因果関係のある損害(営業補償など)も含まれます。したがって、極端に

言えば、"1,000万円の設計・監理料で受託した建築物に監理者の責任による不具合が生じれば、10億円の損害賠償を払わされることもある。"ということを認識しておく必要があります。

このような過大な損害賠償を防ぐため、建築士事務所によっては、監理業務委託契約に"賠償金額の上限を監理報酬金額とする。"などの規定を盛り込むといった契約上の措置をとっている場合もあります。ただし、これは建築主との合意が前提となります。このことは、設計業務委託契約においても同じと考えられます。

⑤ 契約責任の責任期間

民法では、債務不履行責任による損害賠償義務は、基本的には過失行為の時より10年で時効により消滅するとされています（民法第167条）。しかし、一般に建築士事務所は商行為として設計・監理業務を行い、また、建築士事務所が営利行為として設計・監理業務を提供する場合は、一方的商行為となり、この場合の契約責任には商法の規定が適用され、時効は5年に短縮されます（商法第522条）。

⑥ 設計者の契約責任

本節では監理者の責任について述べていますが、参考として、設計者の責任について簡単に説明します。

設計業務委託契約については、請負契約であるとする解釈（この場合、契約の目的物は設計図書になります。）と委任（又は準委任）契約であるとする解釈の両方があります（ただし、請負契約とみなす解釈の方が優勢かもしれません。）。委任（準委任）契約とされた場合は、設計者は、設計内容について、過失責任である債務不履行責任、すなわち善管注意義務を負うと考えられます。一方、請負契約とされた場合には、無過失責任を負うことになります。それを避けるためには、設計業務委託契約の損害賠償義務に関する条項において、「乙がその責めに帰すことが出来ない事由によることを証明したときは、この限りではない。」という規定を盛り込むことが重要となります。

2）不法行為責任

① 不法行為責任とは

不法行為責任とは、民法第709条により「故意又は過失によって他人の権利又は法律上保護される利益を侵害した者は、これによって生じた損害を賠償する責任を負う。」とあるもので、前述の契約責任と異なり、対建築主ばかりではなく、契約関係にない者との間でも生じ得る責任です。その意味で、不法行為責任は、設計者と監理者にとって特に第三者との関係において重要です。ただ、建築主との関係においては契約責任が中心となりますが

（その方が責任の追及が容易で、それで十分だから。）、不法行為責任を問われる場合もあります（責任期間が長いため。）ので注意が必要です。建築物の不等沈下に関して、契約関係にありながら工事施工者が建築主から不法行為で訴えられた事例もあります。

不法行為が成立するためには、次の四つの条件すべてに該当する必要があるとされています。

a　故意又は過失に基づく行為であること。（過失は前述の善管注意義務違反が要件となる。）
b　他人に損害が発生していること（精神上の損害も含む。）。
c　前aとbの間に「相当因果関係」があること。
d　前aの行為に違法性があること（「違法性」とは、「法律に違反して他人の権利を侵害すること」のみではなく、「他人の"法律上保護される利益"を侵害すること」自体も当てはまる。）。

② 監理者の不法行為責任

監理者が不法行為責任を問われるのは、ほとんどの場合、監理者として一般的にしなければならないと考えられることをしないこと（これを不作為といいます。）に起因すると考えられます。何かなすべきことを義務付けられている者がそれをしなかった場合に悪い結果が生ずれば、その者が法的責任、すなわち監理者としての責任を問われることとなります。

監理者にとって、ここでいう「なすべきこと」とは、建築士法で定める工事監理などの法定業務及び監理業務委託契約で定められた業務のことですが、監理業務委託契約が曖昧な場合は、告示第15号における標準業務が裁判官の判断の参考にされる可能性があると思われます。

③ 不法行為責任の及ぶ業務範囲・程度

不法行為責任を負う対象で重要なのは、主として契約関係にない第三者ですから、監理業務のうち建築士法で定める工事監理業務については、その基となる善管注意義務を課せられる範囲・程度は、監理業務委託契約の内容とは直接関係しません。たとえ監理業務委託契約でどう定めていようと、法令に基づく工事監理者としてやらなければならないことは、履行しなければならないということです。

工事監理者が一般的にやらなければならないとされる業務の程度（質・密度）については、債務不履行責任の場合と同様です。ただし、工事と設計図書の照合及び確認については、これも債務不履行責任の場合と同様、「確認対象工事に応じた合理的方法に基づく確認」でよいと考えられますが、前述の工事監理ガイドラインが裁判官の参考にされることもあると考えられます。

ここで重要なことは、工事監理業務については、「第三者が損害を蒙った場合、たとえ建築主との契約により業務の程度を少な目に決めていても、第三者との関係においては、その責任は軽減されないことがある。」ということです。すなわち、法的な工事監理者の立場に立った場合は、たとえ報酬が安くとも法で定められた必須業務はやらなければならないということです。

一方、広い意味での監理業務のうち工事監理業務以外の業務で不法行為責任が及ぶと考えられる業務範囲については、監理業務委託契約に定める範囲となります。前記②項で述べたとおり、監理業務委託契約でその業務内容が明確に定められていない場合は、告示第15号別添一第2項「工事監理に関する標準業務及びその他の標準業務」に示される業務内容が裁判官の参考とされることもあるのではないかと思われます。

④ 不法行為責任の責任期間

民法では、不法行為責任の時効は、損害及び加害者を知った時から3年、過失のときから20年としています（民法第724条）。一般的には、この20年の時効は除斥期間と解釈されており、これを超えて責任を問うことは難しいとみなされています。しかし、20年という期間が建築物の寿命と比べて短すぎるという判断がされることも考えられ、また、不可視部分など、通常の注意力によっては発見できない不具合が長い期間の後にもたらす損害については、不法行為責任期間の起算点をずらすことができるとする解釈もあります。そのため、建築物の引渡しから20年を超えて損害賠償を請求できるかどうかについては、個別に裁判での判断を仰ぐしかないのが現状と思われます。

---

民法

第724条（不法行為による損害賠償請求権の期間の制限）

不法行為による損害賠償の請求権は、被害者又はその法定代理人が損害及び加害者を知った時から三年間行使しないときは、時効によって消滅する。不法行為の時から二十年を経過したときも、同様とする。

---

## （2）工事監理者の建築士法上の責任

監理者の責任には、上記の民法上の損害賠償責任のほかに、工事監理者としての建築士法上の責任があります。これは、監理業務のうちの建築士法に定める工事監理にかかわる業務（法定業務）における責任です。例えば一例として、工事監理者である建築士が、工事監理を実施するうえで、建築に関する法令に違反したときや、業務に関して不誠実な行為をしたときは、戒告、業務停止、又は免許取り消しの処分を受けることがあることが建築士法第10条（懲戒）に定められて

います。また、当該建築士やその所属する建築士事務所に対する罰金・過料や行政処分などの罰則も定められています。

## 1.9 官庁工事における監理業務

本書は、民間工事を対象として監理業務について解説をしていますが、参考として、官庁工事（建築主が国や地方自治体、官公署等である工事）における監理とは何か、また監理に関する業務を受託する建築士事務所の位置付けは何かなどについて説明します。

### （1）官庁工事における監理体制

官庁工事では、建築主側（発注者側）すなわち官庁側に監督員などの「監督職員」といった職員を配し、監理業務を受託する民間の建築士事務所は「補助者」の立場となるという体制が一般的です。

この場合の建築確認申請における法的な工事監理者は、官庁側の監督職員であることもあれば、建築士事務所の所属建築士であることもあると思われます。ただし、工事請負契約における監理業務に相当する業務を行う者は、一般的には監督職員となります。建築士事務所の監理担当者は、実態として実質的に監理業務のほとんどを行っている場合が多いと思われますが、あくまでも補助者としての位置付けになります。

このほか、官庁側に建築に関する専門技術者がいない場合などは、官庁側から監督職員の業務と一定の権限を建築士事務所に委託するケースもあります。

### （2）会計法・地方自治法における監理の概念

官庁工事における監理は、きちんと法令で定義されているのでしょうか。国が発注する工事の契約・執行に関する種々の手続きは、会計法及び予算決算及び会計令（略して「予決令」）により、地方自治体や地方公共団体のそれは地方自治法及び同施行令により、定められています。ところが、これらの法令に監理という言葉は出てきません。

会計法では、監理に相当する行為について次のように規定しています。

> **会計法**
> **第29条の11**（契約の履行の確保）
> 　契約担当官等は、工事又は製造その他についての請負契約を締結した場合においては、政令の定めるところにより、自ら又は補助者に命じて、契約の適正な履行を確保するため必要な監督をしなければならない。

> 2　契約担当官等は、前項に規定する請負契約又は物件の買入れその他の契約については、政令の定めるところにより、自ら又は補助者に命じて、その受ける給付の完了の確認（給付の完了前に代価の一部を支払う必要がある場合において行なう工事若しくは製造の既済部分又は物件の既納部分の確認を含む。）をするため必要な検査をしなければならない。
> 3〜5　省略

また、地方自治法では次のように定めています。

> **地方自治法**
> **第234条の2（契約の履行の確保）**
> 普通地方公共団体が工事若しくは製造その他についての請負契約又は物件の買入れその他の契約を締結した場合においては、当該普通地方公共団体の職員は、政令の定めるところにより、契約の適正な履行を確保するため又はその受ける給付の完了の確認（‥‥中略‥‥）をするため必要な監督又は検査をしなければならない。
> 2　省略

　このように、会計法及び地方自治法（以下「会計法等」という。）の体系の中で監理は「監督」と「検査」に置き換えられており、民間工事における監理の概念は、法令上は、官庁工事には存在しないということになります。官庁工事においては、契約の適正な履行の確保、つまり設計図書に示されたとおりのものを期限内に作らせるための監督と、受ける給付の完了の確認、すなわち、当該工事が完成し、工事施工者が契約による責務を果たしたことを確認するための検査がすべてであるということになります。また、この会計法等を根拠に官庁工事では監理者といわず監督職員という用語を使用しています。
　しかし、実態として、官庁工事における監督職員及びその補助者の行う実務的な業務内容は、民間工事における監理業務とさほど大きな差はないと思います。

### （3）官庁工事における一般的な監理業務委託の位置付け
#### 1）民間建築士事務所への監理業務委託の根拠
　　国が発注する工事の場合で、官庁側の職員が行うべき監督と検査の行為を民間に委託するケースにおいて、それができる法的根拠は、予決令の次の規定によります。

> 予算決算及び会計令
> 第101条の8（監督及び検査の委託）
>   契約担当官等は、……特に専門的な知識又は技能を必要とすることその他の理由により国の職員によって監督又は検査を行うことが困難であり又は適当でないと認められる場合においては、国の職員以外の者に委託して当該監督又は検査を行なわせることができる。

　　また、地方自治法施行令第167条の15（監督又は検査の方法）の第4項に、ほぼ同文の規定があり、地方自治体の発注する工事についても同じことがいえます。
　　これらの規定があるから、民間に監理業務を委託することができるのです。
　　一方、先に述べたように、官庁側に「監督職員（監督員など）」がいて、実質的な業務を民間建築士事務所に補助者として行なわせる場合も多いのですが、その根拠は、前項で説明した会計法第29条の11第1項及び第2項の中の"…自ら又は補助者に命じて、… 必要な監督（第2項では検査）をしなければならない。"という規定に基づいています。

### 2）官庁工事における業務委託契約の形態
　　民間の設計・監理業務についての委託契約では設計及び監理業務一貫で契約するのが一般的ですが、官庁工事の場合はこれと異なり、設計・監理業務委託契約という形はほとんどありません。建築士事務所は、設計業務委託契約のみで設計を行い、しかるのちに別契約で監理業務を受託することになります。近年では、国が発注する工事では監理業務を設計者とは異なる建築士事務所に委託する「第三者監理」方式による契約が通常であり、地方自治体や公共団体等においてもこの方式が増えつつあります。

## （4）業務実施における注意点
### 1）業務委託契約における注意点
　　官庁側から建築士事務所に委託される業務の内容は、通常、委託契約書に付属する委託仕様書によって示されるのが一般的です。
　　この委託仕様書に"設計変更の実施"や"設計変更時の数量積算"、"その他必要な書類の作成"、"その他、担当官の指示する事項の実施"といった文言が入っていることがありますので、注意が必要です。これらの文言が契約に含まれてしまうと、最悪の場合、これらの条項を楯に、受託者である建築士事務所は無制限の業務を強いられ、高額の費用がかかる可能性があります（特に、積算業務のコストは高額になりやすい。）。これらの文言が委託仕様書に記載されている場合は、想定される業務量・コストが予定業務報酬とバランスしている

か、慎重に検討することが必要です。このことについては、民間工事においても同じことがいえます。

### 2）官庁工事における監理の特徴

官庁工事においては、受託者（建築士事務所）は、委託者側（官庁側）の監督職員の補助者という立場になることが一般的ですが、この場合の監理業務の特徴について以下に説明します。

#### ① 受託者の任務と権限は限定的

官庁工事における監理業務の特徴の第一は「受託者の任務と権限は限定的である。」ということです。特に、前述「1.5　工事中のその他の業務」の「（1）工事の運営」に関する業務のうち官庁工事に特有の事項は求められません。例えば支払いの承認事務は予算執行官の専権的な行為であり、会計法等とそれらに基づく規則の類によってその細部まで定められた行為ですから、受託者が主体性をもって関与することはありえません。その他工事運営に関することについては、本来、担当官（監督職員）が議会や納税者に対して官庁側として責任を持たなければならないことも多いと考えられ、受託者としては、担当官及び受託者のそれぞれの立場を考慮したうえで対処することが求められます。しかし、実態としては、ほとんどの「工事の運営」に関する業務を受託者が担当官に代わって実施する、あるいは準備作業や、補助業務として手伝いを実施していることが多くあると考えられます。いずれにしても、受託者は担当官と十分協議のうえ、工事運営の業務を実施する必要があります。

#### ② 設計図書は完成したもの

第二の特徴として、設計図書は完成したものであり、ほとんど誤りのないものであるという建前としての前提があります。もちろん、この前提は民間工事でも同じですが、官庁工事においては、より厳格に取り扱われると思います。したがって、設計変更は、「やむをえない理由があるもの」以外はあってはならないというスタンスに立つことが原則となることが多いと思われます。そのため、「やむをえない理由があるもの」以外の設計変更に係る業務はきわめて限定的に、表立った設計変更に至らない範囲で行うことが多いと思います。現実に発生する設計変更の処理については、担当官と相談しながら行うことになります。

#### ③ 厳密な業務処理

委託仕様書には、受託者側の監理担当者の業務処理要領が詳細に規定されることが多く、厳密にこれに沿った業務処理が求められます。

また、設計図書、特に仕様書に定められた提出図書や処理手順について、監理者が工事施工者に厳密にこれを履行させることを求められることも多い

と思います。

④ 受託者には工事施工者に対する権限はない

　官庁工事における監理業務を建築士事務所が「補助者」として受託する場合、受託者自身には工事施工者に対して何の権限もない場合が多いことに留意する必要があります。工事請負契約の一部である仕様書には、監督職員の行為・権限が記載されていますが、それは担当官（監督職員）が行うべき行為や権限であり、補助者には、工事請負契約上いかなる立場も与えられていないのが一般的です。したがって、施工図・施工計画書等のチェック、各種の検査といった監督職員の行為を受託者（補助者）が代行して行う場合は、いかなる場合も受託者のみで処理してはならず、最終的には、必ず監督職員の確認と押印を受ける必要があります。工事請負契約上、受託者（補助者）の押印のみでは工事施工者に対して何の意味もありません。

## （5）官庁工事の監理に臨む姿勢等

　官庁工事の監理には、以上見てきたようにいくつかの注意点がありますが、監理技術又は監理のシステムとして見たとき、ルールに則った厳正な監理という点など大いに学ぶべき点もあります。

　ここでは、そのような官庁工事において補助者として監理業務を担当する場合に、業務にあたっての心構えや姿勢、やり方について特に注意すべきことを挙げてみます。これらの多くは、民間工事の監理にあっても基本的に守るべきことでもあります。

### 1）法令と監理業務委託契約の条項がすべて

　官庁工事の監理では、法令と監理業務委託契約の条項がすべてを支配します。「しなければならないこと」「してもしなくてもいいこと」「してはいけないこと」をしっかりとわきまえて行動する必要があります。自分は今、何に基づいて何をしようとしているのか、いつでも意識していることが大切だと思われます。

### 2）ルールに沿った業務の実施

　委託者側が拠って立つルールをよく理解し、そのルールに則って行動する必要があります。「仕事さえできればいいんでしょ。」、「うちの事務所ではそんなやり方をしません。」は通用しません。ルールに沿わない仕事は仕事とはいえず、ルール違反の行為は、その結果がよくても評価されないと考えたほうがよいでしょう。

### 3）工事施工者への指示は担当官の了解を得てから

　工事施工者に対する指示は、監理業務委託契約の一部である委託仕様書により「受託者の権限において行ってよい。」と定められている事項を除いて、す

べて委託者側の担当官と協議し、その合意のもとに行わなければなりません（あるいは、その指示のもとに行います。）。「この程度のことは独断でやっていいだろう。」、「いちいち相談するのは面倒だから。」は通用しません。当然、指示書の発行には、担当官の押印が必要となります。

### 4）勝手に設計変更をしてはいけない

民間工事でもいえることですが、官庁工事の場合は特に、設計者といえども勝手に設計変更をしてはいけません。建前上は、設計はもう設計者の手を離れ、独り立ちしているものと考える必要があります。どうしても設計変更が必要な場合は、その対処の仕方について、まず委託者側と相談する必要があります。

### 5）監理業務の責任者を明確にする

委託者に対し、監理業務の遂行にあたる責任者を明らかにし、設計者といえどもこの責任者の指揮によって秩序正しく動くようにすることが求められます。特に工事施工者に対する指示系統の乱れは、委託者の最も嫌うところのひとつであると思われます。

### 6）確認業務は厳格に

確認業務の実施に当たっては、厳格を旨とする必要があります。各種の品質基準は最低を定めたものであり、平均を定めたものではありませんので、「全体として"まあまあ"だ。」や「許容誤差を少し超えているが、この程度はいいだろう。」は通用しません。受託者には個々の監理業務委託契約条件の確実な履行が求められているのですから、「結果さえよければ」も通用しません。したがって、施工図や施工計画書、施工などの確認に当たっては、設計図はもとより、仕様書の隅々まで、規定に適合しているかを確認する必要があります。

### 7）業務処理は文書で

文書による業務処理を徹底する必要があります。文書に残っていない行為は、無かったのと同じことになります。また、万一監理業務が適正に行われたかが問題になったとき、これらの文書こそが、受託者が適正に業務を履行したことの証拠になると考えるべきでしょう。

### 8）担当官との信頼関係が重要

官庁工事の監理業務に携わる場合、多くの場合は「補助者」としての立場で業務を行うことになります。その意味で、監督職員など委託者側の担当官との信頼関係が、監理業務を円滑に遂行するうえで、最も重要なことのひとつです。監督職員は、監理者と対立する側に位置するものではなく、同じサイドに立つのだと認識し、相互信頼のもとで、共同で監理業務に当たるという姿勢が必要です。監理者が監督職員に対して、根拠なく「工事施工者寄りの発言」をしてしまうケースがあるとすれば、それは大きな間違いといってよいでしょう。

## 9）規律正しい勤務が求められる

　規律正しい勤務を行う必要があります。民間工事でも同じことですが、身辺の清潔、綱紀の保持には格別に留意しなければなりません。工事施工者やメーカーなど工事関係者との付き合いは、厳格に一線を画すことが求められます。町に一歩出れば周囲のどこにでも見ている人の目があると考え、実際には何事もなくても誤解を招くような行動を慎むべきです。また、委託者側の担当官などとの関係においても、公務員倫理法の観点から慎重に接する必要があります。

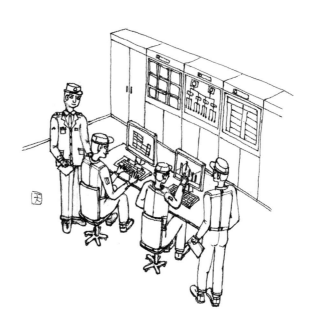

# 2．工事の検査のポイント

## 2.1　はじめに

### （1）本章の目的

　本章では、本編の「1．建築監理業務の具体的内容」で述べた監理業務のうちの「1.4　検査業務」における立会い検査について、主要な工種ごとに、より詳細に「検査のポイント・注意点」を説明します。本章をご覧になる際には、前記「1.4　検査業務」をよく読んで、検査業務の位置付けや概要について、あらかじめ理解しておいていただきたいと思います。

　なお、本章の説明は、あくまでも監理業務委託契約や工事請負契約に基づく「監理業務としての検査」についてであり、建築士法に基づく「工事監理（工事と設計図書の照合及び確認）」についての説明ではありませんし、また工事監理者としてやらなければならない業務を示すものでもありませんので、ご注意ください。このことについては重要ですので、後述2.1（5）項でも詳しく説明します。

　また、施工や検査より前の段階で監理者が行う業務の中に、工事施工者が作成・提出する施工図や施工計画書等の検討があります。そして、そういった検討業務についても、多くのポイントや注意点はあります。しかし、本章では、それらの説明は割愛し、監理者の重要な業務である「検査」についてのポイント・注意点のみを説明することとします。ただし、各所で、検査と関連して施工計画段階で検討・確認しておくことが望ましいと思われる事項についても説明しています。

　本章は、監理業務のうち検査業務等を行う監理技術者に読んでいただき、主として技術面での一助となることを目的としていますが、施工管理・品質管理を担当する工事施工者や専門工事業者など建築生産に係る多くの方々にも是非読んでいただき、施工の参考にしていただきたいと期待するところです。

### （2）「検査のポイント・注意点」の位置付け

　本章で例示する種々の検査のポイント・注意点などは、あくまでも筆者の知見と経験に基づく私見であり、世の中で普遍化された共通認識とは限りません。

　本章に示されたポイント・注意点は、立会い検査において、特にどんなところに注意するか、どんな点を見るか、工事施工者が間違いやすいところはどこかなどについて、筆者の知見を基に例示したものです。したがって、ここに書かれたポイントは「そこだけ見れば、後は見なくてよい。」というものではありませんし、「ここに書かれたことは、すべて必ず見なければならない。」というものでも

ありません。また、これらのポイント・注意点は適切な監理業務委託契約の内容や報酬のもとで行われるべきものであり、監理業務委託契約の内容等によっては、これらのポイント・注意点の内容が変わってくることもありえます。

　さらに、立会い検査に赴くたびに、これらのポイント・注意点を対象部位の全部材・全数・全箇所について監理者自らが確認しなければならないというものでもありません。本編の「1．建築監理業務の具体的内容」で説明したとおり、監理者の検査は、合理的と考えられる範囲で「抽出」により行われるものであり、また立会い検査と書類検査を使い分けて行うものです。工事施工者の技量や体制、実績など、また当該工事におけるそれまでの施工状況から工事施工者の品質管理や施工結果自体がある程度信頼できると推定できる場合は、検査対象範囲の中からいくつかの部位・部材を抽出で検査・確認し、その結果が良好であれば、「工事施工者による事前の自主確認結果が信頼でき、検査をしない他の部分も良好であると類推できる。」と判断して検査・確認密度を低くすることも合理的手法のひとつと考えられます。

　それぞれの工事における立会い検査に係るポイント・注意点や立会い確認の頻度・密度などについては、本来、監理者自身が定めることになります。その際、本編の「1.4 検査業務」の（1）の「5）工事監理ガイドラインについて」で紹介した工事監理ガイドラインに示された確認項目や本章で説明するポイントが参考になると思います。

### （3）検査における確認

　本章では、各所で「監理者が確認します。」といった意味の表現が出てきます。この確認という行為は、工事が設計図書等のとおりにできている、あるいは妥当であると判断することですが、1.4の（1）の「4）検査の方法」で説明したとおり、監理者は、工事のすべてを自分の目で見て、すなわちすべてを立会い検査により確認するわけではありません。告示第15号にもありますが、監理者は、あくまで、立会い確認や工事施工者の提出する書類による確認、あるいはそれらの確認を抽出で行うなど、工事に応じて客観的に妥当と認められる確認方法により確認を行うのです。

　一方、工事施工者は、工事請負契約に基づき設計図書のとおりの成果物を発注者に引き渡す義務があるので、みずからの適正な施工管理・品質管理のもとに施工を行うとともに、施工結果が所定のとおりであるかどうかについて全数を自分で確認することが求められると考えます。この工事施工者の確認は、監理者の確認の事前に行い、その結果の記録を監理者に提出し、監理者はそれを基に妥当と認められる確認方法による確認を行うのが一般的だと思われます。

### (4) 想定する対象建築物等

　本章の2.2では、中規模の一般的な鉄骨造、鉄筋コンクリート造、鉄骨鉄筋コンクリート造のオフィスビルを想定して、その建築工事の主要な工種における立会い検査のポイントを説明しています。また、2.3では同様のビルにおける設備工事について説明しています。なお、本章で取り上げた工種は主要なもののみとし、例えば建築工事では、仮設工事、コンクリートブロック・ＡＬＣパネル・押出成形セメント板工事、木工事、屋根及びとい工事、ユニット及びその他の工事、排水工事、舗装工事、植栽及び屋上緑化工事については、説明を割愛しています。

　また、本章で取り上げた各工種においても、それぞれの中で主な工法・項目を取り上げて説明しています。

### (5) 工事監理との関係

　本編の「1.4 検査業務」の（1）の「3）検査と工事監理の関係」で説明したとおり、契約に基づく検査と建築士法に基づく工事監理（工事と設計図書の照合及び確認）は、技術的な側面からみるとほぼ同じ行為ですが、厳密には少し異なるものです。しかし、ここでは「契約に基づく検査について」というスタンスで、そのポイントを説明することとします。そして、これらの技術的なポイントは、工事監理においても参考にできると考えています。

　ただし、本章に例示する検査のポイント・注意点は、あくまでも参考であり、工事監理者（建築士法に定める工事監理を行う者で、建築基準法により一定の工事については置くことが定められています。一般的に用いる「監理者」とは用語を使い分けています。）が必ずやらなければならない工事監理（工事と設計図書の照合及び確認）としての必須業務を示すものではありませんし、照合及び確認における合理的方法の限界を示すものでもありません。すなわち、ここに書かれたいろいろな確認のポイントなどは、けっして「建築基準法と建築士法に基づく工事監理者が必ずやらなければならないこと」ではなく、「契約に基づく監理者が検査の際にこういうことを確認しておくと、工事がよりよくなります。」という位置付けのものです。

　「建築士法で定める工事監理とは、どこまで見るべきものなのか。」については、前記（2）項で説明した「検査のポイント・注意点」の位置付けと同様、工事監理者自身が、工事監理ガイドラインや本章などを参考に、当該工事の状況に応じて、その内容を定める必要があります。ただし、その内容は、自分勝手に決めればよいというものではなく、客観的に妥当なものである必要があります。

### (6) 工事監理者の補助者

　本章は、契約に基づく監理者の「検査」について説明するものですが、ここで、

建築基準法や建築士法に基づく工事監理者を補助する「補助者」について、参考までに触れてみたいと思います。

前項で説明した「検査」は、契約に基づいて組織としての「監理者」が行うものですが、「工事監理」は、建築士法や告示第15号に基づいて、建築士である「工事監理者」がその者の責任で行う行為です。この工事監理者は、一般的には建築確認申請において「代表となる工事監理者」又は「その他の工事監理者」として記載された建築士です。ただし、建築確認申請が不要な工事においても工事監理はありえますので注意が必要です。

しかし、実際の現場業務では、特に電気設備工事や機械設備工事などについては、建築確認申請に記載された工事監理者ではない、設備工事などを専門とする監理技術者が検査・確認を行うことがよくあります（建築士資格を有する設備監理技術者の数が少ないこともその一因です。）。これらの工事監理者でない監理技術者は、契約に基づく監理業務においては組織としての監理者の一員になりますが、建築士法に基づく工事監理業務においては建築確認申請に記載された工事監理者の「補助者」と位置付けられます。

工事監理業務においては、設備工事などについて、実際の立会い確認や書類による確認などはこの補助者が行い、その結果（確認記録）を利用して建築士である工事監理者が「工事は設計図書のとおりである。」と判断して確認記録に押印することが、工事監理者の「妥当と認められる方法による確認」のひとつに相当すると考えられています。つまり、補助者が行う確認に対する建築士法上の責任は、その結果に押印した工事監理者が負うことになります。

#### （7）工事監理ガイドラインとの関係

本章では、検査についての説明をすることにしていますが、本編の「1.4検査業務」の（1）の「5）工事監理ガイドラインについて」で紹介した工事監理ガイドラインが、技術的あるいは手法的な側面で、非常に検査の参考になりますので、これについて少し触れたいと思います。

このガイドラインには、工事監理における工種ごとの確認項目が一覧表として示されています。監理者による工事の検査にあたっては、まず、この表に示された確認項目を参考にすることが推奨されます。

そして本章では、工事監理ガイドラインに示される確認項目の確認を行うことを前提として、そのうちのある項目のより詳細なポイントや、それに付け加えて注意を払いたいポイントなどを説明しています。

#### （8）施工のやり方の確認について

本章では、原則として建築物の工事のうち出来上がった工種・部材・部位・部

分やその材料、下地などの検査・確認について、そのポイント・注意点を例示していますが、一部では施工のやり方そのものの確認について述べているところがあります。

施工のやり方については、本来は、それが設計図書で定められていない限り、工事施工者が施工管理の中で確認すべきことであり、必ずしも監理者みずからが確認すべきことではなく、ましてや建築士法に定める工事監理者の責務とも考えられません。

しかし、本章では、施工のやり方が結果としての品質に大きく影響する事項、しかも施工後では確認が困難と思える事項、施工後の是正では大仕事になってしまう事項などについて、よりよい品質を確保するためにはそういった施工のやり方そのものも確認しておいたほうがよいと考え、すなわちこれをプロセス管理の一種と捉え、あえてそれらについての確認のポイント・注意点を示すこととしました。

### （9）工事施工者に指導・助言する際の注意点

本章に書かれたポイント・注意点の中には、あちこちに「・・・としたほうがよいでしょう。」、「・・・とすることが望ましいです。」、「・・・とする必要があります。」などといった表現があります。これらについて、監理者が工事施工者に「こうすべきだ」と指導・助言する際は、注意が必要です。まず当該事項について、設計図書にどう書かれているかを確認したうえで、その範囲内でしか工事施工者にやらせることはできません。もし、設計図書に示された内容を超えて何かを工事施工者にやらせようとすると、それは工事請負契約を超えた設計変更になりかねませんので、協議と必要な手続きが必要となります。

### （10）工事施工者が行う行為の根拠

本章では各所で工事施工者が行う行為について述べられています。しかし、これらの行為は、あくまでも工事請負契約（工事約款や設計図書等を含む。）に基づいたものでなければならず、監理者は、それを逸脱した行為を強要することはできません。つまり、本章に「工事施工者が〜を提出する。」とか、「工事施工者に〜をさせる。」などと書いてあっても、これは、「一般的な工事請負契約では、これらの行為は工事施工者の責務であることが多いと思われる。」という想定に基づいての記述であり、そうではない工事請負契約となっている場合には当てはまらないことがあることに注意する必要があります。

## 2.2 一般的な事務所ビルにおける建築工事の検査

### (1) 土工事

#### 1）山留の位置の確認

山留の位置が建物の地下構造物の位置・形状を決定付けます。そのため、地表での墨出し位置を確認することが重要です。

山留が敷地の外にはみ出ていないか、建物の形状と整合しているかなどが確認すべきポイントとなります。墨出し位置の確認は、山留工事の施工図と照合することが一般的ですが、その施工図が間違えているとどうにもなりません。施工図のチェック（設計図との照合及び確認）も大切ですのでご注意ください。

#### 2）山留の施工状況

山留が適正でないと、はらみだしや周辺地盤の沈下を引き起こし、また最悪の場合は崩壊という大事故につながりかねません。そのため、山留・掘削工事は、監理者が事前に確認した山留計算書の前提条件どおりに実施される必要があります。

そこで、腹起し・切梁のレベルが計画どおりか、中間掘削で掘りすぎていないか（すなわち、山留の支持点間距離が長くなりすぎていないか）、山留近傍に山積みの掘削土などの重量物を置いていないかなどを随時確認します。

#### 3）ＳＭＷ芯材の位置、鉛直度の確認

ＳＭＷとは、Soil Mixing Wall の略称で、土とセメントスラリーを単軸又は多軸オーガーによる掘削孔中で混合・攪拌し、Ｈ形鋼の芯材を挿入して造成した連続壁のことです。国土交通省監理指針ではソイルセメント壁と呼ばれています。

ＳＭＷのＨ形鋼芯材は、適正な位置にほぼ鉛直に設置されなければいけません。もし、これがずれていたり、曲がって設置されると芯材が躯体側にはみ出て、掘削後の躯体工事（地下外壁や外周基礎梁の施工）に支障をきたすことがあります。また、逆方向に曲がれば、敷地からはみ出ることもありえます。ＳＭＷは仮設材ですが、工事完成後も撤去せずに存置することが多いので、本設と同様の扱いが求められます。なお、構造設計において、芯材のフランジ面と地下躯体外周面との間には、芯材の曲がりによる施工誤差を考慮して、100mm 程度の増打ちを設けることが多いと思います。

ＳＭＷ芯材の位置は、ガイド定規材を利用して管理し、鉛直度は、通常、建込み時にトランシットや下げ振りにより管理します。鉛直度はＸ・Ｙの２方向から確認する必要があります。芯材が長い場合などは、より精度よく鉛直度を管理するために、芯材に傾斜計を取り付けることもあります。

監理者が自らこれらの施工管理をするわけではなく、工事施工者が適切にこ

れらを実施しているかどうかを立会い確認及び書類審査を併用して適宜確認することになります。特に、工事着手時には立会い確認をするとよいでしょう。

### 4）根切り底の確認

掘削工事が所定の深さに達したとき、監理者は立会いにより根切り底の確認を行います。特に、杭のない直接基礎の場合は、根切り底が建築物を支える支持地盤となりますので、この確認は非常に重要な意味を持ちます。もし、根切り底の状態が適正でない場合、将来、建築物の不同沈下など取り返しのつかない不具合につながる可能性があります。

根切り底の確認ポイントは次のとおりです。

① 根切り深さ（床付けレベル）の確認

根切り深さを間違えると、その後の躯体工事に重大な影響を与えることがありますので、確実に確認しましょう。床付けレベルの許容誤差は設計図書によることになりますが（ただし、国土交通省標準仕様書には規定されていません。）、0 mm ～ －20mm としている事例があります。この例でプラス側（床付け面が高くなる側）を0 mm としているのは、床付け面上の構造躯体等の断面が小さくなることを避けるためです。

② 根切り底の状態の確認

次に、根切り底（床付け面）の状態を確認します。土が乱されていないか、掘りすぎたところをいいかげんに埋め戻していないか（十分な締固めを行うべきです。）、などをチェックします。根切り底の状態が悪いと地耐力に影響します。整地面の乱れを無くすため、根切り底付近での掘削機械は、つめなしバケットを使うべきですので、工事施工者に確かめるとよいでしょう。

③ 土質の確認

根切り底の土質が設計で想定していたとおりのものかどうかを確認します。特に直接基礎の場合、土質は支持力に直接関係しますので、この確認は重要です。

土質の確認については、設計図書に通常添付されている土質柱状図に示されるものと同じ土質かどうかを確認することになります。また、一般的には敷地の地盤調査（ボーリング調査）の際に採取した土質標本があるはずですので、根切り底の土をその当該深さの標本（サンプル）と見比べて確認します。現場の土が湿り気を帯びているときは色が異なって見えますので注意が必要です。

### 5）埋戻しの確認

オープンカット工法などにより地下躯体のための掘削工事を行った場合、掘削法面などと建築物の隙間に埋戻しが生じます。この埋戻しが適切でないと、

杭で支えられた建築物に対して後々周囲の地表面のみが沈下し、建築物の周囲で出入り口との段差や引き込み配管などに支障をきたすことがあります。

それを防ぐため、次の点をチェックしましょう。

① 埋戻し土

　埋戻しに使われる土の種類等は、設計図書に規定されるべきものですが、掘削土の中の良質土が使われることが多いと思われます。また、外部から持ち込まれた土を使うこともあります。これらの土に有機物やコンクリート塊などが含まれていないかを確認します。そして、将来の圧密沈下の原因となるシルトや粘土などの粘性土が多く含まれていないかを確認してください。埋戻し土の立会い確認は初回に行い、以後は抽出立会い確認と書類確認を併用して行うという方法があります。

② 転圧

　沈下を防ぐため、埋戻しの際は土を十分に締め固める必要があります。そのため、通常は（国土交通省標準仕様書の場合）、埋戻しは、厚さ30cmごとに区切って埋め戻し、その都度十分にローラーやランマーで締め固める（転圧する）という方法で行います。また、土は適当な含水比のときによく締まりますので、適度な水湿しをすることも必要です。

　監理者による埋戻しの確認については、常時施工に立ち会って確認することは困難ですので、写真などの書類確認が主となります。地下躯体などに30cmごとの目盛をマーキングさせ、それを背景に転圧の施工写真を撮影させて、それにより30cmごとに締固めを行っていることを確認するという方法もあります。

6）発生土の処分

掘削工事で発生した土（建設発生土や掘削土という。）の処分には、環境という観点からさまざまなルールがあります。そのルールが守られているかどうかを確認することも監理者にとって大切です。

① 産業廃棄物となる発生土は適切な処分がされているか

　通常の発生土は産業廃棄物ではありませんが、水分の多い泥土（コーン指数200KN/㎡未満）や汚染土壌、コンクリート塊・アスコン殻・木材などの産業廃棄物を含んだ発生土は、産業廃棄物として処分しなければなりません。そのため、掘削工事現場では、泥土の処理や発生土のふるいによる分別などが行われることがあります。

　産業廃棄物としての発生土の処分については、不法投棄などを防ぐため、ダンプカーごとにマニフェストといわれる書類によって管理されています。近年は、電子マニフェストも使われています。監理者は、この書類がきちんと管理されているかどうかを確認します。また、発生土の処分場への運搬に

使用されるダンプカーを、車両ナンバーが写るように工事現場と処分場の両方で撮影し、確実な処分を管理するということも行われますので、これらの記録も確認してください。

② 通常の発生土の処分

まず、発生土が産業廃棄物とならないよう、水分管理は適正に行われているか、コンクリート塊やアスコン殻などが混入していないか、有機物や重金属などに汚染されていないかを確認する必要があります。監理者の確認は、工事施工者が適正に管理しているかどうかの書類確認（工事写真の確認を含む。）が主となります。

通常の発生土の処分方法は、埋立て地などの処分場に搬送することが一般的です。搬送の際、通常の発生土には産業廃棄物のようなマニフェスト管理はありませんので、一度は工事施工者とともにダンプカーの後ろを車で追走し、ルートと処分場が計画どおりかを確認するとよいと思います。この確認を工事施工者に行わせ、監理者はその記録と写真を確認するという方法もあります。

③ ダンプカーの状態

ダンプカーの過積載の有無については、工事施工者は、通常、抽出で荷台の発生土の積載状況を目視により確認していると思いますが、必要に応じて抽出で、ダンプカーに装着された自重計や簡易な計量機により積載量を計測することもあります。その場合は監理者も、その記録を確認することがあります。

また、ダンプカーが現場を出る際は周辺道路を汚さないように、タイヤ周りなどを水洗いする必要があります。これを工事施工者が正しく行っているかどうか、時々でいいですから確かめるとよいと思います。

ただし、これらの確認は、建築物の工事の設計図書との照合及び確認に相当せず、建築士法に基づく工事監理者の責務には当たらないと考えます。また、本来これらの確認は工事施工者の業務であり、民間工事では通常は監理業務の範囲外であろうかと思われますが、適正な工事のための助言として、こういった確認を行うことがあってもよいと思います。

7）敷地周辺の地盤

根切り工事（掘削工事）により周辺地盤に沈下や亀裂が生じていないかを定期的に観察することも重要です。工事施工者にこの観察を実施させ、記録を確認してください。亀裂については、必要に応じて、監理者自身の目で確認することも必要です。亀裂を発見したときは、その幅や長さを経過計測して進展の状況を確認したうえで、早急に原因と対策を検討することになります。

## （2）地業工事

　　地業工事には、各種の杭工事を始め、敷き砂利や捨コンクリート（均しコンクリート、レベルコンクリートなどということもある。）などがありますが、ここでは、一般的によく使われるアースドリル工法による場所打ちコンクリート杭を例にとって、検査のポイントを紹介します。監理者によるこれらの確認は、試験杭（初回などの本設杭を試験杭と位置付け、以後の施工条件や施工方法を確定する。）の施工に立ち会って、すべての確認項目の確認を実施することが望ましいです。以後の杭の確認は、基本的には施工記録（工事写真を含む）の確認とし、適宜抽出により立会い確認をするのが一般的です。

### 1）杭の位置の確認

　　杭設置位置の地盤表面にあらかじめマーキングされた杭心の位置が設計図や承認された施工図のとおりであることを測定により確認します。地盤面に示された墨が逃げ墨の場合、それを基準墨と取り違えることがありますので、注意してください。杭心位置を間違えて杭を設置してしまうと、構造的な大問題に発展しかねませんので、確実にチェックしましょう。

### 2）掘削孔の形状等の確認

　　掘削孔の形状や鉛直度が正しいかを確認する必要があります。まず、掘削前に、杭径については、表層ケーシング（地盤表面の崩れを防止するための鋼管、スタンドパイプともいいます。）の径を確認します。鉛直度については、掘削機（アースドリル機）の据付けが水平かどうかを水準器（掘削機に組み込まれていることが多い。）で確認するとともに、ケリーバー（回転軸）の鉛直度をトランシットや下げ振りなどで確認します（X、Yの2方向）。補足的に表層ケーシング上端の水平度を水準器で確認することもあります。

　　さらに掘削後は、検尺テープにより掘削深さを確認します。また、杭が長い場合や拡底杭の場合など、設計図書の定めによっては、超音波測定器を掘削孔に吊り下げて、連続的に孔壁形状を測定することがあります。これにより、掘削深さ、孔径、孔壁の状態、傾斜、拡底部の形状が適正かどうかを確実に確認できます。

### 3）安定液の管理の確認

　　通常は、孔内水の比重・粘性・水位を高くして、孔壁が崩れないように保護したうえで掘削します。通常、孔内水はセメント系のベントナイトなどを混ぜた泥水とし、これを安定液といいます。安定液の水頭は、地下水の常水位より2mm以上高くします。ベントナイトは孔壁に薄い不透水膜（マッドケーキといいます）を形成し、それにより安定液の水圧が孔壁にかかるようになり、孔壁の崩落を防ぐのです。

　　この安定液の比重や粘性等の管理が適切になされているかどうかを確認して

ください。

### 4）支持層（土質）の確認

　設計で想定した支持層に杭先端（すなわち掘削深さ）が達しているかどうか、また、その支持層に所定の長さ貫入しているかを確認します。

　掘削孔底の支持層の確認は、バケットによる排出土を土質柱状図に示される支持層の土質名や地盤調査時の土質標本と比較することにより行います。その際、標本の土はある程度乾燥していますが、排出土は濡れており、色が異なって見えますので注意が必要です。また、アースドリル機の回転抵抗によるトルク値の変化によっても支持層を確認することができますので、これを参考にして確認することが一般的です。

　支持層への杭の貫入長さについては、支持層天端のレベルを上記と同様の方法により確認し、それと掘削孔底のレベルとの差によって確認します。

### 5）鉄筋かごの組立ての確認

#### ①　鉄筋かご全体の寸法確認

　まず、鉄筋かご全体の直径が設計図のとおりかを計測確認します。このとき、設計図に示される鉄筋のかぶり厚さが主筋の芯からの寸法か、帯筋の外側表面からの寸法なのか、設計図によって表現が異なることがありますので、鉄筋かごの径を見るときは設計寸法の読み取りに注意が必要です。また、地上に横たえた鉄筋かごの径が大きいときは、鉄筋の自重により鉄筋かごが楕円に歪むことがありますので、縦径と横径の両方を計測して平均値を出すとよいでしょう。

　次に、鉄筋かごの全体長さを確認します。通常、鉄筋材料の定尺長さなどの制限から、杭全長に対して鉄筋かごは短く、複数の鉄筋かごを重ね継手で継ぐことになります。この重ね寸法が適切に取られているかどうかを勘定に入れて鉄筋かごの長さを確認してください。また、杭の最上部では、主筋の基礎への定着長さを確認する必要があります。

#### ②　主筋の確認

　杭強度に直結する基本的なこととして、主筋の径、本数、鋼種（ロールマーク）、圧接状況（もし、あれば）を確認します。鉄筋かごの上部と下部で主筋本数が異なっている場合は、本数の変わる位置（かご端部からの寸法）を確認する必要があります。主筋が等間隔に配置されているかどうかも確認しましょう。主筋間隔が小さすぎると、コンクリート打設の障害になりますので（生コンは、杭断面中央付近に打設され、鉄筋かごを通り抜けて、外周部に流れる。）、それが適切かどうかを施工図の段階で確認しておきます。

　また、主筋は補強リング（力骨ということもある。）に溶接やU字ボルト

などの金物によって固定されますが、補強リングのサイズや位置・ピッチは設計図や施工図のとおりか、溶接長は所定の長さか（ショートビードになっていないか。）、アンダーカットなどの欠陥はないか、主筋と金物の固定は適切かなどのチェックが必要です。

さらに、鉄筋かごの最上部は基礎への定着部分となりますが、後ほどの掘削工事や後述の余盛の斫り作業の際に主筋を傷つけないよう、主筋の所定の長さ部分が緩衝材などで適切な養生をなされているかの確認も必要です。

③ 帯筋等の確認

これも基本的なこととして、帯筋の径、ピッチ、鋼種を確認します。帯筋は、スパイラル筋の場合が多いですが、端部のフック寸法や重ね継手長さが適切かどうかも施工図等と照合及び確認してください。溶接継手の場合は、溶接長とビード形状、アンダーカットなどを確認します。

帯筋の主筋への結束状況も大切な確認事項です。結束線により、しっかりと固定されている必要があります。結束箇所数が少ないと、クレーンによる鉄筋かごの吊り込み時などに結束がゆるみ、主筋がずれたり、かごが変形したりしてしまいます。また、帯筋を溶接によって主筋に固定する例を見受けますが、この溶接はショートビードになりやすく、そのため急冷により鉄筋の材質を悪化させ、またアンダーカットを生じやすいので望ましいことではありません。

設計図書の定めによっては、鉄筋かごの底に杭底筋（くいぞこきん）（浮上り防止筋ともいう。）を取り付ける場合があります。これは、トレミー管（コンクリート中に2m程度挿入しながら打設する。）により投入されるコンクリートの上昇に伴って鉄筋かごが浮き上がるのを防止するため、鉄筋かご底部に十文字状などに取り付ける鉄筋のことです（後述の8）②参照）。これが、所定の通りかどうかも確認します。

④ スペーサーの確認

鉄筋かごを建て込むときやコンクリートを打設するときに、鉄筋かごが動いて孔壁に近づきすぎてセットされると、鉄筋の適正なかぶりが確保できなくなります。それを防ぐためにかごの周囲（1段に最低4ヵ所以上、杭径によるが、通常は6〜8ヵ所）に一定のピッチ（杭長方向に3〜5m間隔）で取り付けられる金物がスペーサーであり、一般的には設計図にその詳細が示されます。通常は、オールケーシング工法の場合はD13以上の鉄筋を曲げたものを使用しますが、アースドリル工法など孔壁が土の場合は、孔壁（土）へのめり込みを軽減するため、鋼板（フラットバー）を曲げたものを使用します。

鉄筋かごの検査の際には、このスペーサーの形状、サイズ、板厚、位置、

ピッチなどが設計図又は施工図や施工計画書どおり正しく取り付けられているかを確認します。

　また、スペーサーは鉄筋かごに溶接などで堅固に取り付けられている必要がありますが、主筋や帯筋へ溶接することはこれらの材質を悪化させるなどの悪影響の可能性がありますので避けたいところです。検査の際は、スペーサーが補強リングや段取り筋（主筋や帯筋などの構造鉄筋とは別に鉄筋組立のために仮設材として追加で組み込む鉄筋）など主要鉄筋でない部分に溶接されていることを確認してください。スペーサーの取付けに、上端を帯筋への引っ掛け式とし、下端のみを溶接とすることがありますが、この場合は、コンクリート打設の際などに、鉄筋かごが横移動してスペーサーを孔壁に押し付け、引っ掛け部分が外れてスペーサーがつぶれ、かぶりが保てなくなった事例がありますので注意が必要です。

### 6）孔底のスライム処理の確認

　スライムとは、掘削中の崩落土や泥水中の微細な土砂が孔底に沈殿したものです。これを残したまま杭のコンクリートを打設すると、杭本体と支持層の間に脆弱層が介在することになり、杭の沈下の原因となります。また杭先端のコンクリートにスライムが混入することにより、その品質が低下します。これを除去するのがスライム処理で、一次処理と二次処理の2段階があります。アースドリル工法の場合、一次処理は杭孔の掘削後20～30分後、鉄筋かごの吊り込み前に、ある程度スライムが沈殿してから底ざらいバケットで除去します。二次処理は、鉄筋かご吊り込み後コンクリート打設直前に（コンクリート打設が、鉄筋かご設置の翌日になることもあります。）、一次処理後に沈殿したスライムの有無を分銅により確認し、もしあれば、それを水中ポンプやエアーリフトで吸い上げ、除去します。

　監理者は、これらの手順が正しく行われていることを確認したうえで、一次及び二次処理後にスライムの有無を分銅により確認します。これは、ロープの先に分銅を付け孔底まで垂らし、分銅が孔底に接触する際の手の感触で底の状況を判断するものです。ロープを上下させて、コツコツと硬い手応えがあれば、スライムは除去されていると判断でき、一方、フワフワした感触の場合は、スライム除去が不十分だと思われます。これは原始的な確認方法ではありますが、スライムの除去確認は、杭の性能を左右する重要なポイントのひとつです。

### 7）鉄筋かごの建て込みの確認

　スライムの除去後、鉄筋かごを孔内にクレーンで吊り込みます。この際、鉄筋かごが鉛直であることが求められ、その管理はトランシットや下げ振りなどで行われます。また、吊り込みは、鉄筋かごが孔壁に触れないようにゆっくりと慎重に行う必要があります。監理者は、試験杭施工の立会いの際、この点も

確認します。

　ひとつ目（最下段）の鉄筋かごが概ね孔内に挿入されたら、この上端部を治具を用いて表層ケーシングのエッジで仮保持し、次の鉄筋かごをクレーンで吊ってこの上に重ね継手で継ぎ足します。この際、監理者は、適正な重ね継手長さが確保されていること、下の鉄筋かごが落下しないように重ね継手部の鉄筋同士が番線などで堅固に結束されていることを確認します（通常の鉄筋結束線では弱すぎます。）。

　その後、クレーンで鉄筋かご全体を少し持ち上げて仮保持をはずしたのち、さらに吊り下げます。このように鉄筋かごの継ぎ足しを繰り返し、鉄筋かごの先端が掘削孔底から所定の離隔距離の位置に到達したらその寸法を保った状態で鉄筋かご全体を表層ケーシングのエッジで仮保持します。鉄筋かごの先端にはあらかじめ検尺テープを括り付けておき（強く引っ張ると外れるようにしておく。）、それにより、鉄筋かご先端のレベルを確認します。

## 8）コンクリートの打設状況の確認

### ① コンクリートの受入れ検査

　生コン車（アジテーター）で運ばれて来るコンクリートの受入れ検査に立ち会います。この受入れ検査は、他の躯体コンクリートの受入れ検査と同じで、呼び強度等の種別を伝票で確認したうえで、スランプ、スランプフロー、空気量、塩分量、温度等について、現地での試験による確認を行います。これらの試験は工事施工者（実際は、受入れ試験の専門業者）が行いますが、監理者は、試験杭などで抽出立会い確認するほか書類で確認します。また、設計強度確認試験のための供試体（シリンダー）の採取にも立ち会います。

　このほかに大切なことは、コンクリートの練り混ぜ開始から打込み終了までの時間の限度の確認です。この限度は、通常、気温が25℃以下で120分、25℃を超えるときは90分です（国土交通省標準仕様書などの規定）。工事施工者は、すべての生コン車についてコンクリートの練り混ぜ開始時間を伝票で確認し、杭のコンクリート打設に要する時間を想定した上で、その生コン車のコンクリートが使えるかどうかを判断します。監理者は、試験杭の際にそれを確認し、以後は工事施工者の確認記録を確認するとともに、抜き取りで工事施工者の確認に立ち会います。この際、制限時間を超えた生コン車に対して、厳然と拒絶することが大切です。「せっかく運んで来たのだから・・・」というのは厳禁です。

### ② コンクリートの打設

　孔内へのコンクリートの打設は、通常、トレミー管又はコンクリート投入部の隙間が狭いなどやむをえない場合はサニーホースを使用して行います。

打設の際には、このトレミー管などを引き抜きながらコンクリートを投入するのですが、コンクリートが孔内の泥水と混じりあうのを防ぐため、トレミー管などの先端が、コンクリートの中に常に2m以上入っていて、泥水を押し上げるように打設しなければなりません。試験杭の立会いの際は、こういった点も見ましょう。

また、トレミー管の設置位置は、できるだけ杭心が望ましいです。これは、トレミー管が偏心していると、コンクリート打設時のコンクリート移動による水平方向の圧力が鉄筋かごに不均等に働き、鉄筋かごが横に動いて偏りの原因になりかねないからです。もちろん、そのような場合でも所定のかぶり厚を確保するためにスペーサーをつけているのですが、リスクを減らすのに越したことはありません。

コンクリートの打設が進むにつれて、トレミー管をコンクリート中に2m程度突っ込んでいることによる孔内コンクリートの上昇により鉄筋かごの帯筋の各段などに上向き力がかかり、鉄筋かご全体が押し上げられて浮き上がってくることがあります。特に鉄筋かごの自重が軽くなりがちな短い杭では注意が必要です。そういった異常が生じていないかも確認しましょう。なお、この浮き上がりを防ぐために、前述のようにあらかじめ鉄筋かごの最下部先端に十字形の浮上り防止筋を取り付ける場合もあります。

③ **コンクリートの打ち止め**

コンクリートが所定の高さに達したら打ち止めます。この「所定の高さ」というのは、設計図に示される杭天端レベルに余盛（よもり）の高さを加えたものですので、注意が必要です。杭の最上部のコンクリートは泥水が混入して品質が悪くなっていると思われるので、杭コンクリートの上端の一定部分を斫って除去し、健全な部分だけを杭本体として利用します。このため、斫り代をあらかじめ見込んで杭の打ち止め高さを設計レベルより高くしておき、この斫り代を「余盛」といいます。余盛高さは設計図書で定められますが、泥水中でコンクリートを打設する場合、余盛高さは80cm以上とするのが一般的です（国土交通省標準仕様書などの規定）。

コンクリートの打ち止め高さは、分銅付きの検尺テープをコンクリート表面まで下ろして確認します（手の感触により、表面に達したことを確認する。）。監理者は工事施工者の確認記録で確認しますが、試験杭の際は、自分でも検尺テープで確認してみましょう。

杭コンクリートを打設し終わったら、表層ケーシングを抜いて、杭の設置は終了となります。その後、ある程度のコンクリート強度が出た後、掘削孔の上部の空洞を現場発生土などで埋め戻します。通常、杭のコンクリート天端レベルは、作業地盤面（通常は地表面）より、地下構造物の深さだけ低い

ので、杭上部に余分な掘削孔が空洞で残ってしまいます。以後の施工作業の安全性の観点から、その空洞の埋戻しが必要なのです。安全管理は工事施工者の責任でやるべきことですが、監理者もきちんと埋め戻されているかどうかを見ておきましょう。

### 9）根切り完了後の杭の確認

地下構造物のための根切り（掘削工事）が完了して、先に施工されていた場所打ちコンクリート杭の上端が露出された時点で、次の確認を行います。

① 杭位置の確認

杭心の位置が所定の位置よりどれだけずれているかの計測確認を工事施工者が行い、その記録により、杭心のずれが設計図書に示される許容誤差以下かどうかを確認します。もし、ずれが許容誤差を超えている場合は、構造設計者と協議して、設計変更による基礎梁補強などの処置を行うことになります。なお、この確認は、墨出しの関係上、③の杭頭処理が終わってからやることが一般的です。

杭心のずれについて、X・Y方向のそれぞれのずれ量が許容誤差以下であっても、その合成ずれ量（すなわち、斜め方向のずれ量）が許容誤差を超えている場合、「その合否はどうなのか？」という疑問が生じることがあります。こういう場合は、構造設計者に問い合わせることが原則ですが、次のような考え方もありえます。すなわち、杭心のずれによって生じる偏心モーメントは、通常、その杭に支持される基礎に取り付く基礎梁によって負担され、その鉄筋量などは、この許容ずれ量を勘案して設計されています。そして、一般的に基礎梁はX・Y両方向に配置され、斜め方向の杭心ずれに対しては、そのX・Y両方向の基礎梁が共同で抵抗することになります。そのため、そのずれ量もX・Y方向に分解して検討すればよく、「X・Y方向それぞれのずれ量が許容誤差以下であればよく、それを合成する必要はない。」という考え方です。

② 杭頭レベルの確認

余盛寸法は適切か、余盛除去（これを杭頭処理といいます。）後の杭頭レベルが所定の高さかを計測確認します。所定の余盛部分を除去した後の杭頭レベルが低すぎる場合は、その上に築造する基礎の形状が変わることになりますので、構造設計者との協議が必要です。

③ 杭頭処理の確認

杭頭処理後、斫り作業によって基礎定着用の鉄筋に傷をつけていないか、杭本体コンクリートにひび割れを生じていないかを確認します。また、杭天端の形状も出来るだけ平坦に整形していることを確認します。

④ 杭主筋のかぶり厚さの確認

鉄筋かごには鉄筋かぶりを確保するためのスペーサーが取り付けられていますが、ときとして、スペーサーが破損して鉄筋かごが横移動し、適正なかぶりが取れていないことがあります。杭体のコンクリート打設後は、杭頭部しか鉄筋が見えませんが、この部分でかぶりが適正に取れているかどうかを確認しましょう。

### （3）鉄筋工事
#### 1）構造耐力に直接影響する基本的な事項の確認
次の事項に問題があると、建築物の構造耐力に直接影響します。設計図書のとおりかどうかを確認するようにしましょう。

① 鉄筋のロールマーク：正しい鋼種が使用されているか。
② 主筋本数、鉄筋径：ロールマーク又は計測により径を確認し、本数を数える。
③ 帯筋・あばら筋・床筋・壁筋などのピッチ：抽出で計測する。間隔1箇所ごとの確認ではなく、ある程度の幅の中に何本鉄筋があるかを確認する。
④ 定着長さ、重ね継手長さ：本数・径が正しくてもこれが不足すると所要の耐力が出ない。ＳＲＣ造の柱梁仕口部などで、梁主筋が鉄骨に当たり手前アンカーになっていないかも見る。重ね継手については、所定の千鳥配置のずらし寸法が確保されているかについても確認する。
⑤ 配筋要領：柱、梁、壁、スラブの配筋は、設計図書で定められた配筋要領のとおりになっているか。
⑥ 圧接継手の状況：圧接位置が所定の千鳥配置になっているか。こぶの状態・形状は適正か。軸ずれは許容値以内か。割れ等の異常はないか。適切に超音波探傷試験又は抜き取りによる引張試験がなされているか（初回は立会い確認、以後書類確認）。

なお、国土交通省標準仕様書では、圧接部の抜き取りによる確認試験は超音波探傷試験又は引張試験とし、特記がない限り超音波探傷試験によることとなっています。ただし、超音波探傷試験は、異形鉄筋の縦リブに沿って探触子を動かして行うため、圧接部の全断面をカバーしきれず探傷不能領域が存在するという事実があります。また、超音波探傷試験では割れや圧接不良は見つけられるが、圧接部の材質が健全かどうかまでは分からないという意見もあります。国土交通省標準仕様書が超音波試験だけでもよいとしているのは、これらの疑問点を考慮したうえで、数多くの試験体による実験結果からの統計的な結論によるものということです。一方、これらの二つの試験を併用する事例もあります。

2）柱配筋や床配筋のX・Y方向の確認

　　柱主筋がX方向とY方向で本数が異なるときや帯筋が日型や目型の場合、X・Y方向の向きが正しいかどうかを確認することが大切です。XとYが逆になっていることがしばしばあるからです。また、床配筋の短辺方向と長辺方向との取り違えや直交する鉄筋の上下関係の間違いもよくありますので、注意しましょう。

3）鉄筋等のかぶり厚さの確認

　① かぶり厚さとは

　　　鉄筋等のコンクリートかぶり厚さは、鉄筋コンクリートの耐久性にとって最も重要なファクターです。コンクリートそのものの耐久性は非常に長いのですが、コンクリートの中に打込まれる鉄筋が酸素に触れて著しく錆びてしまうと鉄筋コンクリートとしての寿命はそれまでとなります。また、コンクリートの中の鉄筋などの鉄・鋼材が錆びると膨張し、コンクリートを中から押して爆裂させてしまうことがあります。この錆を防ぐのが弱アルカリ性のコンクリートによる鉄筋のかぶりなのです。そして、コンクリートかぶりの防錆能力は、主としてその厚さに左右され、かぶり厚さが重要となるのです。鉄筋を空気中の酸素から保護しているコンクリートの弱アルカリ性は、空気の中の炭酸ガスに触れて、表面から徐々に失われていきます（これを中性化といいます。）。この中性化が鉄筋の位置に到達すると鉄筋が錆びやすくなります。それまでの時間を稼ぐために、及び鉄筋が空気中の酸素に触れにくくするためにコンクリートのかぶり厚さが必要なのです。

　② かぶり厚さの確認

　　　そのため、鉄筋等のかぶり厚さ（ここで「等」といっているのは、コンクリートの中に埋め込まれる鉄骨やその他の鉄・鋼製品も同じ扱いだからです。）の確認が配筋検査の中でも重要なチェックポイントとなります。各所のかぶり厚さを、抽出で計測し、設計図書のとおりかどうかを確認しましょう。

　③ スペーサーの確認

　　　鉄筋のかぶり厚さを確保するため、躯体の下面には鋼製バーサポートや「うま」あるいはモルタル製の「さいころ」といわれるスペーサーが、側面には塩ビ製のドーナツ型スペーサーが使われることが一般的です。これらのサイズが適切かどうかを確認しましょう。また、それらのピッチや配置、固定状況が適切かどうかも見る必要があります。さらに、鋼製バーサポートなどの脚部が錆びないように、必要かぶり厚さの範囲で防錆処理がされているかも大切なポイントです。

　　　なお、ドーナツ型スペーサーの使い方は、横使いにするとスペーサー下に

コンクリートの充填不良や沈降による隙間が生じる可能性があるため、たて使いが一般的です。そうなっているかも見ましょう。

　ドーナツ型スペーサーが梁の腹筋(はらきん)に取り付けられる場合、その腹筋はスペーサーの両横であばら筋に堅固に結束されている必要があります。そうでないと、スペーサーが型枠で押された場合、腹筋が内側にたわんでしまい、適正なかぶりがとれなくなってしまうからです。そういった点も確認しましょう。

　片持ちスラブは上端筋がいのちです。その位置が所定のレベルより下がってしまうと構造耐力が低下し、場合によっては崩壊につながります。しっかりしたバーサポートで支えられているかどうか確認してください。

④　結束線の確認

　鉄筋を組み立てるために、それぞれの鉄筋の交点を結束線と呼ばれるなまし鉄線で縛ります。この結束線の先端が型枠側に飛び出ていると（すなわち結束線のかぶり厚さが足りないと）、結束線が早く錆び、それが膨張することにより、コンクリートが部分的に破損して空気の通り道となり、そこから鉄筋が錆び始める恐れがあります。そのため、結束線の先端が鉄筋内側に曲げこまれているかどうかを見るのもポイントの一つです。

　もちろん、鉄筋がコンクリート打設時に動かないように、十分な箇所数で結束されているかどうかを見ることも必要です。特に、床スラブ等からの立上り筋（差筋(さしきん)）の固定度にも気をつけてください。手で揺すってぐらぐらするものは、コンクリート打設時に動いてしまいますので、更なる固定が必要です。

4）差筋(さしきん)・立上り筋の台直し

　既にコンクリート打設が終わった所に次のコンクリートを打ち継ぐ際、打設済みのコンクリートに一定部分が埋め込まれた鉄筋（差筋、立上り筋）の位置が適正でないことがあります。この場合に、前述の鉄筋のかぶり厚さを確保するため、望ましいことではないのですが、やむを得ずこの差筋や立上り筋を型枠の内側方向に曲げて打継ぎ部分の配筋をすることが見受けられます。これを「台直し」といいます。

　原則として、台直しは行うべきではありません（当該躯体に、仕上げに影響しない範囲で増打ちを設けることも解決方法のひとつです。）。しかし、それがどうしても避けられない場合は、どのようにするかを構造設計者と相談の上、対策を講じる必要があります。

　台直しを行う場合の鉄筋の曲げ勾配については、鉄筋内の力の流れをスムーズに保つために、1/6より緩やかであるべきだという例もあります。またこの場合、立上り筋の上部は台直しによりかぶり厚さが確保できていても、鉄筋

の足元すなわち曲げ勾配の始点部分でかぶり厚さが取れていないことがよくあります。こういう場合は、打設済みの足元コンクリートをはつり、曲げ勾配の始点位置を下げる必要があります。配筋検査の際には、これらの点にも注意しましょう。

このような台直しをなくすため、そもそも打設済み側の配筋時に、差筋・立上り筋の位置・固定度が適切かどうかをその時の工事施工者による自主検査でしっかりと確認するよう指導し、監理者も配筋検査の際にそれを抽出で確認することも必要です。

### 5）柱の4隅の主筋頂部における180°フックの確認

柱の隅角部は、地震の際にかぶりコンクリートが剥落しやすいところです。一般的な設計図書では、そのようなときでも4隅の柱主筋の頂部大梁への定着力を確保するため、これらの主筋頂部には180°フックを設けることになっていることが多いと思われます。このフックが正しく施工されているかどうかを見ましょう（前述（3）1）⑤の配筋要領の確認の一部）。

### 6）柱の帯筋や梁のあばら筋の端部における135°フックの確認

柱の帯筋や梁のあばら筋の端部はそれぞれ柱・梁隅角部の主筋に引っ掛けて納めます。その隅角部に壁や床スラブが取り付いていない場合、地震などの際、柱や梁の隅角部のコンクリートが剥落し、その部分の主筋に引っ掛けていた帯筋やあばら筋が外れ、期待される性能を発揮できない可能性が高くなります。

そのため、一般的な設計図書では、そういった部分の帯筋やあばら筋の端部には、コーナー主筋に巻きつけるように135°フックを付けることになっています。配筋検査では、そうなっているかどうかも見てください。（前述（3）1）⑤の配筋要領の確認の一部）

### 7）鉄筋間隔の確認

隣り合う鉄筋の間隔は、通常、これらの鉄筋の平均径の1.5倍以上かつ粗骨材の最大寸法の1.25倍以上かつ25mm以上とされています。これは、鉄筋間隔が狭すぎると、コンクリート打設時にその隙間を粗骨材が通過できず、充填不良となる可能性があるからです。

検査の際には、鉄筋間隔を確認するとともに、鉄筋が混み過ぎてコンクリートの充填を阻害していないかどうかを確認する必要があります。なお、機械式継手を採用している場合には、カプラー部分が太くなるので、その部分の間隔に注意が必要です。（前述（3）1）⑤の配筋要領の確認の一部）

また、鉄筋同士だけではなく、鉄筋とコンクリートに埋め込む設備配管類との間隔や鉄筋と鉄骨の間隔、打継ぎ部における鉄筋と先行打設されたコンクリートとの間隔などについても同じことがいえます。

## 8）開口補強の確認

　鉄筋コンクリートの壁や梁に開口や設備貫通がある場合、その大きさによっては、その周囲には開口補強筋が必要です。開口補強筋が設計図に定められた要領で正しく入っているかを確認します。また、併せてこれらの開口補強筋のスリーブなどに対するかぶりが取れているか、開口補強筋が混みすぎてコンクリート充填の邪魔になっていないかなども見てください。

## 9）柱帯筋などの溶接継手に結束線が溶け込んでいないかの確認

　ＳＲＣ造の場合などで、柱帯筋の端部を前6）のように135°に曲げこまないで90°フックとし（スペースの関係で135°に曲げるための工具が使えない。）、フレアグルーブ溶接とする場合があります。また、ＳＲＣ柱仕口部では、鉄骨梁のウェブに開けた鉄筋孔に帯筋を通す必要があることから、帯筋を分割し溶接継手で組み上げる場合もあります（割りバンドといいます。）。これらの場合に、結束線が溶接部に溶け込んでいる例をよく見ます。これは、柱帯筋がフレアグルーブ溶接される部分の溶接範囲を考慮せずに結束線を巻きつけているからです。当然、結束線が溶け込んだ溶接部の品質は悪くなります。

　そのため、溶接継手部がこういった状況になっていないかを確認してください。これは、柱帯筋だけではなく、鉄筋の溶接継手全般にいえることです。

## 10）コンクリートに埋設される設備配管等の確認

　コンクリートに埋設される設備配管等を確認するのは設備監理担当者ですが、建築・構造監理担当者も配筋検査時には、これらの埋設設備配管等が配筋に悪い影響を与えていないかどうかを見ることも大切です。

① 前記の7）で述べた設備配管等と鉄筋との間隔は適切か。電気配管が帯筋等の外に配置されていないか（鉄筋のかぶりが少なくなるとともに、そこからひび割れが生じやすい）。

② 柱や壁に埋め込まれる電気ボックスのために、適切な補強なしに帯筋や壁筋を切断していないか。帯筋や壁筋が切断されていなくても、それらの埋め込みボックス背面や側面からのかぶりはとれているか。

③ 埋設配管が多すぎて、密集していないか。こういう部分は空洞（断面欠損）となるおそれがある。多すぎる場合は、構造設計者や設備設計者と協議する。

④ 設備スリーブ周りの開口補強は設計図のとおりか。スリーブ面からかぶりが取れているか。鉄筋が混みすぎて、コンクリート充填不良になるおそれはないか。

⑤ 床埋設のFD管（フレキシブルな電気配管）が梁を乗り越える箇所では、あばら筋1ピッチに1本を限度とすることが一般的だが、そうなっているか。

## （4）コンクリート工事

### 1）型枠の検査

#### ① せき板の材料の確認

通常、せき板の種類などは設計図書で規定されています。使われているせき板がそのとおりかどうか確認しましょう。表面が荒れていないか、汚れが付着していないかなども見る必要があります。特に化粧打ち放しコンクリートの場合は、せき板の状態の確認が重要です。

#### ② 型枠の位置、寸法の確認

コンクリート躯体の位置・寸法は、もしそれが間違ってコンクリートが打ち上ってしまった場合、それを補修するのは非常に困難なことです。そのため、型枠の時点でそれを確認することが大切です。

基本的には、工事施工者が確認しますが、監理者も抜き取りで計測し、設計図や躯体図と照合及び確認するとよいでしょう。この際、増し打ちコンクリートの寸法を忘れないように注意する必要があります。

なお、国土交通省標準仕様書では、構造体コンクリート部材の断面寸法にマイナス誤差は許されないので、型枠寸法の確認の際は注意が必要です。ただし、JASS5では基礎で－10mm、それ以外で－5mmのマイナス誤差が許容されています。

#### ③ 型枠の組立ての確認

型枠は工事目的物そのものではなく、その組立ては躯体を作るための手段に過ぎませんので、本来、その確認は工事施工者に任せればよいようなものですが、型枠の組立てが適正かどうかが、コンクリート躯体の品質や仕上がりに大きく影響し、また躯体ができ上った後の是正が困難な場合があるため、監理者も抽出で次の点を確認する必要があります。

a　せき板の継ぎ目の精度の確認

せき板の継ぎ目に目違いがあると、そのまま躯体の目違いになってしまいますので注意しましょう。

また、せき板の継ぎ目に隙間があると、コンクリート打設時にノロが逃げ出し、じゃんか、砂じま、鬆などの原因となります。こういった点も確認します。

b　支保工の固定度の確認

型枠を支える支保工は、コンクリート打設時の崩壊を防ぎ、適正な躯体形状を保持する上で重要なものです。これらが堅固に設置されていることの確認は工事施工者の責任範囲ですが、特に、支保工のうちの支柱の足元がしっかり固定されているか、沈下の可能性はないかについては、監理者も見ておきたいところです。

c　セパレーターの確認

　　セパレーターは、向かい合ったせき板同士の間隔やせき板の位置を適正に保持し、またせき板と支保工を緊結する役割があります。このセパレーターは、コンクリート打設時の圧力に対して適切な間隔で、たるみなく設けられている必要がありますが、この確認は、通常、工事施工者に委ねています。ただ、基礎梁など幅の大きな構造体の場合などでセパレーターを溶接で継いで使用するときがありますが、このような場合は、溶接長さが適切か、溶接欠陥はないかなどの確認をするとよいでしょう。

　　また、地下外壁に設けるセパレーターには、地下水がそれを伝って浸入してくるのを防ぐため、合成ゴム製などの止水リングを設けます。この止水リングは浸入水が鉄筋に触れないように、壁厚に対して外側に設けますが、できれば外側と中央の2ヵ所に設けたいところです。型枠検査の際は、この点もチェックしましょう。

d　掃除口の確認

　　柱や壁など背の高い型枠の底部には、ゴミや水を取り除くための掃除口が必要です。これがないと、マジックハンドなどで除去できないゴミなどの異物が残ったままコンクリートが打たれてしまう恐れがあります。掃除口が設けられているかどうかも確認しましょう。

④　**型枠などに取り付けられるものの確認**

a　目地棒、面木

　　目地棒や面木が躯体図のとおりに取り付けられているかどうか、これらの位置や寸法を確認します。特に、壁に設けるひび割れ誘発目地の場合は、一般的に躯体厚さの25％程度の断面欠損が必要とされていますので、目地棒などがそうなっているかどうか確認します。

b　地下外壁の止水板等

　　地下外壁や基礎スラブの打継部分には、そこからの地下水の漏水を防ぐため、止水板や水膨張ゴム製止水材などを設置します。なお、水膨張ゴム製止水材は、雨水や生コンの水分に反応してただちに膨張してしまっては止水効果が出ませんので、生コンのアルカリ成分に触れて始めて反応を開始し、しかもコンクリートがある程度硬化してから膨張するように、反応速度の遅い材料とすることが一般的です。

　　この止水板等が、施工計画書のとおり、正しい位置に設けられているか、重ね部分などに隙間はないか、きちんと固定されているか、保護フィルムは剥がれていないかなどをチェックします。

c　その他の打込み材

　　設計図書や施工図に示されるその他の打込み材・埋め込み材について、適

正なものが、適切な位置に、適切な状態で取り付けられているかどうかの確認も必要です。その他の打込み材には、設備関係のほかに、耐震スリット、アンカーボルト、各種ファスナー、タラップ、オーバーフロー管、天井用インサート、ルーフドレン、フロアドレン、吊りフック、断熱材、地下二重壁内の水抜きパイプ、基礎梁の人通孔・連通管・通気管などがあります。設備関係では、埋め込み配管・配線、インサート、スリーブ、ボックス類などがありますが、通常は、設備監理の担当者が確認します。

⑤ 打継部の処理

a 打設済み側の打継部の状態の確認

　水平打継面にレイタンスがあるとその部分が脆弱部となり、コンクリートの一体化が阻害されますので、高圧洗浄水などで完全に除去する必要があります。また、鉛直打継部では、打設済み部分のコンクリート面が平滑であると、これもまた、躯体の一体化に問題があるため、その表面を目荒ししておく必要があります。目荒しの程度は、平均2～5mm程度の凹部を打継面の15～30％程度に設けることが目安となります（国土交通省改修工事監理指針）。監理者は、これらの確認を行うことが大切です。

　また、打設済み側のコンクリートの型枠がラスやエキスパンドメタルの場合、その底部や継ぎ目などからはみ出てきたノロは完全に除去する必要があります。さらに、ラス型枠が新規打設側に飛び出している場合も、それを除去しなければなりません。こういった状況も確認しましょう。

b これから打設する側の打継部の処理の確認

　鉛直打継部のコンクリート止めにはいろいろな方法がありますが、近年ではラスやエキスパンドメタルの型枠を使用するケースが多くなっています。

　この確認については、まず、打継部の位置が設計図に示される許容範囲内に設けられているかどうか確認します。

　打継部の位置は、通常はスパンの1／3～1／4部分などとし、梁やスラブの応力が大きくなる端部や中央部などには原則として設けません。

　さらに、ラス型枠の固定度は大丈夫か、端部が折り返されていないか（その部分にコンクリートがまわらず、空洞になるので）、ラス型枠エッジのかぶりを確保するディテールとなっているかなどをチェックします。なお、ラス型枠エッジについては、目地棒を入れてラスのかぶり寸法を確保し、次の打継ぎコンクリート打設時にその目地を新しいコンクリートで埋めるという方法があります。このほか、ラスのエッジ部にはステンレス製のラスを使うという方法もあります。

⑥ 型枠内の清掃状況の確認

　型枠内に結束線やドーナツスペーサー、鉄筋の切れはしなどが落ちている

ことがよくあります。それらの除去をはじめ、型枠内に異物やゴミがないよう、清掃しておかなければなりません。その確認をしましょう。

なお、型枠検査は配筋検査と同時に行うことが多く、検査時には未清掃の場合もけっこうあります。この場合、清掃確認は工事施工者の自主確認となることが多いですが、そういった場合も、工事写真で確認する、抜き取りで打設直前に確認するなど、何らかの確認をするとよいでしょう。

### 2）コンクリート打設の立会い等
#### ① フレッシュコンクリート（生コン）の受入れ検査

設計図書に定められるフレッシュコンクリートの受入れ検査については、コンクリートの種類ごとに、初回は監理者が立ち会って行い、以後は、主として工事施工者による自主検査記録を確認することとし、必要に応じて、抽出で立ち会うのが一般的です。

確認のポイントは、次のとおりです。

a　生コンの仕様の確認

工事施工者は、搬入された生コンの種類・呼び強度・スランプ・粗骨材粒径・セメントの種類などの仕様が所定のとおりかどうかを、搬入のつど、伝票で確認します。監理者は、その記録を確認しますが、生コンの受入れ検査に立ち会う際には、搬入伝票を見て生コンの仕様を確認することが一般的です。

b　生コンの使用可能時間の確認

前述の場所打ちコンクリート杭のコンクリートについての説明と同様、コンクリートの練り混ぜ開始から打込み終了までの時間の限度の確認が重要です。前にも説明しましたが、この限度は、通常、気温が25℃以下で120分、25℃を超えるときは90分です。すべての生コン車についてコンクリートの練り混ぜ開始時間を伝票で確認し、コンクリート打設に要する時間を想定した上で、その生コン車のコンクリートが使えるかどうかを判断することになります。この確認と判断は工事施工者が行い、監理者は記録を確認することになりますが、監理者も前a項の伝票確認の際には、この点も確認します。この際、制限時間を超えた生コン車に対して、厳然と受入れを拒否することが大切です。

c　試験試料の採取場所と採取頻度

受入れ検査の試験のためのフレッシュコンクリートの試料は、普通コンクリートの場合は生コン車の荷卸し地点で、軽量コンクリートの場合はコンクリート打設場所（打設用ホースの筒先）で行います。採取量はネコ車に1杯程度です。

試験試料の採取頻度は、製造工場及びコンクリートの種類ごとに普通コン

クリートで150㎥ごと及びその端数につき1回以上かつ1日1回以上、軽量コンクリートで100㎥ごと及びその端数につき1回以上かつ1日1回以上です（国土交通省標準仕様書）。

監理者は、これらが正しく行われているか確認します。

d　フレッシュコンクリートの試験

設計図書の定めにより、前c項の試料を使用してフレッシュコンクリートの試験を行います。通常は、それぞれの試験ごとにスランプ試験（コンクリートの種類によってはフロー試験）、空気量の測定、コンクリート温度の測定、塩化物量の測定をそれぞれの専用試験機器で行います。また、設計図書の定めによっては単位水量の測定を行うこともあります。監理者は、抽出でこれらの試験に立会い、測定値が設計図書で定められた規定値に許容誤差以内で納まっているかどうかを確認します。

スランプ試験にあたっては、試験場所が水平であることを水準器で確認しているかをチェックしましょう。また、試験が正しい手順で行われているかどうかを確認します。手順としては、試料を3層に分けてスランプコーンに詰め、それぞれ25回突き棒で突いて締固めたうえで、2～3秒でコーンを引き抜きますので、そうやっているかをチェックしてください。引き抜いた後のコンクリートの頂部が崩れたり、不均衡な形状の場合は、引き上げ方が悪いと思われますので、再試験をさせます。なお、スランプ高さの測定位置は、最高部などではなく、コンクリートの中心部の高さを測定します。

e　コンクリート強度試験の供試体採取

前d項の各種試験・測定の終了後、同じ試料を用いて、コンクリート強度試験のための供試体を採取するので、それに立ち会います。その際、供試体の個数が設計図書及び施工計画書の要求どおりか、試料を供試体用型枠（モールド、シリンダーという。）へ詰め込む手順が正しいかどうかを確認します。一般的な高さ20cm、径10cmのシリンダーの場合、試料は2層に分けて、それぞれ8回突き棒で突いて詰めます。高さ30cm、径15cmのシリンダーの場合は、前d項のスランプ試験での詰め込み方と同じです。

また、供試体の不正な取り替えを防ぐために、水に強い材質の検印紙に供試体番号や日付等を書いたうえで監理者のサイン又は捺印をし、シリンダー内面に貼り付けてから生コンを詰めるという手法もよく行われます。圧縮強度試験の際にこの検印紙を確認することにより、適正な供試体であることを確認することができます。ただし、圧縮強度試験に監理者が立ち会わない場合は、試験者（通常は、公的試験場又はテスト会社の試験場）に、試験記録に検印紙を確認した旨を記載してもらうことになります。

供試体の養生場所が現場内ではなく、テスト会社のプールなど場外の場

合、供試体が十分硬化する前に自動車で運搬したため、コンクリートに振動が与えられ、4週圧縮強度試験で所定の強度が得られないという事例がありました（この事例では、設計図書の定めにより、コア抜きにより強度確認を行った。）。こうならないよう、供試体を適切に取り扱うように工事施工者を指導するとよいでしょう。

② コンクリート打設への立会い

コンクリートの打設は施工そのものですので、工事施工者が自らの責任で施工管理すべきことであり、契約上、必ずしも監理者が立会いを求められるものではないと思います。しかし、打設方法が適切かどうかがコンクリート躯体の品質に直接影響することから、また、いったんでき上がってしまうと、内部の欠陥を見つけ出すことは困難であり、表面から分かる欠陥を見つけたとしても、それを完全に修補するには手間がかかることから、監理者も適宜、適切な施工が行われているかどうかを確認することが望ましいと思われます。

通常は、初回のコンクリート打設には立会い、以後は、主として、工事施工者が作成する打設計画書と打設報告書を確認し、必要に応じて抽出で適宜立ち会うという手法で確認を行います。

コンクリートの打設に立ち会う際の確認ポイントは次のとおりです。

a 打設前に再度型枠の確認

コンクリート打設前に、もう一度型枠内部の最終確認をします。十分清掃されているか、型枠表面を湿潤状態に保つための散水は行われているか、溜り水や積雪などはないか、が確認のポイントです。

b 打設前の準備

作業員の配置は適切か、特にバイブレーター要員や型枠叩き要員は計画どおり適切な場所に十分に配置されているかを見ます。表面均しのための左官工や型枠大工など、合番作業員が待機しているかも確認しましょう。

コンクリート圧送管の支持は適切かを確認します。適切な間隔で支持されているか、コンクリート圧送の際の圧送管の振動や暴れが組み上った鉄筋に伝わらないように支持されているかなどがポイントになります。圧送管の振動や動きなどを配筋から絶縁するための支持方法には、配筋の上に「そり」になる板を載せ、その上に古タイヤなどをはさんで圧送管をセットするなどの方法があります。

スラブコンクリートの天端を示すレベルマークや墨が適切に入っているかも見ておきましょう。

c コンクリートの投入

コンクリートの投入が適切に行われているかを確認します。確認のポイン

トは次のとおりです。なお、目安となる数字は、国土交通省監理指針によるものです。

- 圧送に先立ち富調合のモルタルを圧送しているか（使用済みのモルタルは生コン車が持ち帰る。）
- コンクリートの投入間隔（壁の場合で1.0～2.0mが目安。）
- コンクリートの自由落下高さ（粗骨材の分離を防ぐためできるだけ低くする。）
- 打込み速度（スランプ18cm程度のコンクリートで20～30㎥/時　程度が目安。）
- 打重ねは外気温が25℃以下で120分以内、25℃を超える場合90分以内が目安
- ホースの筒先を移動させるときは、打設範囲外を汚さないように、筒先にポリ袋をかぶせる

d　コンクリートの締固め

コンクリートを十分に締固め、型枠内の隅々までに充填させるために、適切に棒状バイブレーターをかけ、型枠の叩きを十分行うことは重要です。確認のポイントは次のとおりです。

- バイブレーターの挿入間隔は60cm以下とし、ほぼ垂直に挿入（国土交通省標準仕様書）
- バイブレーターを隅々までかけているか
- バイブレーターを型枠や鉄筋に当てていないか
- バイブレーターでコンクリートを移動させていないか
- コンクリートを打ち重ねるときは、コールドジョイントを防ぐため、前述の打重ね時間間隔を守ったうえで、下部のコンクリートにバイブレーターを10cm程度挿入して締固める。そうしているかの確認。
- 加振時間は、コンクリート表面にセメントペーストがうっすらと浮き上がる頃合とし、1箇所5～15秒程度（国土交通省監理指針）。あまり長くかけすぎると、表面の気泡が多くなったり、骨材が分離したりする。
- 柱・梁仕口部や開口の隅角部、スリーブ周りは鉄筋などが込み合っていて、コンクリートが回りにくい。また、幅広の開口の下部もバイブレーターをかけられず、コンクリートが回りにくい。こういった場所には、十分、型枠の叩きを行わなければならない。

e　打設中の田植え禁止

コンクリートの打設中あるいは打設直後に、立上り筋の差筋の挿入、いわゆる田植えをしてはいけません。田植えは、鉄筋位置が正確でないことと、固定が十分でないこと、なにより、定着部のコンクリートの付着が十分でな

いからです。こういうことが行われていないか、見ておきましょう。
　f　打設中に雨が降ってきたときの処置
　　コンクリートの打設は、天気予報に注意して、雨が降らないときに行うことが鉄則です。しかし、コンクリート打設中に予想外の降雨に見舞われたときの判断は、難しいものです。少々の雨の場合は、バイブレーターで雨水をコンクリートに混入させることのないように注意しながら、打設を切りがよいところまで続行させることが多いと思われます。そして、打設終了後、表面をビニールシートで養生し、コンクリートがある程度硬化してから、表面の脆弱部（雨に打たれた部分）を斫りとったうえで、樹脂モルタルの薄塗り等で補修します。コンクリートの単位水量に影響するほどの大雨の場合は中止することになりますが、その後の打設再開にあたっては、打継面の脆弱部を完全に除去する必要があります。
　g　表面仕上げ
　　コンクリート打設終了後、床スラブや屋根スラブの天端は所定の高さに荒均しを行ったうえで、粗骨材が表面から沈むようにタンパー等でタンピングを行います。タンピングには、表面近くのコンクリートから余分な空気や余剰水を押し出し、コンクリート表面を硬くする効果もあります。コンクリート打設に立ち会うときは、これが適切に行われていることを確認しましょう。
　　タンピングと同時に定規ずりをして表面を平坦にします。その後、コンクリート面が、指で押しても少ししかめり込まない程度に硬化した時点で、木ごてずりを行います。この際、上述のタンピングが不十分で粗骨材が表面に出ていると、それが木ごてに引っかかって動き、粗骨材の周りに隙間が出来てしまいますので、注意が必要です。

③　打設終了後の注意事項
　　コンクリート打設終了後、強度が出るまで、次のことが必要ですので、それが工事施工者により適切に行われているかを適宜確認します。
- 表面が十分硬化するまでの間、立ち入り禁止の措置
- 設計図書や施工計画書に基づく散水養生、湿潤養生
- 防風措置（特に冬季などは、風にさらされると表面の水分が奪われ、亀甲ひび割れが生じることがある。）、寒冷地での採暖
- 有害な振動・衝撃・荷重をかけない。特に、隣接する場所で鉄筋に振動を与えると、それが伝わり、完全には硬化していないコンクリートとの間に空隙が生じることがある
- 採取した供試体の適切な水中養生等
- 型枠支保工の盛り替えの禁止

### 3）型枠解体後のコンクリートの検査

コンクリートの硬化後、型枠を解体して、コンクリート躯体の仕上がり状態を検査します。この確認は重要ですので、抽出でもよいので、できるだけ監理者自身が立ち会って行うことが望ましいです。確認のポイントは次のとおりです。

① せき板、支柱の存置期間

せき板や支柱の存置期間は、設計図書にコンクリートの材齢や所要圧縮強度で定められており、この存置期間を経た後でなければ型枠を解体することはできません。存置期間は、使用セメントの種類と存置期間中の平均気温、施工箇所によって変わります。普通ポルトランドセメントの場合、気温5℃以上15℃未満で、せき板は5日以上または圧縮強度5N/mm$^2$以上、支柱はスラブ下の場合で25日以上または設計基準強度の85％以上あるいは12N/mm$^2$、梁下の場合で28日以上または設計基準強度以上です（国土交通省標準仕様書）。監理者は、工事施工者の用意する書類により、この存置期間を確認してください。

② コンクリート躯体形状等の確認

コンクリート躯体形状が設計図や施工図（躯体図）のとおりかどうかを確認します。部材の位置・寸法、階高、スパン、開口寸法などを測定しますが、型枠検査時に確認していれば、抽出で見る程度で結構です。許容誤差は、通常、設計図書に定められています。

コンクリート打設時に型枠が動いたことによるはらみやゆがみ、たわみがないかを確認します。著しいはらみ等があるときの措置は、構造設計者等と相談して決めることになります。

地下外壁の二重壁内の水抜き穴を忘れていないか、タラップやスイッチボックスなどの各種埋込み物の種類・位置が正しいかも見てください。

③ コンクリート表面の仕上がり状態の確認

a 凹凸、目違い等はないかの確認

型枠の組立精度などが悪いと、コンクリート表面に凹凸や目違い、不陸が生じます。これがないかどうかを確認します。仕上げに影響する著しい目違いなどは、グラインダーや補修モルタルなどにより補修することになりますが、補修方法については、事前に十分監理者と協議するように工事施工者を指導してください。

b 異物混入はないかの確認

木片などの異物が混入していないか、表面から見える範囲でチェックします。過去には、ウェスや軍手などが混入していた事例もありました。

c 鉄筋、番線、釘などが露出していないかの確認

不要な鉄筋、結束線、番線、釘などが露出していないかを見てください。これらの鉄製品が露出している場合は除去しますが、コンクリート表面で切断するだけでは不十分です。防錆の観点から、コンクリート表面を必要かぶり厚さ分（30mm程度）斫り取り、露出金属を奥の方で切断し、モルタルで埋めて補修するようにさせてください。ただし、そういった箇所の空気環境によっては（空調等により錆びにくい環境になっている場合は）、コンクリート表面で切断し、切断面周辺に防錆塗装を施すという処理をしている事例もあるようです。

d　充填不良、じゃんか、コールドジョイントなどはないかの確認

コンクリート躯体に、充填不良、じゃんか（豆板ともいう）、コールドジョイント、多すぎる気泡、砂じま、鬆（す）などがないかを確認します。これらの欠陥は、構造上の性能や鉄筋の耐久性（錆）に影響しますので、しっかりと確認する必要があります。特に、開口部周りは鉄筋が混みあっていて充填不良やじゃんかが出来やすいので、注意して見て下さい。

これらの欠陥は、コンクリートを充填したり、補修材を塗りつけたりするなど、あらかじめ監理者の確認を受けた補修方法により補修することになります。このとき重要なことは、事前に脆弱部を除去することです。まず、じゃんかなどの周りや奥の脆弱部を完全に除去してから、補修材による手直しを行わなければなりません。決して、表面だけに補修材を塗布して覆い隠してしまうようなことがあってはいけません。そのため、工事施工者には、欠陥の外観（補修前）、脆弱部を斫り取った後、補修材による補修が完了した後の3回の工事写真を残すように指導してください。

梁などの垂直打継部で、先打ち部分のコンクリートのノロが打継面のコンクリート止めから後打ち部分の型枠に漏れ出すことがあります。特に打継部にラス型枠を使用した場合に多く見られます。後打ち部分のコンクリート打設の前に、このノロを完全に除去しておかないと、型枠を解体した後、梁底に薄く品質の悪いコンクリートの層が残ることになります。そのため、コンクリートの打設前にこのようなはみ出たノロを完全に除去しておく必要があるのです。万一こういった箇所がコンクリート打設後に発見された場合は、将来、その部分が剥離し落下する恐れがありますので、完全に除去して補修する必要があります。型枠解体後の検査の際は、こういった部分がないかもチェックしましょう。

e　有害なひび割れはないかの確認

コンクリート表面にひび割れがないかどうかの確認をします。ひび割れ（特に乾燥収縮亀裂）は時間とともに成長しますので、この確認は、次工程に影響しない範囲で、できるだけ遅い方がよいです。

ひび割れがあったら、まず、その形状や位置から、そのひび割れが乾燥収縮によるものか、構造上のものなのか（スラブや梁の曲げ亀裂や基礎の不同沈下による壁の亀裂など）、温度応力によるものなのか（マスコンクリートの場合など）、不十分な初期養生によるものなのか、工事施工者とともにその原因を見極めます。構造上の原因によるひび割れの場合は、その対処について直ちに構造設計者と相談してください。

　ひび割れで最も多いのは、乾燥収縮によるものですが、これは、壁や床スラブの開口部の四隅や柱と壁の境界など躯体寸法が急激に変化するところ、長い壁、大きいスラブなどで生じやすいので、こういった場所は入念にチェックしてください。なお、監理者がひび割れすべてを見つけ出すのではなく、工事施工者に調査させ、ひび割れの位置、幅、長さを記録してもらい、監理者は、その記録を確認するとともに、抽出で現地確認をすることが多いと思われます。

　筆者の知見では、通常、屋内の壁などについては、美観上の問題がない限り、幅が0.3mm以下のひび割れについては、強度や耐久性に影響しないと考えられることから、補修をせず、それを超えるひび割れについては、グラウトなどの処置を行います。外壁については、0.05mmを超えるひび割れは漏水の恐れがあるため、U字カットして補修材を塗るなど止水上の補修を行います。0.3mmを超えるひび割れについての処置は、屋内の壁と同じです。なお、1.0mm以上のひび割れについては、構造上の問題を内在している可能性がありますので、構造設計者に相談しましょう。

f　コンクリート表面に錆色は出ていないかの確認

　スラブや梁などの下面に鉄筋格子の模様状に錆色が出ている場合など、コンクリート表面に錆色が見受けられる場合があります。多くの場合は、スラブ型枠に積もった鉄筋の錆を清掃せずにコンクリートを打設したことによるものですが、時として鉄筋が型枠に接してしまうなど、かぶり厚さが確保できていない場合がありますので、鉄筋位置の調査をすることが必要です。そもそも、配筋検査の際、型枠の清掃状態や鉄筋のかぶり厚さ、錆びすぎた鉄筋を使っていないかを確認しておく必要があります。

g　地下外壁からの漏水はないかの確認

　地下外壁からの漏水は、工事施工者にすべて調査させ、監理者はそれに基づいて抽出で確認することが一般的と思います。調査は、仮設のディープウェルなど周辺地下水位を下げる工法を用いている場合は、それを停止して、地下水位が常水位に復してから実施するのが望ましいです。

　漏水個所はグラウト等により補修をしますが、ある部分を止水すると止められた水が別の水道（みずみち）に回って、他の部分から新しく漏れてくるということが

あります。そういう場合は、またそこを止水処置し、最終的に漏水が止まるまで追い掛けっこをするということになります。

　h　補修方法については監理者等と協議

　　上で述べた各種の欠陥・不具合の補修については、工事施工者が勝手に黙ってやってしまうということがないようにしなければなりません。予測できる程度の軽微な欠陥の補修方法については、コンクリート工事着手前に、監理者と工事施工者が協議のうえ施工計画書などで補修要領を定めておくとよいです。大きな欠陥が見つかった場合は、その処置について必ず監理者と協議するように、工事施工者を指導してください。また、必要に応じて、構造設計者と相談することも必要です。

### （5）鉄骨工事

　鉄骨工事における検査には、主として、鉄骨製作工場で製作された出荷前の鉄骨製品の確認を行う「製品検査」とその製品を工事現場で組み上げる施工を確認する「場内検査」があります。ここでは、それらについての確認のポイントを説明します。

　なお、以前は「現寸検査」といって、鉄骨製作工場で床書き現寸図を確認していましたが、最近は、一般的にＣＡＤ図面とリンクしたＮＣ制御（コンピューターによる数値制御）を使用して鉄骨部材の板取りを行いますので、床書き現寸検査はほとんど行われません。ただし、仕口部など複雑な箇所をフィルムに原寸でプリントしたフィルム検査は行われています。

#### 1）製品検査

　鉄骨製作工場で実施する監理者の製品検査には、大きく分けて、工場側が事前に実施した自主検査記録の確認（書類検査）と製作された鉄骨製品そのものを抽出で実地に確認する対物検査があります。これらの確認のポイントは次のとおりです。

　① 書類検査

　a　検査対象の確認

　　工場側の自主検査記録の確認では、まず、その日予定されている検査対象のすべてが自主検査により確認されているかどうかを確認します。通常は、工場側が自主検査記録に沿って説明をしてくれますので、それを聞きながら確認することが多いです。

　b　ミルシートの確認

　　正しい鋼材が使われているかどうか、鋼材製造工場の発行するミルシートを抽出で確認します。使用鋼材量が多いときは当該工事名称が記載された原本を確認できますが、少ないときは工事名称が記載された当該工事のための

ミルシートは発行されませんので、当該鋼材の取扱い商社などが発行する「裏書きミルシート」を確認することになります。これは、当該鋼材のミルシートのコピーに、商社などが適正であることを保証するために記名押印したものです（裏書きといっても実際は表面に記名押印します。）。裏書きには発行会社名の記載と社印だけではなく、品質管理担当者の氏名と私印及び日付が必要ですので、その点も見ましょう。

　また、ミルシートに記載された鋼材番号の鋼材が正しく製品に使用されたことを確認するため、シアリング会社の発行する切断証明書又は製作工場がシアリング会社に発行する切断指示書（これらには鋼材番号が記載されます。）を見るとよいでしょう。

c　寸法検査記録の確認

　まず、工場側から、各部材のどの寸法を計測確認したかの説明を受けます。部材長や階高、ブラケット長さ、部材断面の各種寸法等はもとより、部材の曲がりやブラケットの直角度、大梁における小梁やスリーブ（又は貫通孔）の位置、スリーブ長さなども計測していることに注意を払いましょう。次に、寸法の測定記録がすべて設計図書や製作要領書で定められた許容誤差以内であることを確認します。また、各部材の測定値が許容値以下であっても、そのばらつきに一定の傾向が認められる場合は（例えば、多くの寸法がプラス側にある場合など）、それらを現場で組み立てたとき、誤差が累積して問題となりかねないこともありますので、工場側にその理由を問いただすとよいでしょう。

d　溶接部の検査記録の確認

　溶接部については、通常、主として完全溶込み溶接部を工場側が自主検査（通常は外観検査と超音波探傷試験）していますので、その記録を確認します（一般的には工場側の説明を聞いて確認します。）。まず、自主検査の抜取り率を確認します。抜取り率は、一般的には確率論に基いて定められた日本建築学会標準仕様書（JASS6）や国土交通省標準仕様書の基準によりますが、重要な構造物の場合は全数について工場側で自主検査することが望ましいです（ただし、設計図書の定めによります。）。次に、外観検査の結果や工場による超音波探傷試験結果が合格かどうかを見てください。また、溶接作業時の入熱量やパス間温度の管理状況についても工場に訊いてください。

　国土交通省の平成12年告示第1464号により、突合せ継手の食違い及び柱とはりの仕口におけるダイアフラムとフランジのずれ（以下、仕口のずれという。）に許容値が設けられました。この結果についても確認します。なお、工場の自主検査による確認記録では、通常、これについて測定値そのものは書かれておらず「良・否」などとしか記載されていません。これは、ほとん

どの場合、目分量で全数をチェックし、食違いや仕口のずれの大きそうなところだけを測定するからです。

隅肉溶接については、外観、脚長、のど厚などについて、「良・否」程度の記録が多いと思われますが、これを確認します。また、設計図書に隅肉溶接部の試験（浸透探傷試験や磁粉探傷試験）が定められている場合は、その結果も確認します。

e　第三者検査会社による溶接部の検査記録の確認

設計図書の定めによっては、完全溶込み溶接部の超音波探傷試験などについて、工場自身の確認（全数であることが多い。）に加えて第三者検査会社による試験を設計図書に定められた抽出率で実施することがあります。

書類確認の際には、同席する第三者検査会社からこの試験結果の報告を受け、記録の内容について確認することになります。

② **対物検査**

a　対物検査対象

監理者の対物検査については、抽出で行いますが、工場側で検査対象の鉄骨製品の一部（1台であることが多い。）を検査台の上にセットして用意していることが多く、まず、これについて以下に示す各種の確認を行います。

しかし、検査台に用意されているものは、「程度のいいもの」を選んである可能性もありますので、これに加えて、ストックヤードにある別の物をその場で抜き取り、確認するとよいでしょう。

なお、対物検査は、防錆塗装や亜鉛めっきをする前に行うのが原則です。防錆塗装などをしてしまうと、溶接部の検査などができなくなるからです。

b　外観一般の確認

外観一般としては、部材のエッジなどに当て傷等がないか、錆や汚れがひどすぎないか、部材番号や現場での建方のための方位などは適切に表示されているかなどを見ます。また、高力ボルト接合部の摩擦面の状態について、ブラストされているか、錆の状態は適度か、まくれ・ひずみ・へこみなどがないかを見ます。さらに、開先など現場溶接部に施された養生のための塗装が適切な材料（溶接に影響を与えない材料）で適切な範囲になされているかも見てください。

防錆塗装の確認は、前述のように製品検査の時点では実施できません。したがって、これについては、工場の自主検査に委ね、その記録を確認することが多いです。そして、工事現場に搬入された際に、工事施工者が塗装範囲、膜厚、仕上り状態などを確認し、監理者はその記録を確認するとともに抜取りで立会い確認をするとよいでしょう。

c　鋼材の確認

電気抵抗の測定を利用したサム・スチール・チェッカーで鋼材の種類を確認することが多いです。ただし、この方法ではＳＳ材とＳＭ材の区別ぐらいしか分からず、強度について定量的に計測することはできませんので、これは、書類検査におけるミルシート等の確認と合わせて使用鋼材が適正であることを判断するための補助的手段ということになります。また、鋼材製造工場が鋼材の表面に付けた表示（ステンシル）が見える部分があれば、それで確認することができますので、製作工場側にそれを探させてもよいでしょう。

d　寸法確認

寸法確認については、書類検査で確認した工場の自主検査記録の結果がそのとおりかどうかを、抜取りで項目ごとに実測してその妥当性を再確認します。この際、事前に「テープ合わせ」（工事現場で使用する巻尺と製作工場で使用する巻尺に許容値以上の誤差が生じないよう事前に比較確認すること。）をしたＪＩＳ規格１級の基準鋼製巻尺を使用するように工場側に注意してください。また、巻尺は所定の張力（50Ｎ程度）で引っ張りながら測定することになっていることが多いですので、バネ秤を使用しているかの確認も必要です。ただし、短い部分を測定するときは、巻尺についてのこれらの注意点による誤差は微々たるものですので、さほど神経質になることもないと思います。しかし、10m を超えるような長い部材を測定するときは、このとおりにやらせる必要があると思います。

なお、測定値は当日の気温（部材の温度膨張があるため。）や測り方などにより若干の誤差が生じることがあるので、工場側の自主検査の測定値と１mm 程度違っていても、許容誤差以内なら問題はないと思います。

e　溶接部の外観検査

溶接部について、ビード表面の形状は整形か、アンダーカットやピット・オーバーラップ・割れ・著しいクレーターはないか、スラグの除去が不十分でないか、完全溶込み溶接の余盛は十分か、端部のまわし溶接は不足していないか、エンドタブや裏板金は適切に使用されているか、隅肉溶接の脚長（サイズ）や余盛はあるかなどを目視で確認します。また、完全溶込み溶接部における突合せ継手の食違いや仕口のずれの大きそうなところを計測して再確認します。

工場打ちのスタッド溶接がある場合、スタッド溶接技能者の資格を確認するとともに、それらの径・仕上り高さ・本数・配置を工作図や製作要領書と照合して確認します（国土交通省標準仕様書では、仕上り高さの許容誤差を±２mm としています。）。また、スタッド材の根元溶接部の状態が適正かどうかも抜取りで見ましょう。国土交通省標準仕様書では、深さ0.5mm を

超えるアンダーカットは不合格としています。さらに、15°打撃曲げ試験が適切な抜取り率で実施されていることを確認します。なお、国土交通省標準仕様書ではスタッドの種類及びスタッド溶接される部材が異なるごとに、かつ、100本ごと及びその端数について1本以上の抜取りとしています。また、15°打撃曲げに合格したスタッド材は、そのまま、本設に使用してよいことになっています。

f 第三者検査会社による超音波探傷検査

通常、対物検査には第三者検査会社が同行しますので、数箇所でよいですから抜取りで実際に目の前で超音波探傷検査をやってもらいます。抜き取る検査部位としては、事前の検査記録で欠陥が発見されたところや板厚が厚いところ、溶接が困難そうなところが考えられます。

g 仮付け検査・組立検査

一般的には、監理者は出来上がった製品を確認すればよいのですが、大きな手戻りを防止するためにも、工場側による溶接管理の適切さを確認するためにも、部材を仮付け溶接で組み立てた状態の製品を本溶接前に見ることは、必須でないとしても、意味があります。

そのためだけに工場に検査に出向くことも考えられますが、製品検査の際に、ついでに製品検査対象外の仕掛り品（製作途中の製品）を確認するという方法もあります。

この確認の際には、裏当金やエンドタブは適正か、開先形状・勾配は適正か、ルートギャップ寸法は適正か、溶接縮みを考慮しているか、完全溶込み溶接部に突合せ継手の食違い・仕口のずれはないかなどを見ます。

**2）工事現場施工の場内検査**

工場で製作された鉄骨製品を工事現場に搬入し、組立すなわち建方を行います。その際の各種検査のポイントを以下に説明します。検査は、工事施工者の行う自主検査記録などの書類確認が主体となりますが、各工種の初回など適宜抽出立会いにより現物を確認するとよいでしょう。

① アンカーボルトの据付確認

鉄骨部材をＲＣ造基礎などに固定するものがアンカーボルトですが、これの据付検査を行います。アンカーボルトはコンクリートの中に埋まってしまいますので、その据付検査は、当該部分のコンクリートを打設する前に行わなければなりません。検査に当たっては、通常、抽出で以下を確認します。

まず、当該柱などの位置やアンカーボルト設置レベルが設計図や施工図のとおりかどうか、工事施工者にその場で測定してもらって確認します。

次に、それぞれの柱などにおけるアンカーボルトそのものの材質、径、長さ、形状、本数、配置、突き出し長さが正しいか、ねじ部に傷・錆・異物の

付着などがないか、軸部に油分の付着はないか（コンクリートの付着力に影響する。）を確認します。通常、アンカーボルトの位置決めは、テンプレート（薄い鋼板にアンカーボルトの所定の位置に所定の径の穴を開けた仮設材）を用いて施工しますので、配置についてはテンプレートが正しいかどうかを見ることになります。材質については、ミルシートや納品伝票、荷札などにより確認します。

また、アンカーボルトの据付状態を確認します。コンクリート打設時に動かないようにアンカーフレームなどで堅固に保持されているかどうかを見ます。また、アンカーボルトをＲＣ部の鉄筋に溶接で固定すると、その熱が鉄筋の材質に影響しますので、こうなっていないかを見ます。その他、ねじ部にコンクリートが付着しないようにしっかりと養生されているかなどがポイントになります。

② 柱脚の確認

最下部の鉄骨部材（通常、第１節と呼びますが、柱脚部が地下階の場合、第０節と呼ぶこともあります。）が組み上がって、柱脚がアンカーボルトに固定された時点で、鉄骨柱脚部の検査を行います。

まず、ベースプレートの位置とレベルが正確にセットされているかを確認します。次に、ベースプレート下の柱底均しモルタルが密実に充填されているか確認します。そして、アンカーボルトのナット締め付け状態を見ます。ナットは密着した後、ナット回転法で締め付けますが、正しい回転角（ナットを密着したのち30°。マーキングで管理。国土交通省監理指針による。）であること、二重ナットとなっていること（柱脚部がコンクリートに埋まる場合は戻り止めが不要なので一重でもよい。）、ねじ部の余長が３山以上あることなどがポイントになります。

③ 建方の確認

建方の進行に合わせて、建方精度の確認を行います。柱の倒れ・寄り、階高、梁の水平度などについて、工事施工者の測定記録により、設計図書や施工計画書に示す許容誤差以内かどうかを確認します。必要に応じて、監理者自身も建方精度の測定に立ち会うことがあります。

建方の順序が設計図書で定められている場合は、そのとおりに施工が行われるかどうかをまず施工計画書で確認し、現場での進行状況を時々見てみましょう。

デッキプレートの敷設の確認については、配筋検査の際に行うことも多いと思われますが、デッキプレートのタイプ、板厚、めっき厚さ、掛ける方向、梁への掛かり代、止めつけ溶接の状況、浮きや曲がりがないか、コンクリートのノロが漏れそうな隙間がないかなどを見ます。

④　高力ボルト工事の確認

　　一般的に使われることの多いトルシア形高力ボルトの場合について、監理者が特に注意すべき点を説明します。

a　材料搬入時の確認

　　高力ボルト搬入時には、設計図書に定めのある場合、導入張力確認試験が行われますので、それに立ち会います。または、工事施工者の立会い確認記録を確認します。このとき、併せて、搬入されたボルトセットが設計図書や施工計画書に示された規格、径、首下長さ、製造所のものかを抽出で確認します（一般的には、試験用に用意されたものを確認します。）。ただし、最近では、導入張力確認試験を実施せずに、ミルシートの確認だけを行うケースも多くなってきました。これは、規格に合った製品であれば、品質が安定してきたことによります。なお、導入張力確認試験は、国土交通省標準仕様書やＪＡＳＳ６では、実施することを定めてはいません。ただし、東京都など地方自治体によっては、この実施が必要であると指導しているところもありますので、注意が必要です。

　　導入張力確認試験は、高力ボルトの搬入ごと、種類ごと、径ごとに行われます。その手順は、次のとおりです。

ア　ボルトを試験機にセット

イ　トルクレンチで一次締め（このとき設定トルク値が所定どおりかを確認します。）

ウ　マーキング（ボルト軸部からナット、座金、母材まで通してマーキングされていることを確認します。）

エ　インパクトレンチで本締め

オ　本締め後の確認（ピンテールが破断したことを確認します。そのときの導入張力を試験機のゲージで読み取ります。また、マーキングのずれ位置を見ることにより、座金のとも回りや軸回りがないこと、異常な回転量でないことを確認します。）

　　導入張力確認試験は、試験ごとに５本ずつランダムに試験用ボルトを選んで行い、導入張力の平均値が所定の範囲内かどうかを確認します。所定の張力は季節（気温）により変わりますので注意してください。

b　施工後の確認

　　高力ボルトを施工した後の確認は、主として工事施工者の自主確認記録を確認することになります。監理者は、初回など抽出で現地確認をすることが多いと思いますが、これに加えて他の用件で場内に行く際に、ついでに見るという方法もあります（ただし、この方法では検査記録は残りません。）。

　　確認のポイントは、まずピンテールが破断しているかを見ます。次に、

マーキングがされているかを見、そのマーキングのずれ位置により座金のとも回りや軸回りがないかを見ます。さらに、異常な回転量（1群のボルトの平均回転角±30°を超える回転量）がないかも見ます。

また、材料搬入時に高力ボルトの首下長さは確認していますが、正しいボルトが正しい箇所に使用されたことを確認するために、ボルト締付け後の余長（ナットからの軸部の出の長さ）を確認します。余長は、国土交通省標準仕様書では、ねじ山の出が1～6山のものを合格としています。

もし、不合格のボルトがあった場合は、そのボルトセットを取り外し、新しいセットで再締め込みを行うことになります。

⑤ 現場溶接の確認

工事現場における溶接部の確認についての留意点は、前述の工場溶接の場合とほぼ同じです。通常、監理者の確認は、主として工事施工者の自主確認記録や第三者検査会社の検査記録を確認するという方法で行いますが、各節の初回など適宜抽出で監理者自身も立会い確認を行うとよいでしょう。以下に、現場における完全溶込み溶接の場合の注意点を示します。

a 施工試験への立会い

各節の現場における完全溶込み溶接の初回などを施工試験と位置付けて、施工計画書で定めた溶接条件や溶接方法が適切かどうかの確認を行うことがあります。こういった場合には、監理者も立ち会うとよいでしょう。

施工試験では、正規の溶接技能者が施工計画書で定められたように溶接作業を行うのですが、その際、下記b項の確認を行うとともに、電流値や電圧値の確認、パス数の確認、パスごとの溶接時間とパス間温度、入熱量の計測を行い、施工計画書で定めた所定の数値に適合するかどうかの確認を行います。溶接完了後には、ビード表面の形状の確認やアンダーカット等の欠陥の有無の確認などの外観検査（下記c項参照）及び必要に応じて下記d項の超音波探傷試験を行います。この試験に合格すれば、以後はその方法で溶接作業を継続することになります。

b 溶接技能者と溶接材料、開先状態等の確認

溶接作業の開始前に、工事現場で実際に溶接作業を行う技能者が事前に施工計画書などで承認された技能者本人であるかどうかについて、資格証を提示させて確認します。

次に開先の状態（角度、錆の状態）、裏当て金とエンドタブの状態、ルートギャップ、突合せ継手の食違い、仕口のずれなどが所定のとおりかを確認します。

また、使用される溶接材料が施工計画書で定められた適正なものかどうか、その梱包などを見ることにより確認します。

c　現場溶接後の外観等の確認

　現場溶接後の外観の確認には、ビード表面形状やアンダーカット等の確認、所定の許容値を超える食違い・ずれの有無の確認などがありますが、その注意点は、前述の工場溶接の場合と同じです。

　現場溶接は、天候や気温、風速によっては作業が行えないなどの制限がありますので、そういった問題が生じていないかどうかを確認するため、天候・気温等の記録も工事施工者の自主確認記録に記載させておくとよいでしょう。

d　超音波探傷試験

　現場における完全溶込み溶接部についても、設計図書の定めにより、第三者検査会社による超音波探傷試験を行います。この場合、監理者は、検査会社の検査記録を確認することになりますが、適宜抽出で試験に立ち会うこともあります。

　現場溶接は、高所作業となることや溶接姿勢が制限されることがある、また天候・気温・風に影響されやすいなどの理由により、工場溶接よりも作業条件が不利になることが多いため、設計図書によっては第三者検査会社による超音波探傷試験の抜取り率を100％（全数）と定める場合もあります。

e　スタッド溶接の確認

　鉄骨梁の上フランジ面など、現場でスタッド溶接を行うときは、その確認を行います。確認は、当該部分のスラブ配筋等の検査の際に併せて行うこともあります。これについての確認事項は、溶接技能者の資格、スタッドの径・仕上り高さ・本数・配置の確認、15°打撃曲げ試験の実施の確認など、前述の工場におけるスタッド溶接の確認と同じです。

　国土交通省標準仕様書などの設計図書の定めによっては、設定した電流値や電圧値などのスタッド溶接条件が適切かどうかを確認するための施工試験を行います。これは、作業日の午前と午後それぞれの作業開始前に、スタッド径ごとに2本以上を本設材又は同じ鋼材の別材にスタッド溶接し、それを30°曲げ試験により確認するものです。一般的に監理者は、工事施工者の自主確認記録を確認することになりますが、適宜抽出で立ち会うこともあります。なお、この試験に使用したスタッド材は、本設に使用してはならず、設計上の必要本数を所定の位置又は近傍に打ち増すことになります。

### 3）耐火被覆

　耐火被覆には、耐火材吹付け工法、耐火板張付け工法や最近使われ始めた耐火材巻付け工法などがありますが、ここでは最も普及していると思われる耐火材吹付け工法のうちの半乾式吹付けロックウール工法について、確認のポイントを紹介します。

① 下地の確認
a　下地の種類

　　鉄骨工事における耐火被覆材（ロックウールとセメントスラリーの混合材）の下地としては、鋼材素地と防錆塗料塗りが考えられます。鋼材素地の場合は問題ありませんが、防錆塗料塗りの場合は、耐火被覆材の付着性に影響しない塗料である必要があります。そのことを鉄骨工事製作要領書の段階で確認し、現場ではそのとおりの材料が使われたかどうかを書類により確認します。工場における鉄骨の製品検査では未塗装の状態で検査しますので、防錆塗装については、現場で確認することになるのです。

　　なお、半乾式吹付け工法の場合には、下地鉄骨に防錆塗料を施さない場合が多いですが、これは吹付け耐火被覆材の付着性を考慮したためであり、吹付け耐火被覆材に防錆効果があるからではありません。吹付け耐火被覆材には、防錆効果はほとんどないことにご注意ください。屋内の鉄骨の場合は、空調等により錆の進行が遅い空気質環境に保たれていると判断して、防錆塗料を塗らないのです。監理者の必須業務とはいえないかも知れませんが、下地鉄骨に防錆塗料を塗らない部分が本当に空調される場所にあるのかを確認することがあってもよいでしょう。

b　下地の状態

　　鉄骨下地に浮き錆や油分、汚れなどがあると耐火被覆材の付着性を阻害しますので、これらの有無を確認します。これらがあるときは、工事施工者の是正措置として、ワイヤブラシなどで除去することになります。

　　この確認の方法としては、監理者は抽出で立ち会って検査を行い、他の部分は書類（工事施工者の自主確認記録や下地状態を示す写真など）により確認するという方法が多いと思われます。

② 吹付け後の確認
a　使用材料の確認

　　使用された耐火被覆材は国土交通大臣が認定又は指定したものである必要があり、このことは施工計画書の段階で確認する事項です。そして、現場では施工計画書に記載されたとおりの材料が使われているかどうかを主として梱包の表示などを目視することにより確認します。又は、工事施工者の自主確認記録を確認します。

b　耐火被覆材の厚さの確認

　　施工された吹付け耐火被覆材の厚さが設計図書や施工図、施工計画書のとおりになっているかどうかを確認します。これは耐火被覆の確認のうち、最も大切な部分といってよいでしょう。

　　監理者の立会い検査では、まず、工事施工者が行う自主確認の中で設置さ

れる厚さ確認ピンを見ます。これは、既製品のピン（押ピンを大きくしたような形状）で、ピンの脚の長さ（耐火被覆の所要厚さと同じ）により座板が色分けされており、ピンの脚全長が耐火被覆材に埋まっていればその厚さが確保出来ていることが目視で確認出来るというものです。国土交通省標準仕様書では、ピンは、柱1面に各1ヶ所、梁では1本当たりウェブ両側に各1本、下フランジ下面に1本、下フランジ縁端部両側に各1本を打つことになっています。監理者は、これらが適切に設置されているかどうかを見ることにより、耐火被覆材の厚さの状況をおおむね確認することができます。

　次に、監理者も抽出で厚さゲージにより各所の厚さを計測確認します。厚さ確認ゲージを持っていない場合は、検査を受けるために同行する工事施工者（工事施工者の担当者や専門工事業者の品質管理責任者）から借用するとよいでしょう。抽出計測は、窪んでいる部分、薄そうに見える部分を選んで行いますが、そのほか、部材の出隅部やウェブ貫通孔のエッジ部分、上フランジの下端面、取付け金物の陰、高力ボルトの部分などは薄くなりがちなので、計測確認してみるとよいでしょう。

　また、施工済みの耐火被覆がそれ以後の設備工事の作業などで剥がれたり欠損してしまうことがよくあります。工事施工者が自分でそういった部分を見つけて補修するのが本来ですが、監理者もそういう欠落を見つけたら、工事施工者に是正を指示してください。

c　外観の確認

　耐火被覆は厚さが命であり、それが隠蔽部になるのであれば、外観の美しさはさほど重要ではありません。しかし、それが見え掛りになる場合には、丁寧なこて仕上げをさせ、あまりに目立つ凹凸などは、是正させたほうがよいでしょう。

　また、設計図書の定めにもよりますが、パイプシャフト（PSやEPS）などメンテ時に体などが耐火被覆に当たる可能性がある場所、OAチャンバーやエレベータシャフトなど風圧が生じる場所などでは、耐火被覆材の剥落・飛散を防ぐため、セメントスラリーなどで表面を固化する措置が一般的です。その状態も見ておきましょう。

## （6）防水工事

　防水工事には、いろいろな種類がありますが、ここでは、よく使われる、陸屋根のコンクリートスラブ面へのアスファルト防水密着工法、すなわちアスファルトとルーフィング材を交互に数層重ねる積層式熱工法について、検査・確認のポイントを示します。

1）下地の確認
　① 下地の形状
　　　下地コンクリートの水勾配が設計図書や施工図に定められているように設けられているかどうかをレベルで確認します。最近ではレーザーレベルがよく使われるようになってきました。これらの測定機器は工事施工者に用意してもらうのが一般的です。また、併せてルーフドレンの位置が設計図書や施工図のとおりかどうかも確認しましょう。
　　　また、下地の入隅部や出隅部には、防水層のなじみをよくするために入隅部にはキャントの設置（見付け70mmが目安。モルタルや成形キャント材を使用する。）を、出隅部には面取り（見付け30～50mmが目安）を行うのが一般的です。それがなされているかどうかも見てください。
　② 下地表面の状態
　　　下地表面つまりコンクリート表面の状態を目視で確認します。まず、下地コンクリート面は平坦で、凹凸やクラック、じゃんか（豆板ともいいます。床面よりも防水の立上り部に生じがちです。）がないことを見ます。また、鉄筋などの異物の露出や粗骨材の浮き上がり、モルタルのこぼれなどの突起は、アスファルトやルーフィング材の損傷の原因となることから、完全に取り除いておく必要がありますので、その点を確認します。それらを見つけた場合は、工事施工者にサンダーがけなどの是正を指示してください。
　　　下地の清掃状態も見ておきましょう。ごみ・汚れ・油分・水分などは次工程のプライマー塗布に悪影響を与える恐れがあります。これらが完全に除去・清掃してあるかどうかを見ます。
　③ 下地の乾燥状態
　　　コンクリート下地が十分に乾燥していない状態でアスファルト防水を施工すると、将来その含有水分が気化して膨張し、特に露出防水の場合は、膨れの原因となります。そのため、コンクリート下地は十分に乾燥している必要があります。アスファルト防水の上に保護コンクリートを打設する場合は、膨れは押さえこまれ、さほど問題にはなりませんが、やはり、乾燥しているに越したことはありません。
　　　乾燥の程度については、国土交通省の標準仕様書や監理指針では数値を明示していません。設計図書で数字を定めていない場合は、防水材料のカタログなどに示されるメーカー推奨値によることになりますが、含水率8％以下が目安となるでしょう。下地の検査では、工事施工者に高周波水分計を用意してもらい、それで計測・確認をすることになります。
2）プライマー塗布の確認
　① 使用材料と使用量の確認

プライマー塗布の立会い確認では、まず、材料の容器を見て、材料が、あらかじめ承認された施工計画書で定められた材料（製品名など）であるかどうかを確認します。

そして、使用済み容器（空き缶）の数を数えて（使い残しのある缶の場合は残量を計量する。）材料の総使用量を求めます。そして、それを当該塗布面積で割り算することにより、単位面積当たりの平均材料使用量を算出し、それが設計図書や施工計画書で定められた所定の単位使用量以上となっているかどうかを確認します。

監理者によるこれらの確認は、初回など抽出で立会い確認を行い、以後は工事施工者の自主確認記録を確認することによって行うという方法もあります。

② 塗布状況の確認

プライマー塗布状況を目視で確認します。確認にあたっては、塗りむらや薄い部分はないか、塗布範囲は設計図書のとおりか（足りないところ、塗りすぎているところはないか）、気泡（空気溜り）や傷はないかなどに注意しましょう。特に、防水立ち上がり部の「あご」の裏など見にくいところも鏡などを利用して確認するとよいでしょう。

③ 乾燥時間の確認

プライマーの次工程であるアスファルト防水の施工は、プライマーが十分乾燥してから行う必要があります。この乾燥時間は、気象条件や下地の乾燥状態によりますが、メーカーの設定によることになります。通常は8時間程度ですが、これが遵守されているかどうか、作業工程を書類で確認してください。

3）アスファルト防水施工後の確認

① 使用材料の確認

使用材料には、アスファルト、ルーフィング材、シーリング材、押さえ金物などがありますが、材料搬入時などの立会い検査では、施工計画書で設定したとおりの材料かどうかを包装や容器などの表示により確認します。あるいは、工事施工者の自主確認結果を確認します。

また、設計図書で材料の使用量が定められている材料については、施工後、プライマー使用量の確認の場合と同様、使用済み容器（空き缶）等の数により総使用量を求め、施工面積で割り算をして単位面積当たりの平均使用量を算出して確認することになります。

溶融アスファルトの加熱温度については、工事施工者の管理記録等により、所定の温度以下であることを確認してください。

② 外観の確認

まず、施工された工区の端部などを見ることにより、防水層の構成（ルーフィング材が何層かなど）が設計図書や施工計画書どおりかどうかを確認します。

次に、仕上がり状態を見ますが、特に、アスファルト塗布に塗りむらや膨れ、傷はないか、ルーフィング材に破れや傷はないかなどを確認しましょう

さらに、立上り部、重ね部、出隅・入隅部、コンクリート打継部、ドレン周りなどの処理や増張りが設計図書や施工計画書で定められた納まりのとおりになっているかを見てください。

### 4）水張試験

水張試験の実施の要否は、設計図書の定めによります。設計図書で水張試験が求められていない場合でも、ドレン周りなど特殊な納まりの部分は、できるだけ実施することが望ましいと思われます。工事費の変更につながらない範囲で行うことが可能かどうかなどについて工事施工者とともに検討してみてください。

水張試験は、該当する試験範囲を仮設の土手で囲み、ルーフドレンの排水管をゴムボール状のものなどで止水し、そこに水を張って行います。まず、水を張った直後の水面位置をマーキングしておき、通常は24時間後に水位の低下の有無を確認します。24時間程度では、自然蒸発による水量の減少は微量であり、ほとんど無視できると考えられています。なお、屋上防水などでは、雨が降ると試験ができませんので、工事施工者に天気予報に注意させてください。

監理者は、この試験の初期状態と最終状態を確認することになります。また、最終状態の確認の際には、併せて、試験箇所の直下階に行って、スラブ裏やドレン周りなどから漏水がないことを目視で確認してください。

屋上防水の場合は、防水施工完了後で保護コンクリート施工前に降雨があったときに直下階で漏水の有無を確認することにより防水性能を確認することもできます。

### 5）保護コンクリートの確認

保護コンクリートは、アスファルト防水層が破損・劣化しないように保護するために設けるもので、構造体ではありません。この有無及び仕様は設計図書により定められます。

① 配筋等の確認

保護コンクリート打設前の検査の際に、監理者は次の確認を行うことになります。

保護コンクリート内の配筋については、設計図書で定められますので、そのとおりの鉄筋又は溶接金網が所定の径・ピッチで配筋されているかどうかを確認します。また、配筋の上面や下面、端部でのかぶり厚さはとれている

か、重ね継手長さは十分かについても確認します。特に、溶接金網マットの四隅における重ね継手部の上面かぶり厚さが不足することが多いので注意が必要です。保護コンクリート内の鉄筋や溶接金網を支えるウマやバーサポートの脚が、コンクリート打設作業の際に防水層を傷つけたりしないようになっているか、また、防水層の上に断熱材が敷かれている場合はそれにめり込んだりしないような形状のものになっているかどうかも見てください。

さらに、機械基礎などの鉄筋が保護コンクリートに定着されることになっている場合には、その立ち上がり鉄筋が、正しい位置に所定の径・ピッチ・立ち上がり高さ（すなわち重ね継手長さ）で、ぐらつかないように設置されているかどうかを見ます。

次に目地材（成形伸縮調整目地材）が所定の材料・寸法で、所定の位置に所定のピッチ・割付けで、コンクリート打設時に動かないように設けられているかを見ます。また、立上り部足元などの入隅部には成形緩衝材が溶融アスファルトで取り付けられているかを見ます。伸縮目地や緩衝材は、コンクリートの乾燥収縮や温度による伸縮などを吸収するためのもので、この材質や位置、ピッチが正しくないと、パラペットを押して破損させたり、立上り部の防水層を損傷させたり、保護コンクリート表面にひび割れを生じたりといった不具合につながりかねません。

コンクリート打設時に所定のコンクリート厚さや勾配を管理するための水糸やレベルポインターあるいはコン止めに打たれた墨を適切な高さで設けているかについても見ておきましょう。屋根の保護コンクリート面は水勾配を設けている場合が多いので、これらの確認は大切です。

② コンクリート打設後の確認

使用されたコンクリートの調合やスランプ、強度などが所定のとおりかどうかの確認については、保護コンクリートが構造体ではないことから、コンクリート打設後に工事施工者が作成する記録によって確認することが多いと思われます。

保護コンクリートの打設後の確認については、水勾配が正しく取れているか（降雨後などに水溜りができていないかを見ることもあります。）、ひび割れなどの不具合はないか、ルーフドレン周りの形状は良好かなどを見ます。

## （7）石工事

石材は、建築物の外壁や内壁、床などいろいろなところで使用されますが、ここでは外壁の場合を取り上げて説明をします。外壁の石材取付け方法（工法）には、湿式工法（石材裏面に裏込めモルタルを充填する工法）と乾式工法（裏込めモルタルを使用せず、石材を金属製ファスナーで保持する工法）があります。こ

のうち湿式工法は、濡れ色・発華などの問題が生じやすい、モルタルの収縮や石材の温度伸縮により剥離することがある、地震時の躯体の挙動に追随できないなどの理由から、現在では採用する例が減ってきているように思われます。そこで、ここではコンクリート躯体を下地とする外壁乾式工法における立会い確認について、そのポイントなどを紹介します。

### 1）工場検査

#### ① 大板検査

大板とは、大理石や花崗岩といった石材の原石（大きな塊）を所定の厚みにスライスし、所定の表面仕上げを施したもので、所定寸法の製品にカットする前のものをいいます。これを確認するのが大板検査で、挽き板検査ということもあります。そのポイントは次のとおりです。

a　石種、色調・模様、表面仕上げの確認

大板検査では、まず石種、色調・模様、表面仕上げ（本磨き、水磨き、ジェットバーナー仕上げなど）が所定のとおりかどうかを確認します。これらについては、事前に製作・選定・承認された見本と照合して確認することになりますが、大板の確認は全数ではなく抽出で行うことが多いと思われます。なお、色調については日向と日陰では見え方が異なりますので、外壁の場合は、可能であればその両方の条件で確認することが望ましいです。

見本の製作は、通常、工事施工者が、設計図書の指定に基づく石種について製作・用意するいくつかの見本の候補の中から、主として設計者が選定し、建築主が了承したものを監理者が承認するという手順で行います。色調の見本については、一つだけを用意するのではなく、許容できる範囲内で最も濃い色の見本ともっとも薄い色の見本（これらを限度見本といいます。）を用意しておき、大板をそれと比較するのがよいでしょう。

模様については、石種によっては方向性を持つものがありますので、それを実際の壁面でどのように並べて使用するのか、設計者と協議の上、工事施工者と工場側に指示する必要があります。工場は、その方針に従って大板を製品にカットするのです。この指示を大板検査の際に行うことが多いと思います。

表面仕上げの確認のうち本磨きについては、映りこむ映像の歪みの程度を見ることにより、表面の平坦さを確認することができます。

これらの確認や次のb項の確認等は、大きく意匠・デザインに関わり、設計上の判断を求められる場合も多くありますので、大板検査には設計者が同行するのが一般的です。また、場合によっては、石材の色調や模様の最終決定者であることが多い建築主も同行することがあります。

b　斑（ふ）、傷などの有無の確認

石材の表面には、斑(ふ)と呼ばれる斑点状などの色調や石質の乱れが見受けられる場合があります。これは、鉱物結晶の不均一によって生じるもので、淡色石材における黒っぽいもの、濃色石材における白っぽいもの（これらを黒玉、白玉ということがある。）、模様の乱れなどがあります。また、著しい色むらや石材に内在する割れや傷状の部分が見受けられることもあります。これらの自然由来による石材表面の見え掛かり上の乱れを模様の一部として扱う石種や意匠上の判断もありますが、一般的には欠陥とみなされることが多いと思われます。これらの扱いについて、設計者とともに協議して、目立つものはその部分を除外して板取りしカットするよう工事施工者と工場側に指示します。また、目立たない斑などを含む石材を使用する場合については、それを壁面のどこで使うかといった配置計画などを指示する必要があります。判定基準としては、その石をどの部位に使うかによりますが（目に付く場所かどうか）、直径25mm（500円硬貨程度）を超える斑は不合格とする例もあります。また、それ以下のサイズの斑でも、できるだけ取付け後の目線から遠い部分（例えば高層部）で使用する配置計画をするように指示することも考えられます。

c　その他の確認

　大板の厚さは、製品の仕上がり厚さとなりますので、抜取りで、ノギス等で計測し、設計図書や製作図と照合・確認します。許容誤差は製作要領書によります。

　また、加工場にある原石や大板の数量が、予定の使用量に比べて十分なものかどうかも訊いておくとよいでしょう。この際、不合格などによる歩留まりを考慮することはいうまでもありません。石材が不足して、後から原石を追加注文で工場に入れるということになると、原石の産地は海外が多いことから工程上の問題も生じかねませんし、同じ石種でも色調や模様が前のものと調和しないこともありえるからです。

② **製品検査**

　大板を所定のサイズにカットし、ファスナー取付け用のほぞ穴（だぼ用の穴）など所定の加工をし、設計図書や施工図、製作要領書の定めにより裏面補強や裏面処理などを施したものが製品です。この製品を工場で確認するのが製品検査であり、その際の注意点は次のとおりです。

a　寸法の確認

　まず、製品のたて寸法、横寸法、直角度、厚さなどが所定のとおりかどうかを計測し、製作図（あらかじめ設計図書と照合・確認して承認したもの）と照合し、確認します。この際、工場側が計測し、読み取り値を確認することが多いと思われます。許容誤差は製作要領書によります。

次に、ほぞ穴などの加工が製作図のとおりの位置・寸法かどうかも計測、確認します。

これらの計測は、石種や寸法・形状の種類が異なるごとに抜取りで行うことが一般的です。

b 色調・模様・斑(ふ)などの確認

これらについては、先に行われている大板検査において確認されているのですが、その際はごく少数の抜取り検査であることが多いため、その後、製品がそのときに指示・決定した方針のとおりに製作されているかどうかを再確認するために行うものです。

色調については、限度見本を超えて異常に濃いものや薄いものがないかを確認します。限度内でばらつく色の濃淡については、偏った配置とならないように適度にばらまいた配列とするのが一般的です。これについては、通常、工場の床上に、製品をある程度広い面積で、現場で取り付けられる配置のとおりに並べ、高所より眺めて、ばらつき具合を確認します。

模様についても、床に並べた一定範囲の製品を高所から見ることにより、意図したとおりの模様の配列となっているかどうかを確認します。

斑については、大板検査のときに指示したとおり板取りされ、目立つものがないことを確認します。許容される斑でも、それが目線から遠いところで使われているかどうかも見ておきましょう。

c その他の外観検査

製品に欠けや傷、ひび割れがないかどうかを確認します。欠けについては、あらかじめ製作要領書において、許容するもの、補修して使用するもの（補修方法も定めておく。）、廃棄するものの許容限度を定めておきます。そして、製品検査の際には、そのとおりになっているかどうかを見るのです。補修については、目立たないものとなっている必要があります。

また、製品の小口面に油性ペンで識別番号などを記入することがよくあります。この文字が、施工後に見え掛りとならないかどうかにも注意を払いましょう。深目地シーリングの場合など、書き文字がはみ出して、外から見えてしまうことがあるからです。

d 裏面補強の確認

設計図書で裏面補強が指定されている場合は、それを確認します。裏面補強とは裏打ち処理ともいい、ガラスクロスなどの繊維を樹脂で石材の裏面に張り付けることが多いです。これは、乾式工法や空積工法において、石材が衝突や地震などにより割れた場合に、破片やかけら等が脱落したり飛散するのを防ぐために施すものです。この補強が所定の材料で、所定の範囲に行われているかを確認します。

e　裏面処理の確認

　裏面処理とは、石材の裏側などから水やセメントのノロが浸透して表面に生じる「濡れ色」や「白華（はっか。エフロレッセンス略してエフロともいう。）」を防ぐために石材の裏面などに止水材料（石工事を施工する専門工事業者の指定する材料を使用するのが無難。）を塗布することです。壁石の裏側に裏込めモルタルを充填する湿式工法や床石で採用されます。乾式工法においても、壁の最下段の石材の裏側には台車等の衝突による割れを防ぐために裏込めモルタルを充填することが一般的であり、また、最下段は水分の多い環境である場合も多く、そのため最下段には裏面処理を行うのが通常です。

　この裏面処理が所定の材料で所定のとおりになされているかを確認します。水やノロは裏面だけではなく、目地モルタルにより小口面からも浸透しますので、小口も必要な範囲で処理されているか確認することも大切です。

　最近では、裏面処理に代えて表面処理を行う例も増えてきました。これは、含浸系の透明な止水・防汚剤を製品の表面に塗布することにより表面に厚さ数ミリの不透水層を形成し、裏から浸透してきた水分をそこで遮断して表面に出て来ないようにすることにより、表面から濡れ色等が見えないようにするものです。これは、壁石だけではなく床石の濡れ色や白華の防止にも有効です。ただし、表面の色調がわずかに変化する（濃くなる。）場合もあるので、設計者とともに事前に見本で確認しておくことが必要です。

## 2）取付け状況の検査

### ① コンクリート下地の確認

　コンクリート躯体を下地とする外壁乾式工法の場合、石張り面が一次止水面となりますが、目地シーリングの不具合や寿命を考えると石裏に雨水が回ることは避けられないと考えたほうが無難です。その場合、下地のコンクリート躯体が二次止水面として重要な役割を担うことになります。そのため、コンクリート面に止水上の弱点となるじゃんかやひび割れなどがないかを確認します。また、コンクリート打継部などは、あらかじめ止水処理をさせておくとよいでしょう。また、鉄筋や結束線が露出していないか、Ｐコン処理やひび割れ誘発目地の止水処理（シーリング）なども確実に行われているか確認します。

　コンクリート躯体の面精度については、壁石で隠れるため、さほど厳しい要求はありませんが、石張り面の出入り精度を確保するためにファスナーで調整できる程度の平坦さが必要です。コンクリート面に大きな凹凸や目違いがないかを見ましょう。

　コンクリート表面には、ファスナーを取り付けるためのあと施工アンカー

が設置されます。これらのあと施工アンカーが所定の材料・寸法か、正しい位置に正しいピッチで配置されているかについても確認します。また、あと施工アンカーの施工時に壁の鉄筋等を損傷していないかについての確認も必要ですが、これについては、施工計画書の確認の段階で、アンカーの穿孔前にコンクリート内の鉄筋や埋設配管の位置を鉄筋探査機などで調査すること、穿孔時にはメタルセンサー付きのドラムを使用することなどを計画させます。そして、監理者の検査では、施工中の工事施工者による品質確認記録等を確認することになります。

② 材料の確認

a 石材

現場に搬入された石材の受入れ時には、これらの石材が確かに工場での製品検査に合格したものであるかどうかを確認するとともに、輸送中に欠けや傷、汚れ、割れが生じていないかを確認します。これらの確認は工事施工者が行い、監理者はその結果の記録を確認するというやり方が一般的です。

b 取付け金物

ファスナーなどの取付け金物については、設計図書に基づいて、その材質（一般的にはＳＵＳ）や寸法、形状、層間変形に追随する機構などが、施工計画書や施工図で定められます。これらの取付け金物の現場搬入時には、これらが所定のものかどうかを確認します。ただし、これについても監理者は、工事施工者の自主検査記録を確認する方法をとることが多いと思われます。

c 充填材

だぼ穴の充填材については、層間変形に追随する機構に応じた硬さと適切な接着強度と止水性をもち、変質せず耐久性があり石材を汚染しないものである必要がありますが、通常は、石工事の専門工事業者が推奨するものが施工計画書で示されます。現場では、容器に表示される製造会社名や製品名、品番などを見ることにより、使用される材料が所定のものかどうかを確認します。

d シーリング材

目地部や建具周りなどで使用されるシーリング材については、その周辺部の石材の汚れ防止が重要なポイントとなります。特に大理石や、花こう岩の中で吸水率の大きい材種については、シーリング材からの揮発成分が原因となる目地周辺の汚染が多いので注意が必要です。また、シーリング材表面に付着した塵埃が雨などで流れ落ちて周囲の石材を汚すこともよくあります。こういったことを考慮してシーリング材を選ぶのですが、工事施工者が施工計画書を作成する段階で、シーリング材製造者や石工事専門工事業者とよく

相談して選定することになります。監理者はこの施工計画書を事前に検討確認した上で、現場でシーリング材の容器を見ることにより、それが施工計画書で定められた所定のものであるかどうかを抽出立会い検査により、または工事施工者の自主確認結果を確認することにより確認します。さらに、シーリング材の色が、事前に設計者の確認を得た上で監理者により承認された見本と同じかどうかも確認します。

③ 取付け後の確認

壁石取付け後には、次のような点を立会い検査により確認することになります。

a　石材の状態

まず、施工中に生じた欠けや割れ、傷、汚れの有無を確認します。さらに、色調（濃淡）や模様の配列が事前打合せどおりになっているかも確認します。これについては、設計者と一緒に見ることが望ましいです。

裏面処理や表面処理などの濡れ色・白華対策については、施工後、濡れ色や白華が出ていないか適宜観察を行うことにより、その効果を見ることができます。

b　取付け状況

壁面の出入り精度（平坦さ、段差）について、目視や計測により確認します。目視の場合は、太陽光が壁面に当たる入射角が大きいほど、すなわち光が壁面を舐めるように当たるほど段差や面精度の悪さが目立ち、その出入り精度がよく分かりますので、時間帯を選んで検査するという方法もあります。計測確認を行う場合の許容精度については、設計図書の定めにより施工計画書で定めることになります。

ファスナーやだぼ等が適切に取り付けられているか、足元のトロ詰めとその上部表面の防水処理が所定のとおりなされているかについては、石工事全体の施工後では、壁石の背後に隠れてしまいますので、確認することができません。これらについては、工事施工者の自主検査記録を確認するとともに、必要に応じて施工途中で抽出立会い確認を行うか、工事施工者が撮影する工事写真により確認することになります。

c　目地の状態

壁石の取付け精度のひとつになりますが、目地幅の寸法、目地の通りがよいかどうかを確認します。目地の通りについては、目地幅がバチ（目地の両縁が平行にならないこと）になっていないか、たて目地と横目地の交差部で食い違いがないかなどを見ます。また、目地をまたぐ両側の壁石面に段差がないかも見ておきましょう。

目地シーリングについては、硬化不良や接着不良、その色（材料検査で確

認済みの場合は省略)、表面の滑らかさなどを確認します。また、目地は通常「面落ち」(目地シーリング仕上げ面が壁仕上げ面より引っ込んでいること)で施工されますので、面落ち寸法は所定のとおりか、石材の目地部小口側面へのシーリング材のはみ出しはないかを見ます。また、ファスナーの取付けが適正でない場合、シーリング材からファスナーが露出していたり、シーリングの表面がその部分で膨らんでいたりすることがありますので、そういった不具合がないことにも気をつけましょう。

　乾式工法では、石を積むときに上下の石の間に位置決めのための(目地幅を正しく確保するための)プラスチック製の仮設スペーサーを挟むことが一般的です。施工後、このスペーサーは撤去します。さもないと、目地シーリングの障害になったり、壁石の層間変形追随機構を損ねたりすることがあります。検査の際は、このスペーサーが撤去してあることも確認します。

　乾式工法の場合、一定ピッチでたて目地の最下部において、トロ詰めの直上部に水抜き穴を設けます。これは、万一雨水が壁石背面に入り込んだ場合に、中に溜まらないよう排水するためのものです。この方法として、単にシーリング材をカットして穴を設ける場合もありますが、そこから滴下した水が壁面などを汚すことを避けるため、水抜きパイプを壁面から突き出して設けることが多いです。この水抜きパイプが所定の形状・材料のもの(逆流防止弁付きやカラス口形などがある)で、施工図等に示された所定の間隔と突出し長さで取り付けられているかどうかも確認します。

### (8) タイル工事

　タイル工事には、施工部位や下地、材料、工法にいろいろなものがあります。ここでは、剥落した場合に大事故につながりかねない外壁タイルを取り上げ、また、事例の多いコンクリート壁を下地とする陶磁器質タイル張り(手張り)について検査のポイントを説明します。なお、タイルの張付け工法は、信頼性が高いとされている改良圧着工法を想定して説明します。

#### 1) 材料の確認
① タイル

　タイルの材料については、見本の検討段階でその色・肌目・形状・寸法・裏足の形状などを確認しますが、現場施工において材料搬入時に監理者が自ら受入れ検査を行うことは、あまり多くないと思います。通常は、監理者は、工事施工者による材料の受入れに関する自主確認記録を書類確認し、タイル張り施工後の検査時に承認した見本と照合して、使用された材料が適正であることを確認することが多いと思われます。ただし、この場合、張り付けられたタイルの厚さと裏足形状は見ることができませんので、初回の材料

受入れ時などに、監理者による立会い確認を行う場合もあります。

　なお見本は、設計者から示されるカラースキーム等に基づいて工事施工者が用意します。外装タイルの色調などは、その建築物の外観を決定づける意匠上重要な要素のひとつですので、その確認は監理者とともに設計者も行うことが一般的です。また、建築主の承認を求める場合も多いと思われます。

　形状については、特に役物タイルの場合は、よりしっかりと確認しましょう。また、裏足形状については、タイルの張付けモルタルへの食いつき力（投錨効果）を増すため蟻足（ありあし）を指定することが多いのですが、その点も施工計画書・見本の段階でよく確認しておく必要があります。

② モルタル

　タイル工事に使用される下地モルタルと張付けモルタルについては、施工計画書の確認時にその材料と調合を確認します。施工時は、施工記録を確認することになります。

2）工法の確認

　壁タイル張付けの工法には、改良積上げ張り、密着張り（ヴィブラート工法）、マスク張り、モザイクタイル張り、改良圧着張り、接着剤張りなど、いろいろなものがあります。どの工法が適用されるかは、通常、設計図書で定められ、タイル工事施工計画書の確認の際、そのとおりになっているかを確認します。現場段階でそのとおりの工法で施工が行われているかどうかについては、工事写真などで確認することが多いと思います。

3）下地コンクリートの確認

① コンクリート下地面の目荒し状態

　タイル剥離事故の多くは、コンクリート下地とタイル下地モルタルの界面剥離が原因で生じています。この界面剥離は、外壁タイルが下地モルタルごと大きな塊で剥落することがあり、大事故につながりかねません。つまり、下地コンクリートとその上に塗るタイル下地モルタルの付着力が大切であり、そのため、下地コンクリートの表面状態が重要な確認ポイントとなります。

　求められる表面状態は通常設計図書で定められることが多いと思いますが、樹脂塗装型枠を使用したコンクリート表面はつるつる過ぎて下地としては不適切です。こういう場合は、下地表面の目荒しが必要となります。目荒しの方法として、国土交通省標準仕様書では高圧水洗による下地処理を挙げていますが、これは水圧でコンクリート表面をザラザラにするもので、有効な手段です。

　また、国土交通省標準仕様書ではMCR工法（Mortar Concrete Rivet-back工法）による下地こしらえも挙げています。これは、型枠内面にポリ

エチレン気泡緩衝シート（いわゆるプチプチシート状のもの）を張り付け、コンクリート表面に蟻足状の凹凸を形成しようというものです。ただ、この工法には、コンクリートの打設時にバイブレーターが触れてシートが破れてしまうことがある、シートの破れた部分や継ぎ目部などをコンクリートに巻き込んでしまうことがある、使用後の廃棄材料が環境面でエコでない、次工程の下地モルタルを塗る際に穴の中に空気を閉じ込めてしまう場合もある、滑らか過ぎる打ち上がり面となるなどの課題を指摘する意見もあります。

これらのポイントについては、通常、監理者は施工計画書の段階で確認しますが、施工段階においても、コンクリート下地面が適正なものであるかを抽出で目視確認したほうがよいでしょう。

② コンクリート表面の欠陥

じゃんかやひび割れ、鉄筋等の異物露出など、コンクリート表面の欠陥も、当然、下地モルタルの付着に影響しますから、これらの有無についても確認します。これらがある場合は、適切な是正処理が必要ですので、それがなされたかどうかも確認してください（書類確認でもよい。）。また、下地コンクリートの欠陥は、前述の石工事の外壁同様、止水上の問題にもつながりますので、その視点からの確認も必要です。

③ コンクリート躯体の面精度

また、コンクリート表面の面精度も重要です。面精度が悪いと、下地モルタルの厚さが不適切なものになりかねません（厚すぎても薄すぎてもよくない。）。そのため、コンクリート面精度が所定の精度以内かどうかも確認しましょう。特に、モルタルを使わない接着張り工法の場合は、コンクリート躯体の面精度がタイル仕上がり面の精度にダイレクトに出てしまいますので、コンクリート工事の施工上、高い精度管理が工事施工者に求められることになります。

④ 躯体のひび割れ誘発目地

コンクリートの収縮ひび割れが後日生じると、それはそのままタイル表面のひび割れとなりますので、下地コンクリートにひび割れ誘発目地が、設計図書に定めるとおり、適切な位置に設けられているかどうかを確認することが重要であり、これは後々の不具合防止にもつながります。

⑤ 下地モルタル施工前の確認

下地モルタル施工前には、特に夏期においては、モルタル中の水分の下地コンクリートへの吸水（ドライアウト）を防ぐために、施工計画書の定めに従ってコンクリート躯体表面の水湿しや吸水調整剤の塗布が必要となります。これらが適切になされているかどうかの確認も必要ですが、通常、これらについては自主管理記録や工事写真等の施工記録により確認することが多

いと思われます。
### 4）下地モルタル施工後の確認
#### ① 打診検査
　下地モルタル施工後には、打診検査（打音検査ともいう。）により下地モルタルが浮いているかどうかを確認します。これは、モルタル表面を木槌の類で軽打したり、パルハンマーと呼ばれる鋼球型テストハンマーの先端鋼球部分を転がしたり軽打したりして、その音によりモルタルの浮きの有無を判断するものです。浮きがあると、健全部とは音が違ってきます。

　この確認について、下地モルタルの浮きは重大な事故につながる可能性がありますので、工事施工者はほぼ全面を確認することを求められることが多いと思われますが、監理者も抽出で自ら確認することが望ましいと思います。

#### ② 外観確認
　下地モルタルの表面がタイルの張付けに適した状態になっているかを見ます。金鏝を使用したつるつる面は不適切です。また、面精度も適切かどうかを確認します。

　さらに、下地モルタルの伸縮調整目地が下地コンクリートのひび割れ誘発目地と同じ位置に入っているかどうかも確認のポイントです。そして、その目地サイズも所定どおりかどうかを確認します。

　これらの確認は、工事施工者には全面を確認してもらいたいです。そのうえで監理者は、工事施工者の施工記録・確認記録を確認し、実地確認は抽出で行うというやり方が多いと思われます。

#### ③ 接着力試験
　設計図書によっては、下地モルタルの接着力試験を行うことを定めている場合があります。このような場合は、定められた手法、判断基準で試験が行われているか、また、その結果は良好かどうかを、できるだけ試験に立ち会って確認したいところです。

### 5）タイル張り施工後の確認
#### ① 張付け工法の確認
　タイルの張付けが、所定の工法（通常は設計図書で指定され、施工計画書でその詳細が定められる）で行われたかどうかを確認することは大切です。施工の初回など適宜抽出で、監理者が作業員の傍らに立って確認することもありますが、通常は工事写真などの施工記録を確認することになります。

#### ② 打診検査
　タイル施工後も、下地モルタルの場合と同様、打診検査を行います。タイル工事の確認の中で、この打診検査は最も大切なものといっても過言ではあ

りません。これにより、見落とした下地の浮きも含めて、タイルの浮きがほぼ確実に発見できます。

　この確認についても、工事施工者はほぼ全面を確認するべきと思いますが、監理者も抽出で自ら確認するほうがよいでしょう。

③　外観確認

　まず、タイル材の割れ、欠け、ひび割れなどがないかを確認します。

　次に目地の幅、通りがよいかを見、またタイル張り面の伸縮調整目地の位置が下地のひび割れ誘発目地の位置と合っているかを確認します。

　さらに、壁面全体の面精度を確認します。太陽光線が壁面に浅い角度で当たると、タイル面の出入りや凹凸の具合がよく分かりますので、そういうタイミングに検査を実施するのもひとつの方法です。

④　接着力試験

　設計図書にタイル張りの接着力試験を行うことを定めているケースは結構多いと思われますが、その場合は、できるだけ試験に立ち会い、試験が所定のとおりに行われているか、結果（速報）はどうかを確認したいところです。また、試験後にその結果を書類（試験報告書）で確認することは、当然のことです。

### (9) 金属工事

　金属工事にはいろいろなものがありますが、ここでは使用頻度の高い軽量鉄骨天井下地と軽量鉄骨壁下地を取り上げ、その監理上のポイントを説明します。なお、以下に説明する立会い確認は、施工の初回など抽出確認を原則とします。

1) 材料の確認

　下地材の軽量鉄骨については、その材質、形状、寸法、性能、亜鉛付着量などが JIS A6517に定められています。そして、工事施工者は搬入伝票や材料に付けられた表示などにより使用される材料が JIS 規格品であること、寸法が所定のとおりであることなどを確認し、監理者はその確認が適切に行われたかどうかを自主検査記録などで確認することになります。また、監理者自らが、抽出で立会い確認を行うこともあります。

　また、壁開口部の補強材や取付け用金物は溶融亜鉛めっきなど、設計図書や施工計画書で定められた防錆処理を適切に行っていることの確認が必要です。これについては、材料搬入時または下地取付け後の検査の際に確認します。

　なお、下地材等の亜鉛めっき面における微細な傷や高速カッター等による切断面については、錆止め塗料によるタッチアップを行う必要はありません。これは、亜鉛めっきを施された薄い材料の場合、亜鉛の犠牲防食作用が期待できるからです。犠牲防食作用とは、これらの傷や切断面等が空気中の水分により

覆われると、亜鉛と鉄のイオン化傾向の違いから、周囲の亜鉛が先に溶け出し、露出した鉄部を電気化学的に保護することです。この保護作用は数ミリしか及びませんので、それを超える大きな傷は、ジンクリッチ系錆止め塗料によるタッチアップが必要です。

### 2）軽量鉄骨天井下地取付け後の確認

#### ① 吊りボルトの確認

a　吊りボルトのサイズ・位置

　　吊りボルトは、ねじ山径9.0mmの全ねじボルト（電気亜鉛めっき）が一般的ですので、それを確認します。

　　次に、吊りボルトの間隔（＠900程度）と壁際からの位置（150mm以内）を確認します。特に、設備ダクトなどにより間隔が大きくなりすぎていないかに注意しましょう。設備ダクトなどが大きく、吊りボルトの間隔や壁際からの距離が適正に確保できない場合の納まりについては、設計図書や施工計画書などの定めによることになりますが、ダクトを避けた吊りボルトを利用して、ダクトの下側にアングルや軽量チャンネル等の鋼材を架け渡してその途中から吊りボルトを吊るなどの方法が考えられます。

b　吊りボルトの取付け

　　吊りボルトは、あらかじめコンクリートスラブの下面に打ち込まれたインサートに十分ねじ込まれて取り付いていることを確認してください。

　　インサートの代わりにあと施工アンカーを使用すると、その埋め込み寸法によっては穿孔時にスラブ内に打ち込まれた鉄筋や配管・配線を傷つけることがありますので、避けることが望ましいです。やむを得ず、あと施工アンカーを使用せざるをえない場合は、工事施工者に鉄筋や埋設配管・配線の位置を十分事前確認するよう指示してください。なお、あと施工アンカーは、抜け落ちにくい雄ねじタイプとすることが望ましいです。

　　また、上部スラブがデッキプレートを使用したスラブの場合、ときどきこのデッキプレートに溶接で吊りボルトを留めつけている例を見かけますが、これは厳禁です。これは、デッキプレートは床コンクリートの型枠として使用している仮設材であることが多く、また、コンクリートとの一体性もないことが多いからです。

c　吊りボルトとダクト等の接触・干渉

　　吊りボルトが設備ダクトなど振動するものと接触・干渉していると、ビビリ音が生じたり、その振動が天井やスラブに伝播したり、ダクトの保温材や外装が傷ついたりすることがあります。特に、最近使用例の多いフレキシブルダクトにこのような接触がよく見受けられます。こういった接触がないかどうかをチェックしましょう。

このことは、吊りボルトだけではなく、軽量鉄骨天井下地の水平補強や斜め材、耐震ブレース等とダクトの干渉についてもいえることです。

どうしても接触が避けられない場合は、吊りボルトに緩衝材やビニールテープを巻きつけるという方策をとる場合もあります。

② 野縁等の確認
a 天井高の確認

まず、野縁の取付けレベル、すなわち天井の高さを確認します。床スラブコンクリート面から野縁下面までの距離を何箇所か測定し、床仕上げ厚さと天井ボード厚さを考慮して、天井高が確保できているかどうかを確認します。

天井高の精度については、設計図書や施工計画書によることになりますが、±10mm程度が一般的です（国土交通省監理指針に「±10mm以内とすることが望ましい。」という記載があります。）。ただし、プロジェクトや室の種類によっては、マイナス誤差を許容しない場合もありますので注意してください。例えばマンションなどでは、パンフレット等に記載された天井高が厳守されていないと、クレームにつながることがあります。

また、天井面が広い場合は、水平の天井でも中央部が下がって見えることがありますので、中央部を少し上げて視覚的に水平に見えるようにすることもあります。

b 野縁等の取付けの確認

野縁の間隔は設計図書で定められますが、国土交通省標準仕様書では、天井ボードの下地張りがある場合でシングル野縁間隔は@360mm程度、ダブル野縁間隔は@1800mm程度と定めています。そうなっているかを確認します。

また、野縁受け（間隔は吊りボルトと同じになり@900mm程度。）や野縁受けハンガー、クリップなどが専門工事業者の標準仕様（これが、施工計画書に示される。）に基づいて、所定の間隔で適切に取り付いていることを確認します。

c 開口部や天井段差の位置・補強

天井には照明器具や点検口、空調関連機器等が取り付き、そのための開口が必要になることがあります。この開口の大きさによっては野縁や野縁受けを切断する必要が生じます。また、天井には折り上げ天井など段差がある場合もあります。

こういった場合、これらの位置や寸法が設計図書や施工図のとおりか、補強が設計図書や施工計画書に定めるとおり、適正になされているかを確認します。

③ 天井ふところが1500mm以上の場合の処置の確認

　国土交通省標準仕様書では、天井のふところが1500mm以上の場合は、所定の部材により所定の間隔（縦横＠1800mm程度）で吊りボルトの水平補強と斜め補強を行うこととしています。これらの補強が適切になされているかどうかを確認します。

　なお、この補強は、あくまで通常時の揺れ等を制御するためのものであって耐震性を意図したものではなく、後述の耐震補強とは異なるものであることに注意を要します。

④ 軒天井など外部天井への対応の確認

　軒天井やピロティーの天井など外部にあって風圧力を受ける天井については、強風による脱落や破損等を防ぐため、特別な配慮が必要です。

　まず、吊りボルトや野縁の間隔が通常より狭くなったり、各部材の断面性能が大きくなる場合があります。また、角パイプの中に吊ボルトを通すなど、吹き上げに対する吊りボルトの座屈に配慮する場合もあります。さらに、取付け金物をクリップでなくビス留めにするなどの対策が求められることもあります。このほか、軒天井内部は外部と同じ空気環境と考えられますので、各部材・部品の防錆についての検討も必要となります。

　こういった対応は、施工図や施工計画の段階に、計算等により求められることであり、設計図書で定められる場合もあれば、設計図書では要求性能のみを規定し専門工事業者が計算して仕様を決定する場合（すなわち性能発注的な場合）もあります。いずれの場合も、対応の詳細は施工図や施工計画書に記載されていなければなりませんので、これらのチェックの際はこういった点をしっかり確認しておいてください。

　現場での検査においては、このような対応が施工図や施工計画書に記載されたとおりになっているかを確認することになります。

⑤ 天井の耐震性の確認

　2011年3月11日に発生した東日本大震災による天井の崩落事故を受けて、国土交通省から平成25年8月5日に国土交通省告示第771号「特定天井および特定天井の構造耐力上安全な構造方法を定める件」が公布され、同年9月26日に告示第771号の技術基準を具体的に解説した「建築物における天井脱落対策に係る技術基準の解説」が発行されました。そして、これらは平成26年4月1日に施行されました。

　これにより、すべての新築の建築物において、「a 水平投影面積200㎡超」、かつ「b 高さ6m超」、かつ「c 重さ2kg/㎡超」、かつ「d 日常利用する場所にある」、かつ「e 吊り天井」のa～eのすべてに当てはまる天井は「特定天井」とされ、告示第771号及び関連告示や上記技術基準に適合

する耐震性を備えたものとしなければなりません。

特定天井の耐震基準には、仕様ルート、計算ルート、特殊検証ルート（大臣認定ルート）の三つがあります。このうちの仕様ルートでは、特定天井の構造方法を次のように定めおり、これに適合したものとする必要があります。

1. 単位面積重量は20kg/㎡以下とする。
2. 天井材は相互に緊結する。
3. 支持構造部は構造耐力上主要な部分に緊結する。
4. 吊り材はJIS基準同等以上の引張強度を持つ。
5. 吊り材および斜め部材は構造耐力上主要な部分に緊結する。
6. 吊り材は鉛直方向に支持し、1か所/㎡以上を釣合い良く配置する。
7. 天井面には段差や地震時の応力集中箇所を設けない。
8. 吊り材は3m以下とし、概ね均等とする。
9. 斜め部材はV字状を1組とし、階によって異なる算出式により算定した組数以上を、各方向にバランス良く配置する。
10. 端部は6cm以上のクリアランスを確保する。
11. 屋外では風圧力を考慮する。

天井について、法令で定められた耐震性の確保のためには、吊りボルトの設置、耐震ブレースの設置、壁と天井の間のクリアランス確保、各部材の外れ防止策（取付け金物・クリップ・ハンガー）などが、これらの規定に適合することが求められます。

これらの対応は、設計図書や施工計画書で示されますので、現場ではそのとおりになっているかどうか確認することになります。特に、耐震ブレースの設置は耐震規定の要ですが、設備ダクト等との干渉により移動したり、省略されてしまうことが多々ありますので、その数や配置がX方向Y方向とも所定どおりかどうか、きちんとV型に入っているかどうかなどを確認することが必要です。

### 3）軽量鉄骨壁下地取付け後の確認

① 壁位置等の確認

まず、壁の位置やドアなどの開口部の位置が正しいかどうか、施工図と照合して確認します。手戻り工事を最小限にするため、床面に打たれた墨出しの段階（壁下地軽量鉄骨の施工前）で確認することもありますが、この段階の確認は工事施工者に委ねる場合が多いと思われます。

② ランナーの取付けの確認

ランナーの固定はコンクリートスラブへは鋲打ち銃による打ち込み鋲によって、鉄骨へはタッピンねじや溶接によって行います。その位置はラン

ナー端部から50mm内側とし、間隔は@900mm程度以下が一般的です。現場では、そうなっているかを抽出で確認します。

防火区画を構成する壁の上部ランナーについては、上部スラブ下面に密着して取り付けていなければなりません。特に、上部スラブがフラットデッキを使用している場合、デッキのリブの下端に直交方向にランナーを取り付け、リブ間の隙間を耐火材で塞ぐといったディテールでは、リブ内部の空洞が区画を貫通しているため防火区画が成立していません。こういった場合は、他の解決方法もありますが、リブがランナーと干渉する部分のフラットデッキを切断・除去してランナーを上部スラブ下面に直接取り付けるという方法が望ましいです。

③ スタッド等の取付けの確認

軽鉄スタッドのサイズ（せい、幅）は、壁の剛性を確保するため、その高さによって使い分けられていますので、それがスタッド高さに応じた適切なものかどうかを確認します。また、スタッド間隔はボードの下地張りがある場合は@450mm程度、そうでない場合は@300mm程度です。また、ボードはスタッドに直接タッピンねじの類で取り付けられますので、スタッド間隔は精度よく取り付けられている必要があります。スタッド間隔の精度は±5mm以下、垂直精度は±2mm程度以下と国土交通省監理指針に示されており、これが一般的です。検査に当たっては、これらを確認します。

振れ止め（横つなぎ材）の間隔は、通常下部ランナーから@1200mm程度ですので、それも確認します。

④ 開口部の補強の確認

出入り口等の開口部では、扉の開閉に伴う衝撃や振動があるため、それに耐える補強材（通常は角形鋼管やC形鋼）がスタッドとは別に設けられます。

縦枠補強材（垂直方向補強材）については、上下ともその端部は梁やスラブなどの構造材に取付け用金物などでしっかりと取り付けられていなければなりません。また、扉の開閉に伴う振動がスタッドに伝わらないよう、縦枠補強材をスタッドに直接接触させないことを原則とします。

ダクト等の比較的小さな開口周りの補強については、これらの補強材等がダクトに接触して、その振動が壁下地に伝わることのないようにしておく必要があります。

検査に当たっては、開口部の補強についてこれらのことを確認することになります。

⑤ 溶接部の確認

壁下地材の取付けに当たっては、ランナーの固定や開口部補強材の取付け

など各所に小規模な溶接が使われることがあります。

　溶接強度そのものが問題になるようなことはあまりありませんが、その部分の防錆塗装処理が十分であるかどうかについてはよく見ておきましょう。

⑥　層間変形追従性の確認

　設計図書の定めにもよりますが、鉄骨造の建築物などある程度の層間変形が予想される壁においては、中小地震程度では壁のボード類が割れることがないように、壁そのものが層間変形に追従できるような納まりとなっている必要があります。その方法は、スウェー方式又はスライド方式と呼ばれる方法が一般的で、これは、壁体が、下部の床スラブには固定されているが、上部構造体の水平の動きに対しては縁が切れているという仕組みです。

　そのため、一般の軽鉄壁下地では、スタッドは上部ランナーに留め付けず、スタッドが上部ランナーの溝の中を自由に滑ることができるようにしておきます。検査ではそこも見てください。

　また、これは内装工事の範疇ですが、仕上げボードを軽鉄壁下地に留め付けるときは、下部ランナーとスタッドには留め付けますが、地震時に壁体がスライドできるように、上部ランナーには留め付けてはいけないことに注意が必要です。

　次に、軽鉄壁下地と柱や直交壁等との取り合いが問題になります。地震時には、スライド方式の場合、壁体と柱等とは違った動きをしますので、その変形差（＝層間変形）を吸収できる納まりとしておく必要があります。その一例として、軽量鉄骨下地と柱等の間に想定層間変形に相当する隙間を空けておき、ロックウールなどを充填するという方法があります。検査の際は、こういったところも見ておきましょう。

⑦　遮音壁への対応の確認

　設計図書の定めにより高い遮音性が求められる壁（遮音壁）については、それに適した壁のシステムをいくつかの専門工事業者が製品化しています。例えば、音がスタッドを介して隣室に伝わらないように、スタッドを壁の当該室側ボード専用と隣室側ボード専用に分けて千鳥状に配置し、それぞれのボードを交互に取り付けるといったものが挙げられます。このような壁の軽鉄下地検査に際しては、スタッド等が施工計画書で採用したシステムの仕様どおりになっているかを確認します。

　また、金属工事の範疇ではありませんが、このような遮音壁では、内部にグラスウールなどの吸音材を充填し、ボードもクッション材を介してスタッドに取り付けることがありますので、その確認も必要です。

　さらに、電気設備工事になりますが、遮音壁に電気用のボックスが付いているとそこが遮音性能の弱点になりがちですので、原則としてこのような

ボックスを取り付けないようにします。設計上どうしても避けられない場合は、ボックスを鉛張りにするなどの遮音対応が必要です。軽鉄下地の検査の際に、こういった点も見ておくとよいでしょう。

### (10) 左官工事

　左官工事には、モルタル塗り、床コンクリート直均し仕上げ（じかならし）、セルフレベリング材塗り、仕上塗材仕上げ、石膏プラスター塗り、ロックウール吹付け等がありますが、ここではモルタル塗りを取り上げて説明します。また、モルタル塗りの材料、下地、施工の確認におけるポイントについては、前述のタイル工事の下地モルタルの項でかなり説明しましたが、ここでは、そこで触れなかったいろいろな注意点を紹介します。

#### 1）下地との関係での留意事項

① 異種下地の接続箇所

　コンクリート壁とコンクリートブロック壁等の異なる下地が隣り合う箇所をまたいでモルタル塗りを施工する場合に、そのまま連続して塗ると必ずと言っていいほど異種下地の境界線に沿ってひび割れが生じます。こういったところには、モルタル塗り仕上げに目地や見切り縁が必要です。検査の際は、それらが適切に設けられているかどうかを確認します。

② コンクリート下地のひび割れ誘発目地

　下地となるコンクリート壁にひび割れ誘発目地がある場合、それをまたいでモルタル塗りを行うとそこにひび割れが生じます。前記の異種下地の場合と同様、コンクリート下地のひび割れ誘発目地の部分には、モルタル塗り仕上げにも目地や見切り縁を設けなければなりません。検査ではその点も確認しましょう。

③ コンクリート打継ぎ部等

　コンクリート下地の打継ぎ部や開口部周りは、コンクリートの乾燥収縮などによるひび割れが生じる可能性が高く、そうなった場合、その上の仕上げモルタルにもひび割れが生じますので、設計図書の定めによりますが、モルタル塗りにメタルラス張りを併用するなどのひび割れ防止策を講じる場合があります。それがなされたかどうか、工事写真などの施工記録で確認してください。

#### 2）その他の留意事項

① 仕上げ面の平滑度

　左官工事は手作業であることが多いため、その仕上げ面の平滑度には限界があり、多少の不陸は避けられません。どんなに丁寧に施工しても、アルミパネル等の平滑な面と取り合う場所では、平滑度の差が目に付くことがあり

ますが、手仕事の限界を理解したうえで検査に臨んでいただきたいと思います。

② 塗り厚

　モルタル塗りの厚さは設計図書で示されます。塗り厚をあまり厚くすると剥離の可能性が高くなりますので、国土交通省標準仕様書では、壁の場合で25mm以下と定めています。

　また、1回ごとの塗付け厚さについても、あまり厚くなると鏝押さえが効かなくなり剥離やひび割れの恐れが生じますので、これも国土交通省標準仕様書では7mm以下としています。

　これらの塗り厚については、施工後の目視検査では確認できませんので、施工記録等の書類で確認することになります。

③ 建具のちり寸法

　左官工事の仕上げ面の平滑度に限界があることから、それに取り合う建具枠等のちり寸法（出っ張り寸法）は、ある程度の大きさで確保することが望ましいです。ちり寸法をあまり小さくすると、壁仕上げ面の不陸が目立つことがあるからです。こういったことは施工図・施工計画書の段階でチェックしておくべきですが、現地の検査でも再確認をするとよいでしょう。

④ 見上げ部分のモルタル塗り

　天井面や軒裏など見上げ部分にモルタル塗りを行うと剥離・落下事故を起こしかねませんので、原則として禁止したいところです。しかし、設計上どうしてもそれが避けられない場合には、うす塗りや吹付け、ステンレス製ラス等の併用など剥離しにくい工法を採用する必要があります。これも施工図・施工計画の段階でチェックしておくべきことですが、検査の際にも再確認をしておきたいところです。

⑤ 天候に関する注意

　夏季や風の強いときにモルタル塗りを施工しそのまま放置すると、急激な表面乾燥が起こり、セメントの水和に必要な水分が失われ、強度が発現しないことがあります。また、急激な乾燥はひび割れの原因にもなります。

　また、冬季の気温が低いときには、夜間に凍害を受ける可能性もあります。

　これらを避けるためには、施工時期に配慮したり、適切な養生を施すなどの措置が必要です。監理者は、この措置について施工計画書で確認するとともに、施工記録などによりその実施の確認を行うことが望ましいです。

⑥ 建具枠周りのモルタル充填

　コンクリート壁などと取り合う建具の枠周りにモルタルを充填する施工も左官工事のモルタル塗りの一種です。防火区画や遮音等の観点から、これが

空隙なくしっかりと充填されていることを確認することが重要です。

さらに、雨掛りとなる外壁においては、枠周りに充填するモルタルには、防水性能を付与するため、防水剤を混和することが国土交通省標準仕様書で定められています。また、寒冷地など必要に応じて凍結防止剤を入れることも求められます。ただし、これらの防水剤や凍結防止剤は、塩化物など金属の腐食を促進するものであってはいけません。これらの材料の適正な使用については、施工計画書で確認するとともに、所定のとおり施工されたかを施工記録などで確認することが望ましいです。

#### (11) 建具工事

ここでは、建具工事のうちアルミニウム製サッシ、鋼製ドア、ガラスについて取り上げ、その検査・確認のポイントを説明します。

1) アルミニウム製サッシ（以下、AWという。）

① 製作図、施工計画書の段階で特に確認しておきたいこと

本編は、主として立会い検査時における確認のポイントを説明するものですが、ここでは、AWの検査の前に、つまり製作図や製作要領書、施工計画書を検討する段階で特に注意して確認しておきたいことを次に例示します。これは、これらのことが、建具が出来上がった状態で問題点として発見されても、手戻りが重大であり、是正に困難を伴うからです。製作図や製作要領書、施工計画書の段階で、どんなものを作るのかということを確認・確定しておき、製品段階では、そのとおりに作られているかどうかを確認することになります。

a 寸法、形状

当たり前のことですが、各所の寸法が設計図書のとおりか確認します。特に開口部寸法は建築基準法に関係する場合もありますので、よく見てください。また、ガラスを納める溝のサイズについても、ガラス厚やシーリングサイズ、ガラスの掛かり代、ガラスのエッジクリアランス（次項による。）などを考慮して適正なものかどうかの確認が必要です。

形状については、特に止水性の観点から見ましょう。見込み寸法や開口下面の外勾配、水返しの立上り、水切り板などは止水上重要な要素ですので、設計図書に基づいてよく検討したいところです。

また、建具枠とコンクリート躯体等との隙間は、後述のモルタル充填の作業性のため開口上部と左右は45mm程度、下部は75mm程度を確保したいところです。

AW構成部材の剛性に関しては建具製作所の経験に委ねても大丈夫だと思います。

b　層間変位の追従性

　　地震等による層間変形により建具枠や障子が平行四辺形に変形しても、はめ込まれたガラスがそれに衝突して破損しないよう、ガラスエッジと周囲の額縁のガラス溝底との間には適切なエッジクリアランスが必要です。

　　この寸法が適切に取られているかどうか、建具製作所が作成する計算書と製作図を確認します。

c　結露対策

　　建具面に生じる結露水の量はどの程度か、その結露水はどのように処理するのかについて設計図書に基づく建具製作所の提案を確認します。拭き取り処理の場合は、結露水受けの貯留容量が適切かどうかを確認し、排水機構により排水する場合は、そのルートと台風時等に逆流の恐れはないかを確認します。例えば、結露水受けについては、年末年始の長い休みの間でも、その間に生じる結露水を貯めておけるだけの容量が必要です。

d　各種性能

　　耐風圧性、気密性、水密性、遮音性、断熱性など、AWの各種性能について設計図書に定めがある場合は、それを確認します。

　　これらについては、建具製作所が過去に実施している類似建具の試験の報告書等の証明資料を提出させて、それを確認するとよいでしょう。設計図書に特に指定がない限り、わざわざそのための実大試験を実施させることはほとんどありません。

e　熱伸び対策

　　横連窓の場合など、AWが日射によって熱伸びし、異音（摩擦音）を発することがあります。いったんこの不具合が生じてしまうと、発音箇所の特定やその防止措置などに非常に苦労することが多いと思われます。

　　そのため、製作図の段階で、熱伸びの影響をよく検討し、個々の部材長さを短くするとか、部材の組み立て方法を工夫するとか、可動部にテフロンシートなどを挟むといった対策をあらかじめ施しておく必要があります。監理者もそういった視点で製作図をチェックすることが必要です。

f　接触腐食

　　AWに補強材として鋼材が使用されることがありますが、アルミニウム材と直接に接触するとアルミニウム材が接触腐食（電食ともいう）を起こすことがあります。そのため、防食処理が必要です。また、その他の金属がアルミニウム材と接触する場合も同様の検討が必要です。一般にアルミニウム合金と接触しても問題のない金属は、亜鉛、クロム、ステンレス（体積が小さい場合）などです。こういった点について、製作図で確認してください。

② **製品検査**

AWの製品検査では、まず材料（アルミニウム素材）が所定どおりのＪＩＳ材かをミルシートなどの書類により確認します。さらに、板厚や各所の寸法、形状が製作図どおりかを計測確認・目視確認するとともに、表面仕上げの状態（電磁膜厚計による塗装の膜厚測定を含む。）を確認します。また、工場でAWの仮組みがされている場合は、後述の動作確認も行います。

　AWが既製品など簡易なものの場合は、工場での製品検査を省略することが多いと思われます。

③　**枠取り付け後の確認**

　AW工事完成後ではなく、その前段階の、枠を壁に取り付けた後に、次のような点を確認しましょう。もし、これらの立会い確認が出来ない場合には、工事施工者の自主検査記録や工事写真などで確認するとよいでしょう。

a　開口寸法の確認

　鋼製巻尺等を使用して、開口寸法（幅、高さ）が製作図のとおりかどうかを確認します。許容誤差については、施工計画書で定めておくのが一般的と思われます。

b　取り付け状況の確認

　枠が、周囲の躯体にあらかじめ取り付けられたアンカーに、適切に溶接で取り付けられているかを確認します。溶接スパッタがアルミニウム材に付着すると表面仕上げに悪影響がありますので、そういう点も見てください。また、溶接部が、適切に防錆処置がなされているかについても確認します。なお、この確認は、次項の枠周囲の充填がなされる前に行う必要があります。

c　枠周囲の充填状況の確認

　枠の周囲が施工計画に定められたとおりモルタル（防水剤入りの場合が多い。）など所定の材料で適切に充填されているかの確認も大切です。この充填は、防火上、遮音上あるいは止水上重要な部位ですので、しっかりと確認したいところです。

d　取付け精度の確認

　枠の取付け後、工事施工者の用意する基準墨や逃げ墨を基準に、下げ振り、水糸を使用して、枠の倒れ（X.Yの両方向）・歪み・曲がりなどを抽出で計測確認します。

④　**AW工事完了後の検査**

a　動作確認

　AW工事完了後の検査では、障子を開閉したりクレッセント等の金具を操作したりといった可動部の動作確認が主となります。工事施工者は全数確認することが望ましいですが、監理者は抽出で確認します。

　動作確認では、スムーズに動くか、こすれ音が生じていないかを確認しま

す。また、引違い窓などの場合は、指を挟まないように適切な引き残しが確保されているかにも注意します。
 b　目視確認
　　アルミニウム材や塗装の表面に傷、汚れの類がないかどうかの確認はもとより、ガラスを留め付けるシーリングや枠周りのシーリングがきちんとなされているかどうかを見ます。また、ガラスの留付けにグレイジングチャンネルやグレイジングビードといったガスケット類を使用している場合は、それらが捩れたり外れたりしていないかを見ます。
 c　その他の確認
　　製品検査を行わなかった場合には、AW工事完了後の検査で各所の寸法や形状、塗装膜厚を抽出で確認する必要があります。
2) **鋼製ドア**（以下、SDという。）
① **施工図、製作図、施工計画書の段階で特に確認しておきたいこと**
　　SDの検査の前、つまり施工図や製作図、施工計画書等を検討する段階で確認しておきたいことは、寸法、形状、結露対策（外部ドアの場合）、各種性能などいくつもありますが、その注意点は上記のAWの場合とある程度同じです。それに加えて、SDとして特に注意しておきたいことの例として次のようなものがあります。
 a　扉の開き勝手等
　　扉の開き勝手等には、通常、次のようないくつかのルール・原則があります。
・廊下を歩いている人が、急に開いた扉に衝突しないように、室内側に開くようにします（内開き）。
・開き勝手は右引き左押しを原則とします。これは右利きの人が扉を右手で引いて開き、スムーズに通れるようにするという開き方向です。この場合、反対側からは左手でドアハンドルを操作しながら押して開くことになります。
・直交する壁の際(きわ)の建具は、室内に入りやすいように、上記の右引き左押しにこだわらず、扉が直交壁に向かって開くようにします。この場合、扉が90度開いたときでもドアハンドルやドアクローザー（ドアチェックともいう。）等が壁に当たらないように、ドア枠を直交壁から100mm以上離します。なお、直交壁沿いに棚などの家具が置かれる予定がある場合は、そのための寸法を確保する必要がありますので、建築主に確認しておきましょう。
　　総合図や平面詳細図を検討する際は、こういったことに注意を払って確認してください。

b　遮音性
　　ＳＤについては、設計図書で遮音性能が規定されていることがよくあります。こういった場合は、製作図を検討する際、枠や扉の構造がどうなっているか（遮音性に配慮した中骨の構造、グラスウールの充填など）、遮音対策用のハンドルなどのドアセットを使用しているか、扉の周囲に気密材やモヘアなどを適切に使用しているか、扉の下部に気密ヒレゴムを装着しているかなどを設計図書と照合して確認します。
　　また、建具製作所による類似建具の試験成績書を確認することも大切です。

c　丁番からの雨水の浸入
　　外部に面する扉の丁番が差込み旗丁番の場合、雨水が丁番の差込み口から扉内部に浸入し、扉内の中骨や表面鋼板の内面を錆びさせることがあります。これを防ぐため、丁番差込み口の隙間を水密溶接などで内部から塞ぐことが必要ですが、製作図がそうなっているかどうかも確認してください。

d　外部枠の腐食対策
　　外部に面するSD枠の腐食対策として、縦枠の下部300mm程度をステンレスとするよう設計図書で定めていることが多いと思います。この場合、鋼製の枠上部との継ぎ目が生ずることになり、ここが防錆上の弱点になりかねませんし、製作上も手間がかかります。そのため、当該枠の上から下まで1本物の通しでステンレス製とすることがあります。

e　ドアハンドル（ドアノブ）の位置
　　完成したＳＤ等をドアハンドル（ドアノブ）を握って押し開いた場合に、拳がドア枠などに当たることがよくあります。特に、縦型の押し棒タイプを使用した両開きのかまち扉の場合などに顕著です。これは、ドアハンドルが縦枠や扉の召合せに近すぎることによるもので、製作図の段階でチェックしておきたい点の一つです。
　　ドアハンドルの高さについては、設計図書の定めによることになりますが、90～100cm程度とすることが多いと思われます。また、バリアフリーを考慮する場合は、例えば85cm程度にするなどの配慮が必要となります。もし、設計図書にドアハンドルの高さについての定めがない場合は、設計者に問い合わせるようにします。

f　防火戸の性能
　　防火戸（建築基準法に定める特定防火設備又は防火設備）の場合、国土交通大臣の認定を受けたもの、または国土交通大臣が旧建設省告示第1360号及び1369号（ともに平成12年）に定めた構造方法による製品である必要があります。従って、防火戸について、製作要領書において認定番号が記載され、

かつ認定書の写しが添付されているか、あるいは所定の構造方法で製作されることになっているかを確認します。

② 製品検査

ＳＤの製品検査時に確認することには、材料規格や鋼板類の板厚、寸法、防錆塗装の状態などいくつかありますが、前述のＡＷの製品検査とほぼ同様です。なお、防火戸に使用する鋼板の厚さでは、指定厚さに対してマイナス許容差は認められないので注意してください。また、鋼材は通常溶融亜鉛めっき鋼板としますが、亜鉛の付着量が製作要領書で定められた所定のとおりかどうかを電磁膜厚計で抽出測定して確認しましょう。

ＳＤの製品検査については、初品で実施し指摘事項を洗い出し、以後の製作に反映することが多いと思われます。また、同じ目的から仮組み検査を行うことが多いので、後述の動作確認や開口寸法などの確認をこのときにやっておきます。

ただし、ほとんど既製品のようなＳＤの場合は、製品検査を実施せず、建具製作所の自主検査記録を確認することでそれに代えるという方法もよく採られると思われます。

なお、製品検査の際には、用意された初品の確認だけではなく、製作途中のものも抽出で見て、出来上がってからでは見ることのできない扉の中骨の状態（間隔、形状・寸法、板厚）や扉内部へのグラスウールなどの充填状況（遮音性能に影響する。）、旗丁番の差込み口の水密溶接の状態なども確認したいところです。

また、設計図書で遮音性能の試験による確認が指定されている場合は、製品検査の際に遮音性能の試験を行うことがよくあります（建具製作所に試験設備を備えていることがある。）。この試験については、事前に試験計画書を提出させ、よくチェックしておき、そのとおりになされているかどうかを確認するとともに、試験結果が要求性能どおりかどうかを確認します。

③ 建具枠取付け後の検査

ＳＤの枠を取り付けた時点で、その状況を検査することが一般的です。すべて完成した状態では見えなくなる部分もあるし、枠の取付けに関する不具合を発見しても手直しが大掛かりになることがあるからです。

a 枠の固定の確認

ＳＤの枠が周囲の鉄筋コンクリート躯体または鉄骨補強材に所定のピッチで適切に固定されているかを確認します。

この枠の固定は、躯体に先付けされたアンカーに現場溶接で行われるのが一般的ですので、溶接の状態を見ます。ビードが短く点溶接のようになっているものは脆性破断しやすいので、指摘するとよいでしょう。特に、大きく

て重い扉の場合は、閉まる時の枠への衝撃力が大きいので要注意です。また、溶接部の防錆処置についても確認します。

　b　各所寸法と取付け精度の確認

　　まず、現場での枠取付け時に寸法が変動することのある開口寸法（幅、高さ）と枠と壁面との段差（ちり寸法）を測定し、製作図と照合確認します。また、製品検査で各所の寸法（枠の見込み寸法など）を確認していない場合は、それらについても抽出で計測確認します。

　　さらに縦枠の倒れ（X、Y方向とも）について、下げ振りを利用して計測確認します。これらについては、最上部、中段付近、最下部の3ヶ所ぐらいの計測を行います。また、同じく縦枠にはらみ（曲がり）がないかを、これも下げ振りを用いて計測確認します。これは、縦枠は溶接で周囲の壁に固定しますので、溶接縮みにより縦枠中央部あたりが枠の外側（壁面内で扉エッジから離れる方向）に湾曲することがあるからです。

　c　沓摺（くつずり）の確認

　　沓摺があるＳＤの場合、沓摺の床仕上げ面からの立上り高さが製作図のとおりになっているかどうかを確認します。

　　次に、設計図書で定めのある場合、沓摺の中へのモルタル充填が適切になされているかどうかを打音などにより確認します。これが不十分だと、沓摺上を重い台車が通過した場合などに、沓摺鋼板にへこみが生じることがあります。

　d　枠周りの充填の確認

　　枠周りには、ＡＷ建具の場合と同様、外壁の場合は防水材入りモルタルを、内壁の場合はモルタル又はロックウールを充填することが一般的です（モルタル充填は左官工事ではありますが。）。これは、防火区画上、止水性能上（外壁の場合）、遮音性能上、断熱性能上、非常に大切なものです。

　　この充填がしっかりとなされているかどうかを目視確認したいところです。検査のタイミングなどの関係で立会い確認できない場合は、工事施工者に工事写真を撮影させ、それを確認するとよいでしょう。

　④　ＳＤ工事完了後の検査

　a　動作確認

　　ＡＷ同様、ＳＤについても、扉や各種金物を取り付けた後の工事完了後検査では、動作確認が主なものとなります。主な確認事項は次に例示する通りです。

・扉を開いたとき、扉と床との擦れはないか
・扉を引いて開ける力は重過ぎないか（50N ≒ 5 kgを目安とすることが多いので、バネばかりで確認することもある。）

- 開閉時に異音を生じていないか
- ドアハンドル（ドアノブ）を握って押し開いた場合に、拳がドア枠などに当たることがないかについても再確認
- 扉を開ききったときに、ドアノブなどが壁等に当たらないように戸当たりや制限付きドアチェックなどが適切についているか
- 扉が閉まる時、ドアクローザーなどで扉がきちんと最後まで円滑に閉まるか
- 両開き防火戸が閉まる時、順位調整機が正しく作動するか。この場合、機械排煙が作動した時の気圧差で扉が閉じなくなることはないか
- ドアハンドルやサムターンは正しく動くか
- ドアストップ機能、開度制限などは所定のとおりか。常閉の防火戸等にドアストップ機能がついていてはいけない。
- 両開き戸のフランス落しは、正しく動くか。ガタつきや擦れはないか

b 外観確認

SD取り付け後の外観確認では、次の例示のような事項を確認します。

- 扉の開き勝手、親子扉の関係等は所定のとおりか
- 錠前の表・裏で、シリンダー、サムターン等の組合せは所定のとおりか
- 戸当りは、所定のものが所定の位置についているか。戸当りの位置は、歩行や家具配置の障害になっていないか。また、それは扉の吊り元に近すぎないか（近すぎると、てこの原理でヒンジに力がかかり、こわれる原因になることがあります。）。こういう箇所がある場合、戸当りをやめてドアクローザー等による開度制限で対応するなどの検討が必要となる。
- 防火戸の場合、閉鎖時に有害な隙間がないか
- 扉と枠との隙間がバチになっていないか（平行か）。広すぎないか
- かまち扉や小窓付き扉などの場合、ガラスの留め付け（シーリング、ガスケット、押し縁など）は適正か
- 外部扉の場合、枠周りのシーリングに凹凸や傷、剥がれ、割れ、汚れはないか
- 外部扉の場合、差し込み旗丁番の止水処理はできているか（製品検査時などに確認できなかった場合、写真などで確認する。）
- 現場塗り防錆塗装に不十分なところはないか。特に、扉の上部や下部の小口の塗装が不十分なことが多いので、検査鏡で確認する。
- 現場塗装は所定の色か。塗りむら、はみ出しはないか
- 塗装面に傷や汚れはないか

c その他の確認

AWの時と同様、製品検査を行わなかった場合には、SD取付け後の検査

で各所の寸法や形状を抽出で確認する必要があります。

### 3）ガラス

ガラスに関する監理上の注意点はたくさんあります。ただ、設計内容の確認に関することや建築主への説明ができているかの確認など、検査段階ばかりではなく、施工計画書や施工図の確認段階での留意事項も多いのですが、ここでは、それらもひっくるめて紹介します。ただし、ＤＰＧ工法などの点支持工法については説明対象としていません。

なお、ここで説明することは、必ずしも監理者がやることばかりではなく、本来設計者が十分な検討を行い、設計図書に反映しておくべきことも多いと思われます。しかし、場合によっては大きな事故につながることもあるため、それらが適切になされているかどうかを現場段階で監理者が再確認することが望ましいと思います。

① 設計内容の確認

a　ガラスの強度計算及び層間変形への追従性

まず、施工計画書検討の段階で、設計段階の設計条件・計算結果を確認します。さらに、サッシディテール決定前に、工事施工者を通じてガラス製造者に依頼して、使用するガラスの大きさ・形状・厚さについて、設計風圧力や必要に応じて衝突力（ガラス手摺の場合など）に対するガラスの安全性を強度計算により再確認することも必要です（施工計画書の検討の中などで）。また、建具が地震や風による層間変形への追従ができるようになっているかを確認します。

b　強度計算で決まるもの以外のガラスの厚さ

ガラスパーティションや框扉（かまちとびら）など、室内で用いるガラスは、風圧に対する計算を行わないため薄くなりすぎることがあり、注意が必要です。特に２辺支持の場合などに、手で軽く押しただけで大きくたわんでしまうようなケースも見受けられます。これらは、手で押しても過大に変形しないような、また框扉については開閉の衝撃やねじれ変形にも大丈夫な強度と厚さとする必要があります。

また、外部に面するガラスについても、熱線反射ガラスで映像調整をする場合は厚さ８mm以上が必要です。

さらに、遮音性能についても十分な厚さとなっているかも確認するとよいでしょう。ガラスの遮音性能については、"外部の音がうるさい"といった苦情・トラブルを防ぐため、建築物の用途（学校・病院など）や使用箇所（役員室・会議室など）によっては、設計に採用したガラスの遮音性能を確認し、設計段階で建築主の了解を得ておくことが必要です。これがなされているかどうかも確認するとよいでしょう。

c　ガラスの種類

建築基準法に基づく延焼の恐れのある部分や防火区画壁が交差する部分（幅90cm以上）に網入りガラスまたは耐熱ガラスが使用されているかを確認します。また、トップライトに使用するガラスは飛来物などに備え、また、破損による落下を防ぐために、網入りガラス又は合わせガラスとなっているかについても確認しましょう。

d　熱割れ計算

ガラス製造者による各種ガラスの熱割れ計算を確認します。特に、熱割れに影響するいろいろな条件（ガラスの種類、日影条件、色つきのフィルム張りの有無、バックパネルの有無等）が計算に加味されているかを見たいところです。

e　ガラス破損時の二次被害防止対策

万一ガラスが破損したときの脱落・落下による二次被害の防止策（合わせガラスの使用、飛散防止フィルム張り、当該窓下部の植込み・庇・バルコニーなど）を確認します。特に、高所で使用している場合、水平・傾斜面で使用している場合などは破損したときの二次被害が重大なものになりがちであり、注意が必要です。また、ガラスエッジを露出して使用している場合もガラスが割れやすいため、要注意です。

f　隣り合うガラスの色調

フロートガラス系と強化ガラス系（熱処理品）は、表面の平滑度が違うため、隣り合わせで使うと外観上の違いや映像の違いが出るので要注意です。また、熱線反射ガラスは厚さによって色調に差があるため、隣り合うガラスの板厚の差は2mm程度とすることが望まれます。これらの点も再確認しましょう。

g　コーナーでガラスが接する部分の隙間

ガラス同士が建築物のコーナー部などでシーリングを介して直角に接する場合、想定される層間変形に追従できる隙間を確保したディテールとなっているかにも注意を払いましょう。

② 使用環境に関する確認

a　外部に面するガラスの室内側における熱溜まり

ガラスの内側に、バックパネル、カーテン・ブラインド・家具などで日射による熱が溜まりやすくなっていないかを見てください。ここに熱が溜まるとガラスの温度が上がり、サッシ内に隠れたガラスエッジ部との面内温度差が大きくなり熱割れの原因となります。また、スパンドレルなどにガラスを使用してその内側にバックパネルを設ける場合、バックパネルとガラスの離間距離、バックパネルの色、換気などをチェックし、熱が溜まりやすくなっ

ていないかにも注意しましょう（施工図検討の段階）。この際、併せて、スパンドレルガラスの内面が結露しないかの検討も必要です。

b　光反射公害

　　光反射公害は、思わぬところからクレームが来るもので、しかも解決が困難な場合が多いと思われます。特に熱線反射ガラスを使用した場合は反射光が強くなり、近隣からのクレームのもととなることがあります。また、ガラス面に勾配があり反射光が周辺建築物にほぼ水平に当たった場合は、光が目線に入って問題となることが多いので注意が必要です。こういった検討がなされているかどうかも確認しましょう。

c　メンテナンス方法

　　高所など維持管理のためのアプローチが困難な箇所について、ガラス面（内外とも）の清掃や、ガラスが割れたときの交換、シーリングの打替え、飛散防止フィルムの張替えが容易に出来るかの確認（必要に応じて検討）が必要です。

　　特に、外装などに大型ガラスを使用している場合、交換作業が可能かどうかの検討が重要です。外側から交換する場合は、必要な揚重機はどうするのか、ガラス交換箇所の直下にガラス吊り上げ用のスペースはあるか（そこまでトラックが寄り付けるか）などが確認のポイントになります。また、室内側から交換する場合は、ガラス交換場所までのガラス搬入ルートが確保できているかどうかの確認がポイントです。ルートのあらゆる箇所で、廊下の天井高・幅、エレベーター出入口の高さ・幅、エレベーターかごの奥行等のサイズ、各所のドアの高さ・幅などが十分な寸法でなければなりません。

　　また、このメンテナンス方法を設計段階で建築主に説明し、了解を得ておくことも大事です。メンテナンスのために高所作業車など仮設資機材を必要とする場合は、そのことを説明しておく必要があります（場合によっては、概略の費用についても）。この説明がなされているかどうかについても、確認しましょう。

　　メンテナンス用高所作業車を、ガラスの清掃等だけではなく、照明の管球（ランプ）交換など他の用途にも使用するために、レンタルではなく常備する場合は、その格納場所や床の積載荷重などについても設計上の対応がなされているかについても確認したいと思います。

d　衝突防止マーク

　　使用環境から、人がガラスに衝突する危険性があると思われるところについては、衝突防止マークをガラス面に設けることになっているかを確認します。そうなっていない場合は、建築主及び設計者に注意喚起するとよいでしょう。衝突防止マークは視認しやすいものとすることが肝要です。ステン

レス製は見えにくいといわれる場合があります。

③ ガラス素材等の確認

a　網入りガラスの小口処理

　網入りガラスは、その切断加工により網の素線端部がガラス切断面よりわずかに飛び出しており、そこからの発錆膨張によってガラス破損につながりやすいものです。そのため、一般的な設計図書では、水に触れる可能性の高い下辺小口および縦小口下端1/4Hの範囲にはエナメル塗装またはブチルテープなどによる防錆処置をすることを定めています。また、ガラス全周にこういった小口処理を求める設計図書も多いと思われます。これがきちんとなされているかどうか、工事施工者に材料受入時などに自主検査させ、その記録を確認するとともに、監理者自身も初回など抜き取りで目視確認するとよいでしょう。

　なお、網入りガラスはその切断加工時に素線によりガラス小口に微細な傷が入るためエッジ強度が弱く、熱割れが発生しやすいのでガラス製造者による熱割れ計算を十分に行う必要があります。できれば、網入りガラスの使用は必要最小限にとどめたいところです。

　また、網入りガラスを使用するときは（複層ガラスと合わせガラスも同様）、建具の額縁下部のガラス溝内に径6mm以上の水抜き穴を2箇所以上設けることが国土交通省標準仕様書で定められています。これも、網入りガラスの小口における網の素線の錆を防ぐための規定です。

b　ガラスエッジの傷

　外部に面するガラスについては、中央部は日照により高温となり膨張しますが、サッシのガラス溝に呑み込まれた周縁部は低温のままであるため、この温度差による面内応力が生じ、ガラス周縁部に引張応力が発生します。この引張応力がガラスエッジ（小口）の傷に集中することにより熱割れの原因となるのです。また、地震力、風圧力、熱応力などの複合的要因により傷が徐々に進行する場合もあります。傷には、不適切な切断加工による許容値を超える凹凸（欠け、つのなど）、切断加工時の粗雑なグラインダーがけ、輸送時・施工時などの当て傷（輸送時はエッジプロテクターを使用する必要がある。）などがあります。ガラスの小口の状態はガラス取付け後には見えなくなってしまいますので、事前に工事施工者に自主検査させ、その記録を確認するとともに、監理者自身も初回など抜き取りで目視確認することが望ましいです。

c　強化ガラスの自然破壊とヒートソークテスト

　強化ガラスは、それに混入する異物である硫化ニッケル（NiS）の温度による経年膨張により、自然破壊することが少なくありません。破壊の際は、

ガラスに閉じ込められた内部応力が一気に開放されることにより、爆発的に粉々になります。この自然破壊の原因となる異物の膨張を人工的に加熱することにより早期に起こし、それで割れてしまうような不良ガラスを排除してしまうのがヒートソークテストです。日本のガラス製造者では概ねヒートソークテストを行っていますが、外国製の場合は適切に行っていないこともあり、注意が必要です。ただし、ヒートソークテストでも万全ではありません。ヒートソークテストを実施しない強化ガラスでは1,000枚に1枚、実施したもので10,000枚に1枚程度の確率で硫化ニッケルにより自然破壊するといわれています。なお、この現象は施工後4〜5年で90%程度は発生してしまうといわれますが、引渡し後10年を超えてから発生した事例もあります。このヒートソークテストが確実に行われたかどうか、製造工場の記録などで確認しましょう。

また、この自然破壊については、後々のトラブルを防ぐため、設計の早い段階で建築主に説明し、了解を得ておく必要があり、監理者はそれがなされたかどうかを確認しましょう。

d　セッティングブロックの材料

セッティングブロックに適切な材質・強度・硬度のものが使用されているかを確認します（施工計画書検討の段階）。また、この際、材質がシーリング材を汚染しないものであるかどうか、取付けディテールが水抜き穴の機能を阻害していないかも確認しましょう。ただし、セッティングブロックの材料については、ガラス製造者の推奨する材料を使用していれば、さほど大きな問題はないと思います。

④　大きさ・形状などの確認

a　ガラスの大きさ

ガラスが大きいと、ガラス中心部と周縁部の面内温度ひずみ差がより大きくなり、熱割れの原因となることがあります。事前にガラス製造者に熱割れ計算により確認させましょう。特に熱線吸収ガラスは、ガラス温度が高くなりやすいので要注意です。

また、熱線反射ガラスや倍強度ガラスは、ガラスへの景色の映り込みのゆがみが大きく、これを使用する場合で、映像調整を重要視する場合は、大寸法を避けるなどの対応をとることが望ましいです。なお、大板ガラスの自重によるたわみ・歪みが生じないかの確認も必要です。

さらに、大きいサイズのガラスについては、万一割れたときのガラス交換の方法と新しいガラスの搬入ルートをあらかじめ検討し、建築主に説明しておく必要があることは前述のとおりです。

b　ガラスの欠きこみ

ガラスに意匠上・納まり上の欠きこみがあると、面内温度差による面内応力が欠きこみ部に集中することにより、熱割れの原因となることがあります。また、地震・強風によるガラスの挙動によって応力が欠きこみ部に集中することもあります。こういったチェックを施工図の段階でしておきたいです。どうしても欠きこみが避けられない場合は、ガラス製造者や専門工事業者と協議し、入隅部をR形状とするなど適切な処置を講ずる必要があります。

c　ガラスのサッシへの呑み込み寸法（掛かり代）
　　　ガラスのサッシへの呑み込み寸法（掛かり代）が大きいと、ガラスの周縁部はより低温になり、面内温度差が大きくなり、そのため熱割れの可能性がより高くなります。また、小さすぎると耐風圧性能上問題が生じます。呑み込み寸法は、通常1.5d、熱線吸収ガラスで1.2dとします（dはガラス厚）。さらに、層間変形への追従のため、サッシのガラス溝内で所要のエッジクリアランスを確保する必要もあります。施工図の段階で、こういった点をチェックしておきましょう。

d　強化ガラス・倍強度ガラスの曲面ガラスについての注意
　　　強化ガラスや倍強度ガラスの曲面ガラスは、その曲面加工過程においてR状縁端部の外面側に微小な傷がつくことがあります。これが強風時の応力集中による割れや、長い年月による傷の進展による割れなどの原因となることがあります。この傷は非常に小さく、目視で発見することは困難ですので、事前に減圧箱による耐圧テストを行って、傷がないことを確認することが望ましいです。ただし、このテストは設計図書での特記が必要です。

⑤　飛散防止フィルムの確認
a　飛散防止フィルムの使用場所
　　　飛散防止フィルムの使用場所は設計図書で指定されますが、それがガラスの性質・使用状況・割れたときの影響などを考慮に入れた適切なものとなっているか、再度確認することが望ましいです。

b　将来の張替えができる計画となっているか。
　　　飛散防止フィルムには耐用年限（寿命）があり、将来の張替えが必要ですが、その作業が容易かどうかの確認が必要です（施工図検討の段階）。フィルムの寿命について、製造者は"最低5年程度"ということが多いと思われますが、これは紫外線の状況など使用条件によって異なり、一般的には外部7年、内部10年程度といわれています。フィルムが古くなると紫外線による性能劣化や剥がれ、エアー膨れなどの不具合の可能性が生じます。
　　　また、このフィルムの寿命と張替え作業について、設計段階で建築主に説明し、了解を得ておくことが必要です。それがなされたかどうかも確認して

ください。

c　飛散防止フィルムが熱割れの原因になりうる

　　特に色付きフィルムなど飛散防止フィルムを張った場合、日照によるガラスの温度がより高くなり、熱割れの原因となることがあるので要注意です。この条件を盛り込んだ熱割れ計算による確認をガラス製造者にさせてください。

d　飛散防止フィルムの張付け

　　高所で使用する強化ガラスなどには、自然破壊等に備えて飛散防止フィルムを張り付けることが多いと思われます。フィルムはガラス周囲に2mm程度の隙間（シーリングなどとの隙間）を空けて室内側に全面に張ります。なお、フィルムは、ガラス清掃時（ガラス外面のほうが清掃頻度が高い。）の傷や将来の張替え作業を考慮して室内側に張るのが一般的です。また、原則として張付けは、工場張りでは周囲の隙間の精度確保が難しいため、シーリング施工後の現場施工となります。

　　フィルムは、原則としてシーリングに呑み込ませません。これは、将来のフィルム張替えを考慮するとともに、フィルムとガラスの接着力がシーリングとガラスの接着強度よりも劣るため、耐風性能・止水性能へ影響を与えないようにするという意味もあるからです。なお、製造者の試験等にもとづいて、周囲に2mm程度の隙間があっても、強化ガラス破損時の破片の大きさは5mm程度なので脱落しないといわれています。

　　飛散防止フィルムの製品幅には定尺があるため（最大1520mm程度）、大きなガラス面では継ぎ目（ジョイント）が生じます。このジョイントは、一般的には縦に設けることが多いと思われます。これは、ガラスが割れたときの破片によるぶら下がりに対して、強度的に横使いのジョイントより安全と思われるからです。

　　監理者は、飛散防止フィルムの張付けが以上のようになっているかどうかを確認します。また、フィルムの厚さ・材質・品番などが施工計画書で定めたとおりか（納入伝票などの施工記録や梱包の表示などにより確認）、浮き・気泡・しわ等がないか、ジョイントの隙間がないかなども確認します。

e　防犯フィルム

　　設計図書の定めによっては、上記の飛散防止の目的に加えて、防犯上の目的で外部等に面するガラスにフィルムを張ることがあります。この場合のフィルムは、警察庁、国土交通省、経済産業省などが参加した「官民共同会議」による「防犯フィルム」としての認定品である必要があります。この防犯フィルムの使用に当たっては、認定証などを確認します。

⑥　ガラスの施工の確認

a　ガラスの厚さ・種類

　　設計図書や施工計画書で定めたとおりの厚さ・種類のガラスが取り付けられているかを確認します。特に下部階と上部階のガラスが同じ形状で厚さや種類が違うときには、取り違えていないか注意が必要です。

b　ガラスのはめ込み精度

　　ガラス厚さとサッシのガラス溝幅の関係（ガラスが溝幅の中心にセットされているか。）、シーリング幅は適正かを確認します。また、ガラス外面の位置（出入り）や垂直度は外観上、映像上適正なものである必要があるので注意してください。

c　ガラスの養生

　　搬送や現場での保管において、破損・欠け・汚損などに対し適切な養生がなされているか確認します。また、施工後の養生や注意表示についても確認します。また、近傍で溶接作業があるときは、溶接火花による焼け傷がつかないように養生などの対策が必要です。（主として施工計画書で確認）

d　ガラスエッジの呑み込み寸法（掛かり代）の確認

　　取付け後の呑み込み寸法（掛かり代）を確認します。上辺と下辺は適切なセッティングブロックを使用することにより位置が決まるので、あまり問題はありませんが、左右の呑み込み寸法の精度に注意が必要です。呑み込み寸法は、ガラスをはめ込んでしまうと外からは見えません。そのため、あらかじめガラスエッジから少し離れた位置にテープなどを張りその上にガラスエッジの逃げ墨をマークしておきます。そして、検査の際はそこからシーリングまでの距離を測ることにより呑み込み寸法を測定します。

　　また、サッシのコーナー部などで、サッシのガラス溝内のエッジクリアランス内に突き出ているビス・溶接部・補強板などがあると、層間変形などのガラス挙動時にガラスエッジに当たり、ガラスを破損させる恐れがあるので、サッシ製作図で確認し、現場でもガラス溝内がそうなっていないことを確認するとよいでしょう。

e　ガラス表面の傷や溶接火花による焼け傷

　　ガラスの表面に、許容値を超える傷や溶接火花による焼け傷（白っぽく見える。）がないかを確認します。これらの傷などのあるガラスは取り替えることになります。

f　映像のゆがみ

　　特に熱線反射ガラスや倍強度ガラスについては、反射映像がゆがむことが多いため、設計図書で映像調整を行うことを規定している場合があります。このような場合は、事前に他のビルの事例などを参考に「ゆがみ」の限度を協議により決めて書面に残しておきます。工事施工者はそれを目標に映像調

整をしながらガラスを取り付け、監理者はガラス取付け後に映像のゆがみの程度を確認します。この事前の協議や施工後の確認は、建築主や設計者と一緒に行うことが望ましいです。

また、設計図書に映像調整の規定のない他のガラスの場合でも、建築主によっては、施工が完了した後で映像のゆがみについて苦情を言う場合がありますので、全面ガラスのファサードの場合などは、設計段階等に、事前に他のビルの例などを参考にして、映像のゆがみの程度について建築主の了承を得ておくとよいでしょう。

　g　強化ガラス取付けの向き

　　強化ガラスは、製造時に冷気吹付け方向の縞模様が出ますので、隣り合うガラスの外観をそろえるため、取り付ける方向（縦と横）を一定とする必要があります。施工計画検討の段階では、こういった点にも注意を払ってください。

　h　熱線反射ガラスの反射膜

　　熱線反射ガラスの反射膜面（金属薄膜面）は、反射性能はやや落ちますが、原則として室内側になっていなければなりません。外部側にすると汚れがついて変色しやすく、劣化も早く、またガラス清掃時に傷がつきやすいからです。こんなところも確認するとよいでしょう。

### (12) カーテンウォール工事（以下、CWという。）

#### 1）製作図、製作要領書、施工計画書の段階で確認しておきたいこと

　前項の建具工事と同様にここでも、大きな手戻りを避けるために、CWの製作図や製作要領書、施工計画書を検討する段階で特に注意して確認しておきたいことを次に例示します。製品の製作や取付け段階では、そのとおりにつくられているかどうかを確認することになります。

　a　層間変位への追従機構

　　地震や強風等による層間変位が生じても、CWやそれに取り付けられたガラスが破損せず、スムーズに変形に追従できるような機構となっているかどうかを確認します。想定する構造体の層間変位量については、中地震と大地震の2段階の層間変形角とそれぞれに対して許容される被害の程度が設計図書に示されることが多いと思われます。

　　層間変位への追従機構には、面内剛性の高いプレキャストコンクリート製カーテンウォール（以下、PCCWという。）などの場合では、回転方式（ロッキング方式ともいう。）、水平移動方式（スウェイ方式またはスライド方式ともいう。）及び半水平移動・半回転方式（ハーフロッキング方式ともいう。）の3種類があります。設計図書の定めにより、そのいずれかが選択

されますが、一般的にはロッキング方式が多いようです。また、面内剛性の低い金属製カーテンウォール（以下、メタルCWという。）の場合は、AWの場合と同様、サッシ枠が平行四辺形に変形して層間変位に追従する方式が多いと思われます。

　この機構が適切に計画されているか、所定の性能を有しているかについて、CW製作所が作成する計算書と製作図を確認します。製作図の確認においては、設計図書に基づいて、どの支持点が固定でどの支持点が可動かを確認のうえ、取付け金物（ファスナーともいう。）の固定方法やスライドホール（長円形のボルト孔）などの可動機構がCWの所定の動きに対して適切かどうかをチェックします。この確認のため、製作図に、層間変位追従機構の考え方や標準ディテールなどを図解で説明する図面を添付させると効果的です。

b　止水性能の検討

　CWの止水性能（水密性ともいう。）を確保するための工法には、シーリングやガスケットを使用したフィルドジョイント工法及びレインバリアとウィンドバリアを設けるオープンジョイント工法（等圧工法ともいう。）があります。工法は設計図書で指定されますが、最近は、より長寿命と水密信頼性が期待できると思われる等圧工法が増えているように思えます。

　製作図等により、これらの止水機構が適切になされているかを確認します。また、フィルドジョイント工法では、すべてのシーリングやガスケット部分が二重になっているか（2段階止水となっているか）、外側の一次止水ラインから浸水した場合に二次止水ラインとの間に滞留した水の排水機構は考えられているか、強風時における排水機構からの水の逆流は防止できているかなどにも注意します。等圧工法では、レインバリア（外側）とウィンドバリア（内側）が適切に設けられ、必要な個所に必要な容積の等圧空間が形成されているか（専門工事業者による等圧計算を確認します。）、想定以上の室内側への漏気の可能性はないか、等圧空間からの排水機構、逆流防止は考えられているかなどを検討します。

　また、等圧工法であっても、CWユニット間のクロス部（交差部）は漏水の原因となることが多いため、十字型にシーリングをすることが多いので、その点もチェックしてください。

　水密性が設計図書により数値で定められていて、かつ下記の実大性能試験を行わないときは、この確認については、製作工場の作成する計算書や類似例の試験結果などにより性能を確認することになります。

c　その他の性能の検討

　CWに求められる層間変位追従性と水密性以外の性能の主なものには、次

のようなものがあります。これらの要求性能が設計図書で定められた場合には、その確認が必要となります。

- 耐風圧性能、耐震性能：設計図書で定められた風圧力や地震力（地震による慣性力）に対して、破損・脱落、有害な変形・移動がないことが求められます。
- 気密性能：これは、空調負荷や遮音性に影響します。また、これはフィルドジョイント工法では問題にならず、等圧工法や開閉できる建具のある部分で問題になる性能です。一例として、等圧工法のウインドバリアの捩じれによって漏気することや、CWユニットのクロス交差部から漏気することがあります。
- 遮音性能：主として、外部騒音が大きく、室内の用途が会議室や役員室、ホテルの客室などのように設計図書による許容騒音レベルが低い場合に慎重に検討する必要があります。ガラス面が大きいCWの場合、ガラスそのものの遮音性能が支配的になりますので、ガラスの種類（フロート、合わせ、複層など）や厚さの選定には耐風圧性能だけではなく、こういった視点での検討も必要になります。また、設計図書の定めによっては、室内の騒音レベルや遮音性能を測定することもあり、その確認も必要です。
- 断熱性能：これも空調負荷に大きく影響し、省エネやランニングコストの面で重要な性能です。設計図書でCWの断熱性能が規定されている場合は、ガラス、サッシ、PC部などの外壁全体の総合的な断熱性能として捉えて確認する必要があります。
- 耐火性能：建築基準法により、外壁の耐火性能として30分、延焼の恐れのある部分で1時間の耐火性能が求められます。防火区画の考え方、目地部分の耐火性能、各部の耐火措置などの検討がなされているか確認します。
- 熱伸縮追従性能：CW部材は、気温や日射熱により伸縮します。この伸縮により取付けビスの破断、部材のはらみ、シール切れ、発音（音鳴り）などの障害が生じることがあります。特に熱伸縮量の大きいメタルCW（アルミニウム材の熱膨張係数はコンクリートや鋼材の約2倍となる。）では注意が必要です。これを防ぐために、部材の各所に目地を設け、また取付け部の各所で長円形ボルト孔とテフロンシートなどの滑り材の併用などによりスライドできるようにして、熱伸縮を吸収する必要があります。熱伸縮計算の基となる各部材の実効温度差については、日本建築学会「JASS 8　防水工事」に各種の材料種類に応じた実効温度差の解説表が掲げられており、それを参考とするとよいでしょう。一例を挙げると、外壁におけるアルミニウム形材では、暗色で70℃、明色で55℃としており、それが目安となります。

以上の各種の性能のうち、性能値が設計図書で定められることの多い耐風圧性能、気密性能、断熱性能、耐火性能など、製作図や製作要領書を見ただけでは確認できないものについては、製作工場が作成する計算書や過去の類似例の性能を確認することになります。

　ただし、計算書の確認といっても、計算過程そのものは多分に専門的でブラックボックス的になることがありえます。こういう場合でも、最低限「前提条件」、「要求性能」、「計算してあること」及び「すべて合格していること」を確認し、そのうえで、必要に応じて製作工場の説明を聞くとよいでしょう。

　なお、製作工場が作成・提出する資料については、それをいきなり監理者が検討・確認するのではなく、まず、工事施工者が検討し、分かりやすい形に整理したうえで、監理者に提出・説明するという手順を踏むことになるのはもちろんのことです。

d　発音の防止

　前 c 項の「熱伸縮追従性能」で説明した気温や日射熱による熱伸縮、あるいは風圧力や地震力による変形や動きなどによってCWの金属部材同士が擦れて音を発することがあり、これを音鳴り、発音などといいます。建築物の完成後にいったんこの不具合が発生すると、原因や発音源の特定が困難なことがよくあります。

　そのため、前述のように、特にメタルCWでは熱影響が大きくなると思われる長い金属部材において熱伸縮をスライドにより吸収する機構を設け、可動部分にテフロンシートなどの滑り材を挟むなどの対策を講じることが一般的です。また、ＰＣＣＷなどにおける層間変位追従機構の可動部分にも滑り材を挟むことがよく行われます。

　CWの製作図の確認においては、こういった点にも注意を払うことが望ましいです。

e　結露対策

　冬季などに室内側のＰＣ裏面やマリオン表面、サッシ金属面、ガラス面が結露することがよくあります。それに対して、結露を防ぐ、結露水を溜める、結露水を排水するなどの対策が必要です。

　まず、ＰＣやメタルパネルの裏面などに発泡ウレタン等の断熱材を吹き付け、結露そのものを防ぐ方法があります。また、設計図書の定めにより、ガラスに発熱ガラスや複層ガラス、Low-E 複層ガラスを使用することは空調効率の向上とともにガラス面の結露を防ぐ効果もあります。寒冷地などでは、断熱サッシといってサッシ部に断熱材を挟んで、外気からのヒートブリッジを遮断するサッシを設計図書で指定して結露を防ぐこともあります。

次に、少量の結露は許容して、その結露水をサッシの下枠に設けられた結露水受けに溜め、自然蒸発や拭き取りにより処理する方法があり、寒冷地でない地域ではこれが多いと思われます。この場合は、結露水受けが冬季休暇などの長期不在時に溢れないように、その貯水容量が十分かどうかをCW製作所が行う結露計算により確かめます。

この結露水受けの水を排水するという方法もあります。一般的には結露水受けに排水口を設け、外部に直接排水します。この場合、台風などの際に、強風により排水口から雨水が逆流しないような機構とする必要があります。また、厳寒期には外部に排水された結露水が「つらら」を形成し、高所から落下して危険となることがあります。そのため、超高層建築や寒冷地の建築物では、結露水を拭き取り式にしたり、外部に直接排水するのではなく室内の排水管により排水することが多いと思われます。

メタルCWのスパンドレル部をガラスとし、その内側にバックボード（又はパネル）を設けた場合に、ガラス内面が結露し、それが外からよく見えるということがよくあります。バックボード内のこの部分は空調もできず、拭き取りもできないため、いったん結露が生じるとなかなか収まらずやっかいなところです。通気方式（換気して湿気を溜めない方法）や密閉方式（乾燥空気を封入し、外から湿気を入れない方法）などが一般的な対策として考えられます。このうち通気方式では、気候や天候によっては外から湿った空気がバックボード内に入り結露することがあります。また、密閉方式に比ベスパンドレルガラスの内面が汚れやすくなりますが、通常はガラス清掃が困難です。一方、密閉方式では、ボード材が意外と透湿性があるなど完全な密閉が難しく、またいったん結露すると通気方式と異なり解消しにくいなどの課題が考えられます。このように、両方の対策には一長一短があり、設計者も交えて、計算による確認など十分な検討が必要なところです。

f　実大性能試験

設計図書に実大性能試験の定めがある時は、上記の各種性能等に関する検討がおおむね終了し、製作図が固まった時点で、設計図書の定めに基づいて、CWの標準部分などの実大モックアップを所定の材料、所定のディテールで製作し、大型実験装置により耐風圧性能、水密性能、気密性能、層間変位追従性能、排水経路の機能などが達成されていることを確認します。

この試験を行う場合は、準備や実施、試験結果の分析とまとめ、その後の本製作への反映などにかなりの時間を要するため、適切な時期にCWの検討を開始し、試験を実施しなければなりません。

また、試験の事前には、設計図書に基づいて試験計画書がCW製作工場と工事施工者により作成・提出されますので、監理者はこれをしっかりと確認

する必要があります。また、設計者にも確認してもらうのが一般的です。

　この試験は、製作工場が主体となって行い、工事施工者も当然これに立ち会いますが、監理者も要所で立ち会うことが一般的であり、また設計者や建築主が立ち会うことも多いと思われます。試験への立会いの際には、性能値の確認とともに、漏水がないか、異常な変形がないか、異音が生じていないかなどについても併せて確認します。

　なお、実大性能試験の本来の目的とは異なりますが、供試体である実大モックアップを利用して、建築主と設計者が、CWの形状や塗装の色調など意匠上の最終確認を行うこともあります。さらに、工事施工者が、現場施工におけるCWの組立・取付けの手順・方法を確認することもあります。

2）金属製カーテンウォール（メタルCW）

　以下にメタルCWの立会い検査における確認のポイント等を説明しますが、アルミニウム製建具（AW）と共通の事項は前述によることとし、ここではメタルCWに特有のポイントを説明します。

① 製品検査

a　メタルCWの取付け方式

　メタルCWの取付けには、大きく分けてユニット方式とノックダウン方式があります。

　ユニット方式は、工場で単位となる大きな部分を組み立て、それを現場で取り付ける方式です。ユニット方式には、層間にわたる大型部材とする層間方式、腰壁と下がり壁を一体とした単位とし窓部を横連窓とするスパンドレル方式、スパンドレル部と柱部をそれぞれ別の単位とする柱・梁方式などがあります。また、ユニット方式のガラスについては、工場で取り付けておく場合と現場で嵌め込む場合があります。ユニット方式の場合、製作工場における製品検査では組み上がったユニットを検査することになります。

　一方、ノックダウン方式は、各部材をすべて個別に現場で取り付けるもので、方立（縦材）に無目（横架材）を差し渡す方立方式（マリオン方式ともいう。）となるのが一般的です。ノックダウン方式の場合、製品検査では個々の部材を検査することになりますが、工場で仮組をしている場合もあります。

b　製品検査

　製品検査では、使用材料が所定のものか、各所の寸法・形状等が製作図のとおりか（一般的に寸法許容差は設計図書に示されます。国土交通省標準仕様書にも定められています。）、シーリングやガスケットは適切か、塗装の色は事前に承認した見本のとおりか、その膜厚（電磁膜厚計で計測）や仕上げの状態は適切か、表面に傷や汚れはないか、各部材に反りや曲がりはない

か、部材の組立てに隙間などが生じていないかなどAWと同様の確認を行います。また、窓などに可動部がある場合は、その作動確認を行います。

なお、工場シーリングについては、その打ち忘れが漏水の原因となることも多く、製作工場側にチェックリストを利用した自主確認をさせ、製品検査の際にその記録と現物を抽出で確認するとよいでしょう。

② 取り付け後の検査

メタルCWを現場に取り付けた後の検査では、次のようなポイントを確認します。

a　ファスナー取付けの確認

ユニット部材などを、あらかじめ床スラブや鉄骨梁などの躯体側に設けたファスナー（躯体付け金物ともいう。）に取り付けますが、それが適切に行われたかどうかを確認します。躯体側のファスナー位置が適切かどうかについては、あらかじめ確認しておきます。躯体付けファスナーの取付け位置の寸法許容差について、国土交通省標準仕様書では、鉛直方向で±10mm、水平方向で±25mmとしています。そのため、ユニット部材側の取付け金物には、この誤差を吸収できる調整機構が必要となります。

また、ファスナーの取付けに高力ボルトや溶接が使われる場合は、それらが適切な状態であるかどうかを確認します。これについては、本編2.2の「（5）鉄骨工事」を参照してください。

さらに、CW取付けファスナーには、外壁の耐火規定により耐火被覆が施されますが、これが適切になされているかどうかを確認します。

b　取付け位置の確認

現場に取り付けられたユニット部材などのレベルや出入り、鉛直度が所定のとおりかを柱や床などに設けられた基準墨から計測により確認します。国土交通省標準仕様書では、メタルCW部材の取付け位置の寸法許容差を目地の幅±3mm、目地心の通り2mm、目地両側の段差2mm、各階の床に設けられた基準墨から各部材までの距離（出入り）±3mmとしています。

c　ユニット方式の交差部の納まり

等圧工法のユニット部材の交差部（十字、T字）で気密材となっているウィンドバリア（内側）のジョイント部などからの漏水事故が時折見受けられます。そのため、ユニット部材の取付け後、仕上げ工事の前にウィンドバリアが密着しているかどうかの確認が必要となります。あるいは、その部分をある範囲で十字型やT字型にシーリングするという方法も多く用いられます。その場合は、このシーリングが適切かも確認します。

d　ユニット間のシーリングの確認

フィルドジョイント工法におけるユニット部材間目地など重要な部分は、

二重シーリングとされることが一般的です。この場合、先行の一次シーリングは、二次シーリングの施工後ではそれにより隠れてしまい、見えなくなります。そのため、一次シーリング終了後直ちに確認検査（工事施工者の自主検査記録の確認の場合もある。）を行うことになります。あるいは、二次シーリング（外側シーリング）終了後に注水テストを行うという方法もあります。これは、確認区画ごとに排水機構を塞いだうえで、二次シーリングの一部を切断し、そこから注水して一次・二次シーリングの間を満水にし、一次シーリングから室内側への漏水の有無を確認するものです。

なお、ここで、一次シーリングと二次シーリングの名称については、施工手順を基準として、先に施工される内側を一次、後施工となる外側を二次としています（これが一般的だと思います。）。これは、雨水の浸入経路を基準とした一次止水ライン（外側）や二次止水ライン（内側）とは逆になりますので、混同しないようにご注意ください。ただし、シーリングについても、一次・二次を止水ラインに合わせて逆に呼ぶ人もいますので、注意が必要です。

 e その他の確認

  ガラスの嵌め込み後の確認については、建具工事のガラスの項を参照してください。また、取付け作業中などに傷や汚れが生じることもありますので、それらがないかも確認します。さらに、以後の作業によって傷などを付けられないように養生をしておくこともありますが、その状態も見ておくとよいでしょう。

  設計図書に散水試験が規定されているときは、監理者もそれに立会い、漏水の有無を確認することが多いと思われます。散水試験については、設計図書により、事前に試験計画書を工事施工者が作成・提出しますので、監理者は試験の部位や方法が適正かどうかを確認します。

  また、実大性能試験を行わないときなどは、施工済みのＣＷの二次目地シーリング（外側のシーリング）を一部切除（試験後に補修する。）して一次シーリング（内側）との間に色水を注入し、ＣＷの排水経路が正しく機能しているかについて確認するための試験を行うことがあります。監理者は、この試験に立ち会うことが一般的です。

**3）プレキャストコンクリート製カーテンウォール（ＰＣＣＷ）**

 ここでは、メタルＣＷと同様、ＰＣＣＷに特有のポイントを説明することとし、鉄筋とコンクリート、ＰＣに打込まれる石やタイルについては、前述のそれぞれの項を見ていただくことになります。

 ① 型枠・配筋等の検査

 a 型枠の確認

ＰＣＣＷのＰＣユニット（ＰＣ板ともいう。）は、通常、鋼製型枠を使用して工場で製作されます。ただし、まれに、型枠の転用回数が少ないときなどに木製型枠とする場合もあります。製作工場にて、この鋼製型枠の寸法、反りやねじれの有無、内面の錆や傷の有無を確認します。また、型枠の組立て・解体機構が強固なものかどうかも見ておくとよいでしょう。

b　配筋の確認

　鋼製型枠の中に鉄筋を配筋した状態で配筋検査を行います。この検査は、ＰＣ板の初品について、型枠の確認の際に同時に行うことが一般的です。それ以後のＰＣ板の配筋については、工事施工者や製作工場による自主検査記録（写真を含む。）を確認することで立会い検査に代えることが多いと思われます。

　配筋検査においては、鉄筋材料の確認、径や本数、鉄筋間隔の確認などを行うことは当然ですが、それに加えて、かぶり厚さの確認が非常に重要です。かぶり厚さが小さいと経年により鉄筋が錆びて膨張し、コンクリートが剥離するという大問題が生じる可能性があります。かぶり厚さは、ＰＣ板の表面、裏面、側面の６面について確認しましょう。コンクリート打設時の鉄筋の保持は鉄筋全体を上から吊る場合もあり、セメント系のスペーサーの上に置く場合もあります。スペーサーを使用する場合は、正しい寸法のスペーサーを使用すれば下側（鋼製型枠側）のかぶり厚さに問題はありませんが、上側（解放側）のかぶりが不足していることが時々ありますので注意が必要です。

　また、鉄筋の固定度が大丈夫かどうかも確認します。手で動かしてぐらぐらするようでは、コンクリート打設時に動いてしまいます。

　さらに、サッシ枠や各種金物・ファスナー類、仮設の吊りピースなど、コンクリートに埋め込むものが型枠の適切な位置に堅固に取り付けられているかも確認します。

c　打込み石材等の確認

　ＰＣ板表面に石材やタイルなどを打込む場合、事前の製品検査に合格した適切な石材等が適切な場所に使われているか、模様や濃淡の配置が所定のとおりか、石材等に運搬中に生じた新たな欠けや割れはないかを確認します。また、鋼製型枠上に並べられた石材等の状態が適切か、シアコネクターは所定のとおりについているか、目地の幅・深さ、目地材は所定のとおりか、石材等の裏面処理・補強等は所定のとおりかなどを確認します。なお、これらのディテールについては、事前に製作図や製作要領書等にて検討・確認しておく必要があります。

d　フレッシュコンクリートの確認

製作工場に型枠・配筋の検査に行ったときに、併せてフレッシュコンクリートの受入試験に立ち会うことがよくあります。これは、型枠検査・配筋検査に合格したＰＣ板の初品について、直ちにコンクリート打設を行うということで、そのための受入試験（スランプ、空気量、塩化物量、温度などの測定と圧縮試験用供試体の作成）を行うのです。製作工場に生コンプラントを備えている場合によく行われます。なお、ＰＣ板のコンクリートがＪＩＳ製品であることを求められている場合は、製作工場の生コンプラントがＪＩＳの認定工場であるかどうかの確認が必要です（製作要領書の確認の段階）。

② 製品検査
a 寸法・形状等の確認

製品検査において、ＰＣ板自体の各所の寸法や形状については、一応、抽出で計測確認しますが、鋼製型枠に間違いがない限り、問題となることはほとんどありません。それより、コンクリート若齢時の吊上げや枕木による保管によってＰＣ板に反りや曲がり、ねじれなどが生じていないかを計測確認することが大切です。なお、ＰＣＣＷ部材の寸法の許容差は国土交通省標準仕様書などの設計図書に示されます。また、各種の埋込みものが、所定の位置に正しく付いているかを確認します。

b 外観の確認

表面の仕上げ面や打込み石材・タイルに欠けやひび割れ、汚れがないか、コンクリート部に有害な欠けやひび割れ、大きな気泡等がないかなどを確認します。なお、微小な欠けなどの欠陥は、あらかじめ製作要領書で許容欠陥寸法や補修方法を定めておき、それに従って手直しを行うことになります。

③ 取付け後の検査
a 取付け状態の確認

ＰＣ部材の取付け後の確認については、位置の確認、取付けファスナーの確認、躯体側ファスナーの位置の確認、交差部の納まり、ＰＣ板間のシーリングの確認など、前述のメタルＣＷにおけるユニット方式の場合とほとんど同じです。ただし、国土交通省標準仕様書による取付け位置の寸法許容差は、メタルＣＷの場合と若干異なり、目地の幅±５mm、目地心の通り３mm、目地両側の段差４mm、各階の基準墨から各部材までの距離（出入り）±５mmと、ゆるくなっています。

また、ＰＣＣＷに窓などが取りつく場合の確認についても、前述の建具工事の場合に準じることになります。

b 断熱材の確認

ＰＣＣＷの場合、室内側に吹付け発泡ウレタンなどの断熱材（断熱材現場発泡工法）を施すことが多く、その場合は、その厚さが所定のとおりかどう

かについて、厚さゲージを使用して抽出で確認することになります。これについては、後述の「(14) 内装工事」の「9) 断熱・防露」をご覧ください。

### (13) 塗装工事

#### 1) 見本の確認

見本の確認は、施工の確認の前段階となる施工計画書検討の段階における行為ですが、これで塗装の良しあしが決まってしまうという重要なステップですので、ここでその留意点を説明いたします。

設計図書の定めにより工事施工者を通じて専門工事業者が提出する塗り見本は、通常、設計図書の指定に基づいて作成されたサンプルボード（見本塗り板ともいう。）の形で提出されます。見本塗り板の製作に当たっては次のような点に留意するよう、工事施工者を指導するとよいでしょう。

- 塗り板の大きさは、30cm角程度が多いと思われますが、壁面の場合は、できるだけ大きい方が色合いや光沢（つや）の確認がしやすいです。
- 枚数は、同じ塗装ごとに3枚とすると便利です。それぞれを監理者用、工事施工者用、専門工事業者用とします。
- 塗り板に使用する塗料の種類、品番は施工計画書で定めたものとします。なお、塗料などの材料のホルムアルデヒド放散量については、健康への影響という観点からF☆☆☆☆と指定する事例が多いと思われます。
- 仕上げの色は、通常、設計者により色見本帳等を使用して指定されますので、その通りとします。
- 上塗りの塗装面のつやの程度は、設計図書や施工計画書による指定のとおりとします。つやは、屋内の場合は天井材や床材等とのバランスから5分づやとし、屋外は対候性や塗膜の保護、汚れやすさ等の観点から7分づや以上とすることが多いと思われます。
- 塗装の工程、塗り回数、塗り方（はけ塗り、吹付け塗、ローラーブラシ塗り）、塗付け量は施工計画書で定めたとおりとします。
- 塗装工程や塗り回数、それぞれの色が分かるように、見本塗り板の端部にて各層をずらして各層が見えるようにします。

見本塗り板の確認については、監理者だけではなく、特に色合い、つや、模様などの確認については、設計者も確認することが一般的です。また、必要に応じて建築主も確認をします。それぞれの確認が終了し決定に至った見本塗り板は、裏面等に設計者、監理者、工事施工者が記名押印（またはサイン）し、塗装仕上げ面の最終確認における照合に使用することになります。

見本塗り板の保管について、塗装材料によっては、紫外線などの影響で変色・退色することがありますので、直接日光が当たらないように保管する必要

があります。

2）素地ごしらえ

　塗装の下地（素地）には、木材、鉄鋼、亜鉛めっき面、モルタル、プラスター、コンクリート、ＡＬＣパネル、押出成型セメント板、せっこうボードなどさまざまな材料があります。これらの素地面は、平滑で有害な不陸がなく、十分乾燥し、素地に対する塗料の付着性を確保することが求められます。そのための下地処理すなわち素地ごしらえが不適切だと、塗装仕上りの出来ばえに大きく影響するばかりでなく、早い時期での塗膜のはく離や素地の劣化につながることもあります。したがって、素地ごしらえの良否が、塗装仕上げの良否を決定するといっても過言ではありません。

　素地ごしらえの方法・工程については、一般的には、各種の下地材料に応じて、乾燥、汚れ・付着物落し、吸込み止め、穴埋め、パテかい、パテしごき、研磨紙ずりなどその工程が設計図書で定められます。

　素地ごしらえの確認は、初回など抽出で立会い確認をし、それ以外は主として工事施工者の自主検査記録を確認することが一般的です。

3）材料の確認

　塗料などの材料が施工計画書で定めたとおりのものかどうかを、容器の表示を見て確認します。

　通常は、監理者は、主として工事施工者の受入れに関する自主検査記録（容器の写真などを含む。）を書類確認し、初回の材料搬入時など抽出で立会い確認を併用することが多いと思われます。

4）塗装工程等

　塗装には、錆止め塗料塗り、合成樹脂調合ペイント塗り、合成樹脂エマルションペイント塗りなどさまざまな種類がありますが、通常、設計図書でそれぞれの塗装種類及びその種別とそれに応じた塗装工程が定められます。また、塗料製造者のカタログ・標準仕様書等に、より詳細な仕様が示されます。

　監理者は、この工程・塗り回数が正しく行われたか、塗り工程ごとの工程間隔時間、最終養生時間は適切か、塗付け量は正しいかなどを確認することになります。工程・塗り回数、間隔時間などについては、工事写真を含む工事施工者の自主確認記録や施工記録を確認するのが一般的です。

5）塗付け量の確認

　通常、設計図書で塗装種類ごとに下塗り、中塗り、上塗りの塗料の塗付け量が定められます。

　この各層ごとの塗付け量及び総塗付け量については、現場塗装では、空き容器から割り出した総使用量及び当該施工面積から単位面積当たりの推定平均塗付け量を算出して確認することが多いと思われます。また、金属面への工場塗

装では、電磁膜厚系などの測定器具により膜厚を直接確認することが多いと思われます。監理者はこれらについて、主として工事施工者の自主検査記録（膜厚測定値や容器の写真などを含む。）を書類確認することが多いと思われます。なお、各層の塗付け量については、厚塗りしすぎると仕上りが美しくなりませんので注意が必要です。

### 6）仕上り状態の確認

仕上り状態の確認は、外観の目視によって行います。外部塗装の確認については、できるだけ晴れた日に行います。早朝や夕方は、太陽光線が赤っぽいので色合いの確認のためには避けた方がよいでしょう。また、室内の塗装については、天井や床が仕上ってから確認します。これは、これらの色の壁への反射による影響を加味して確認するためです。なお、主要な塗装の色合いや光沢（つや）、仕上りについては、設計者や必要に応じて建築主にも確認してもらうことが望ましいです。

外観の確認のポイントは次のとおりです。

- 色合い、つや、模様、仕上りの程度について、見本塗り板を塗装面に当てて、それと照合して確認します。
- 仕上り面に塗りむら、しわ、凹み、はじき、粒、傷、汚れ、塗り忘れ等の欠陥がないかを確認します。
- ちり際の切付けが乱れていないかを確認します。壁などが建具枠、天井見切縁、他部材などと取り合う部分のことをちり際といい、その部分の塗装の境界線を切付けといいます。この部分は、塗装工程の中でマスキングテープを使用して塗付けを行うのですが、その張り方がまずいと切付けが乱れてしまいます。

## (14) 内装工事

### 1）材料見本の確認

内装工事全般において、監理者の立会い検査の際、工事に使われた仕上げ材料が所定のものであることを確認するために、比較照合の対象となる見本は、重要な役割を持っています。そのため、材料見本の確認は、本来、施工計画検討の段階で行うことですが、ここでそのポイントを説明します。

#### ① カラースキームボードの発行

一般的には、工事施工者による材料見本の作成に先立って、まず、工事の進捗に応じた適切な時期に、設計者が作成するカラースキームボードが監理者を通じて工事施工者に対して発行されます。

カラースキームボードとは、主要な部屋ごとに天井、壁、幅木、床などの仕上げ材料について、実物サンプルを1枚のボードに並べて張り付けたもの

です。これに使われる各種の材料は、設計図書の定め及び設計者の「こうしたい」というデザイン上の意図を反映したもので、仕上げ材料の色調やテクスチャーなどもそれによって示されます。

設計者がカラースキームボードを作成する際は、直接材料メーカーからサンプルを取り寄せる場合もありますが、工事施工者の協力を得て材料サンプルを収集するケースも多いと思われます。

また、このカラースキームボードについては、正式発行の前に、設計者が建築主にプレゼンテーションし、その承認を得ておくのが一般的です。この建築主へのプレゼンテーションに監理者が同席することもあります。後々のトラブルを避けるため、この建築主の承認が確かになされ、その記録があることを監理者も確認しておくとよいでしょう。

② 材料見本の確認

設計者からのカラースキームボードの発行を受けて、工事施工者は、設計図書及びカラースキームボードに基づいて、実際の工事に使用する仕上げ材料を選定し、施工計画書に反映するとともに、設計図書の定めにより、その見本を監理者に提出します。この見本は、カラースキームボードで指定されたものと同じ材料である場合もありますし、類似の同等品の場合もあります。

監理者は、工事施工者から提出された材料見本を設計図書やカラースキームボード、必要に応じて施工計画書と照合して確認・押印します。また、設計者もこの見本を確認することが一般的です。特に、見本として提出された材料がカラースキームボードで指定された材料と異なる同等品の場合は、設計者の確認が不可欠と思われます。

監理者により確認された見本は、工事施工者により保管され、当該工事の検査の際に照合する判断基準として使用されます。

2）ビニル床シート、ビニル床タイル及びゴム床タイル張り

① 材料の確認

ビニル系やゴム系の床材には、発泡層のないもの、あるものなど種々ありますが、材料の製造所、種類、寸法、厚さ、品番などが設計図書及び施工計画書で定められたとおりかどうかを梱包などの表示を見て確認します。特に床材や接着剤のホルムアルデヒド放散量がF☆☆☆☆と指定されている場合は、注意して確認してください。

部屋の使用目的によって、帯電防止、耐動荷重、重歩行用、耐薬品、耐摩耗、耐熱、防滑などの特殊な性能が設計図書で指定されることがあります。こういう場合は、施工計画書の検討の段階で、施工計画書に添付された材料カタログなどに示された性能に注意して確認することが必要です。

肌合いや色合いについては、あらかじめ設計者と監理者（必要に応じて建築主も）によって確認された材料見本と照合して確認します。

② 施工の確認

a　下地の確認

下地の確認については、その平滑さや乾燥の状態、清掃状況など前述の防水工事とほぼ同じですので、該当部分をご覧ください。特に、不陸については、そのまま仕上げ面に出てしまいますので、注意して確認しましょう。

b　張付け後の確認

ふくれや浮き、凹凸がないか、溶接継手部は平滑に処理されているか、他部材との取合い部に隙間や乱れはないか、立上げ幅木の場合の小端処理は適切かなどを確認します。また、表面に傷や汚れはないかも確認します。

### 3）カーペット敷き

① 材料の確認

カーペットについても材料の確認は、設計図書や施工計画書で定められたとおりかどうかを梱包などの表示を見て確認します。

カーペット類の多くのものは、消防法に定める防炎性能を有する必要があります。また、設計図書の定めによっては、防虫加工や帯電防止（静電気防止）などが指定されることがあります。施工計画書の段階で、これらの性能を確認する必要があります。

また、色合いや模様、パイル形状、毛足長さなどについては、これも、あらかじめ設計者と監理者（必要に応じて建築主も）によって確認された材料見本と照合して確認します。

② 施工の確認

a　下地の確認

下地の確認については、その平滑さや乾燥の状態、清掃状況など前項のビニル床シート等と同じですが、特に下地の不陸は、カーペットを敷き込み後、表面に現れますので注意してください。

また、タイルカーペットをコンクリートやモルタル下地に直張りする場合は、下地を十分に乾燥させておく必要がありますので、高周波水分計などでこの確認もしましょう。この場合、表面含水率8％以下が目安となります。もし、乾燥が十分でない場合、タイルカーペット裏面の塩化ビニールバッキング材に含まれる可塑剤がコンクリートやモルタルのアルカリ水に反応して加水分解を起こしアルコール成分が生成されて、かび臭い臭気が生じることがありますので、注意が必要です。これを防ぐため、設計図書で、このような可塑剤を含まないタイルカーペット材料を指定したり、下地面にエポキシコーティングや防湿シートなどの防湿処理を指定することがあります。

b　敷き込み後の確認

　工法（グリッパー工法、全面接着工法、タイルカーペット全面接着工法）は所定のとおりか、下敷き材（フェルトなどのアンダーレイ）は所定のとおりか、浮きはないか（特にエッジ部やジョイント部）、ジョイント部に隙間はないか、ジョイントはまっすぐか、模様があっているか、毛並の方向はそろっているか、たるみやしわはないか、傷や汚れはないかなどを確認します。

　タイルカーペットの場合は、それに加えて織り目方向の張り方（流し張り、市松張り）が所定のとおりか、ＯＡフロアのパネル目地との関係（ずらし方）が所定のとおりかも確認します。また、タイルカーペットの割付けで、部屋の端などで小さなピースが生じた場合、使用開始後の清掃の際に掃除機の吸引力などでタイルカーペットが浮いてしまうことがあるので、そういう部分がないか注意してください。なお、小さいピースが避けられない場合は、接着剤を強力にするなどの方法をとることがあります。このほか、ドアを挟んで内外ともタイルカーペットの場合に両者のジョイント（継ぎ目）位置がずれていると、ドアを開けたときに違和感があります。そうなっていないかも確認するとよいでしょう。

　さらに、消防法の定めにより必要な場合には、防炎表示（防炎ラベル）の設置が適切かも確認してください。

　また、カーペットが他の床仕上げと連続する場合は、カーペットの仕上り高さに注意が必要です。カーペットはその後の歩行などによって毛足やループがへたり、全体高さが低くなるからです。

**4）合成樹脂塗床**

　本項では、弾性ウレタン塗床材及びエポキシ樹脂塗床材を対象として説明します。

① 材料の確認

　塗床材には、塗布形（エポキシ樹脂系、ウレタン樹脂系、ポリマーセメント系など）、一体形（セメント系）、浸透形（特殊シリカ系、ケイフッ化系）があり、これらは設計図書で定められます。また、そのほかの材料としてプライマーや下地調整材もありますが、通常は、塗床材製造所の指定・推奨する材料を使用することが多いと思われます。

　これらの材料の確認は、梱包などの表示を見て、設計図書や施工計画書で定められたとおりかどうかを確認します。ホルムアルデヒド放散量については、Ｆ☆☆☆☆を指定されることが多いので、その点も確認します。また、色合いについては、あらかじめ設計者と監理者（必要に応じて建築主も）によって確認された材料見本（塗り見本）と照合して確認します。

② 施工の確認
a　下地の確認

　　下地、特にコンクリートやモルタルの下地は、平滑で不陸やひび割れ、レイタンス、脆弱部、ピンホール、巣穴、へこみ、傷、突起、塵埃・汚れ・油分の付着等がないものであることを確認します。また、下地は十分乾燥したものであるかを高周波水分計などで確認します（8％以下が目安）。

b　塗り施工後の確認

　　合成樹脂塗床の工程は、一般にプライマー塗り、下地調整、ベースコート塗り（下塗り）及びトップコート（上塗り）で構成されます。施工計画書で計画された工程どおり施工されたかについては、工事施工者の施工記録や写真などによって確認することが多いと思われます。

　　施工後は、仕上げの種類（平滑仕上げ、防滑仕上げ、つや消し仕上げ、薄膜流し展べ仕上げ、厚膜流し展べ仕上げなど）は所定のとおりか、塗りむらはないか、しわや膨れ・へこみ・気泡はないか、傷やひび割れはないか、塗り残しはないかなどを確認します。また、各材料の使用量を空き缶の数で計測し、当該施工面積で割って平均単位使用量を算出し、それが所定のとおりかを確認します。

5）フローリング張り

① 材料の確認

　　フローリング材は木質系材料からなる床板（ゆかいた）ですが、様々な分類と樹種があります。使用される材料については、主として次の確認を行います。

- 分類と樹種について、あらかじめ設計者と監理者（必要に応じて建築主も）によって確認された材料見本と照合して確認します。
- フローリング材ピースの厚さ、幅、長さを抽出で計測し、施工計画書や施工図で定めたとおりかを確認します。
- 含水率を試験や含水率計などにより測定し（測定は工事施工者が行い、監理者はそれに立ち会う。）、所定のとおりかを確認します。含水率はＪＡＳで定められ、複合フローリング材の場合で14％以下とされています。
- フローリング材や接着剤のホルムアルデヒド放散量については、通常Ｆ☆☆☆☆を指定されることが多いので、その点も確認します。
- 破損や傷、汚れのないことを確認します。

② 施工の確認

a　下地の確認

　　モルタル埋込み工法におけるコンクリート下地については、下地としての強度は十分か、下地レベルが50mm程度の張り代を見込んだものとなっているかなどを確認します。

釘留め工法における根太や下張りなどの下地については、下地の構造は所定のとおりか、ゆるみ、がたつき、きしみ音はないか、下地レベルは所定のとおりか、フローリング材の張り代は適切か、強度・剛性・平滑性は適正か、十分乾燥しているかなどを確認します。

　　接着工法におけるモルタル下地については、強度は十分か、レベル及び平滑性は適正か、不陸はないか、フローリング材の張り代は適切か、十分乾燥しているかなどを確認します。乾燥の程度については、高周波容量式水分計による測定値で8％以下が目安となります。

　b　張付け後の確認

　　フローリング材の張付け後は、次のような点を確認します。

- 張込みの工法が所定のとおりか、裏面緩衝材や接着剤等の使用は所定のとおりかなどについては、施工後には確認することができませんので、主として工事施工者の施工記録や工事写真などにより確認します。
- フローリング材の張込み完了後、その表面は次項の仕上げ塗装の下地となりますので、素地ごしらえとしてのフローリング表面の研磨は適切かを確認します。
- ウレタン樹脂ワニス塗り、オイルステイン塗り、ワックス塗り、フロアオイル塗り等の表面仕上げは所定のとおりかを確認します。
- 床面は、平滑で不陸や目違いはないかを目視で確認します。
- 歩行時にきしみ音はないかを確認します。
- 木目や色調、ピースの並べ方、ピース間目地の通りは適切かを確認します。これらについては設計者にも確認してもらうとよいでしょう。
- 表面にしみ、傷、汚れ、狂いはないかを確認します。
- フローリング材は、施工後、湿気を含んで膨張して隣接するピースどうしが押し合って持ち上がることがありますので、フローリング材ピース間にわずかな隙間（名刺の紙1枚の厚さ程度）をあけておくことが、これを防ぐコツです。その点を施工計画書の段階で指摘しておき、施工後はそうなっているかを確認するとよいと思います。

### 6）畳敷き

#### ①　材料の確認

　　畳は、畳床、畳表、畳へり地、縫い糸により構成されます。これらの材料の規格はJIS及びJASで規定されており、また畳床と畳表を組み合わせたJIS規格もあります。畳の種別などは設計図書で指定されますので、材料の確認の際は、畳に示されたJIS表示を見てそれを確認することになります。畳へり地については、あらかじめ設計者と監理者（必要に応じて建築主も）で確認した見本と照合・確認します。

また、材料搬入時には、材料の寸法、傷や汚れの有無などの確認が必要ですが、施工後の確認時にこれらを見ることもできますので、これを工事施工者の自主確認に委ねることも多いと思われます。

② 施工の確認

a　下地の確認

下地が平たんで、不陸、目違い、凹凸がないことを確認します。また、畳をモルタルやコンクリート下地に直に敷きこむ場合は、下地を十分乾燥させる必要があることは当然ですが、設計図書の定めによっては、それに加えて防湿シート（発泡ポリエチレンフォーム厚さ2mm程度）等の防湿層を敷き込むことがありますので注意してください。さらに、下地レベルが、畳厚さを見込んで、敷居レベル等に対して適切かも確認します。

b　敷き込み後の確認

畳を敷き込んだ後、畳割りは所定のとおりか、畳へり地は見本のとおりか、不陸・目違い・隙間はないか、汚れや傷はないか、敷居等に対して段差はないかを確認します。

7）せっこうボード、その他ボード及び合板張り

① 材料の確認

せっこうボードや、けい酸カルシウム板などその他のボード類、合板などの材料については、初回などの材料搬入時に立ち会って、あるいは工事施工者の自主確認記録により確認します。確認は、これらの材料の種類、サイズ、厚さ、エッジ形状、品番などが施工計画書で指定されたものであることを、計測や目視、梱包や材料そのものに記された表示を見ることにより行います。併せて、これらの材料に破損や傷、汚れがないかを確認します。

また、耐火認定やホルムアルデヒド放散量の認定（F☆☆☆☆など）が必要な材料については、それに関する表示を確認します。

③ 施工の確認

この項では、主として間仕切り壁におけるボード類について説明いたします。

a　下地の確認

この工事における下地には、軽量鉄骨壁下地、木質系胴縁、せっこう系直張り用接着剤による直張り工法（ＧＬ工法）の下地（通常はコンクリート壁）などがあります。ただ、多くの場合は軽量鉄骨壁下地（金属工事）となると思われますが、その場合の確認のポイントはそちらの項を参照してください。

b　張付け後の確認

ボード類を軽量鉄骨壁下地に張り付けた後、塗装や壁紙などの仕上げ材を

施す前に張付け状態を確認します。この確認は、初回などに立会い確認をし、以後は、工事施工者による自主検査記録の確認を主体として、立会い確認は抽出で行うのが一般的です。立会い確認の際の主な確認ポイントは次のとおりです。

- ボードの種類、厚さ、エッジ形状、何枚張りかが所定のとおりかを確認します。エッジ形状にはテーパーエッジ、ベベルエッジ、スクェアエッジがありますが、最近は、テーパーエッジの事例が減ってきたように思われます（代わりにベベルエッジを使う。）。
- ボード類を軽量鉄骨壁下地に留め付ける打込みビスのピッチや下地張りボードに上張りボードを留め付けるタッカーによるステープルのピッチが施工計画書のとおりかを確認します。また、軽鉄間仕切りの地震時や強風時における層間変形への追従機構は、軽量鉄骨壁下地（金属工事）の項でも説明したとおり、スウェー方式（スライド方式ともいう。）が一般的ですので、ボード類が上部ランナーや開口部周りの補強材に留め付けられていてはいけません。この点についても確認します。
- ボードを留め付けるビスやステープルの頭がボード表面より少しでも高いと、その後の塗装やクロス張りなどの表面仕上げに目立つふくれとして現れてしまいます。そうならないよう、ビスやステープルが十分深く打ち込まれていることを確認します。なお、これらの頭がボード表面から引っ込んでいても、最後にパテ塗り（ジョイントコンパウンド）により均されますので、問題はありません。
- ボードの継ぎ目処理工法や出隅・入隅の処理が施工計画書で定めたとおりかどうかを確認します。ジョイントコンパウンド塗り（下塗り、中塗り、上塗り＋サンドペーパー掛け）、ジョイントテープ張り、グラスメッシュテープ（寒冷紗）張り、パテ処理などが適切に行われたかを確認するのですが、これらは、工事施工者の施工記録や工事写真で確認することが多いと思います。
- ボードの切断面どうしの継ぎ目の場合は、両側のエッジを軽く面取りして突き付け、ジョイントコンパウンド塗りやテープ張りで処理します。この場合、面取りした部分はボード表面の紙が削られ、石こう部分が露出するため、ジョイントコンパウンドの水分が吸収され割れることがありますので、この部分にあらかじめ吸水防止剤を塗布しておくのが一般的です。こういった点も確認しましょう。
- ボードの継ぎ目などについて、段差の有無やジョイントコンパウンド処理の平滑度を確認します。壁仕上げの施工完成後、光の当たり具合により不陸などが目立つことがありますので、懐中電灯を斜めに当てて確認するこ

ともあります。また、そうなりそうな箇所を事前に予測し、施工精度をあげるよう工事施工者を指導するとよいでしょう。

- 下地張りのある2枚張りのボードの継ぎ目は所定のとおりずれているか、ボードの継ぎ目（ジョイント部）が適切に処理されているかを確認します。ボードのジョイント部には、不陸や仕上げ材の亀裂が生じやすいので、ボードのエッジ形状は所定のとおりか、パテ（ジョイントコンパウンド）しごきは適切か、ジョイントテープや寒冷紗張りは所定のとおりかなどが確認のポイントです。

- 目地の配置や構造は適切かを確認します。目地は、ボードの収縮等によるクラックの生じやすい、ドアなどの開口隅角部の上や柱際、異種構造に連続してつながる境界、長い壁面の中間部などに配置されますが、それが所定のとおりかを確認します。特に、階段室の壁が軽量鉄骨壁の場合、完成後に中小地震等によってクラックが入ると再発防止の手直しが大変なので、フロアレベルの水平目地や壁の入隅部に適切な目地を入れることが肝要です。また、目地部に所定の目地材やジョイントテープ・寒冷紗が使用されているかも確認します。

- ボード壁の仕上げがクロス等の差し目地の場合、壁表面のボードに設けられた目地の位置（割付け）と幅は、意匠上重要なポイントになります。そのため、施工図の段階で設計者に確認してもらう必要があります。施工時のボード検査では、監理者は、目地の位置と幅が所定のとおりかを確認し、違和感があるときは、設計者の意見を求めるとよいでしょう。

- ボード壁が防火区画を形成している場合、ボードの構成（厚さ、枚数）は適切か、柱との境界や床スラブとの取合い部などにおけるロックウールや耐火シーリングなどの充填材は適切かを確認します。また、区画を破るような隙間がないかを、懐中電灯の光を利用するなどして確認します。特に、壁上部と上階床のデッキプレート下面との取り合いは要注意です。U型デッキのリブと直行する壁の場合、デッキのリブ間の隙間が、ロックウールや既製品の成形認定材など所定の材料で適切に埋められているかに注意します。また、フラットデッキのリブと区画壁が直行する場合、軽量鉄骨壁下地（金属工事）の項で説明しましたように、隙間をロックウールなどで塞いだだけではリブ内の空洞が防火区画を破ることになりますので、リブの当該部分などを切断・除去して軽鉄壁をスラブ下面に直接当てるなどの処置が必要になります。

- 設計図書によりボード壁に遮音性能が求められる場合、防火区画壁の場合と同様、その構成（厚さ、枚数）は所定のとおりか、壁内部や柱際などのグラスウールなどの充填材は適切か、どこかに音漏れの原因となる隙間は

ないかを確認します。また、遮音壁面のコンセントボックスなどは、音漏れの弱点となりますので避けることが原則です。やむを得ない照明スイッチのボックスなどについては、裏面に鉛プレートを張った遮音用のものを使用するなどの処置をする必要があります。
- 天井（軽量鉄骨下地の天井やシステム天井）に取り付けるボード類の完了時検査については、傷、汚れ、欠け、設備機器との取合い部の隙間、浮き、ずれなどの外観確認が中心になります。また、点検口周りのボードが正しく納まっているかなどについても見るとよいでしょう。なお、点検口そのものの注意点については後述の10）③で説明します。さらに、天井ボード下面のレベルすなわち天井高が所定のとおりかについても、抽出で計測することがあります。

### 8）壁紙張り

① 材料の確認

壁紙の品質については、JIS A 6921などに規定されます。また、ホルムアルデヒド放散量の制限（F☆☆☆☆など）や防火性能（不燃材料、準不燃材料、難燃材料）については、通常、建築基準法などの法令に基づいて設計図書で指定されます。使用する材料が所定の認定や指定を受けたものであるかどうかを材料の梱包などに示された表示を見ることにより確認します。

また、壁紙の種類（紙系、繊維系、塩化ビニル樹脂系、プラスチック系、無機質系）、色合いや質感、光沢、模様については、あらかじめ設計者と監理者（必要に応じて建築主も）によって確認された材料見本と照合して確認します。

② 施工の確認

a　下地の確認

壁紙の下地には、モルタルやコンクリート、ボード類などがありますが、これらの状態の確認については、塗装工事の下地についてとほぼ同様ですので、該当部分を参照してください。大切なことは、壁紙は下地に直接張り付けるので、下地の乱れがそのまま表面に出てしまうため、凹凸や隙間、不陸などがないように下地の施工精度を高めておく必要があるということです。

b　張付け後の確認

壁紙の張付け後は、次のような点を確認します。
- 壁面に凹凸や不陸はないかを確認します。
- 模様のある壁紙でジョイント部分に模様のずれはないか、目立つような色むらはないかを確認します。
- 張り忘れはないか、切り忘れはないかを確認します。
- ジョイント部に隙間や剥がれ、浮きはないかについて確認します。特に、

ジョイント部の隙間については、施工直後には隙間がなくても、壁紙はある程度収縮しますので、時間がたってから（特に、空調を運転してから）隙間が生じるということがあり、注意が必要です。
- 端部の納まりや建具・幅木などとの取合い部における切り付けはきれいかを確認します。
- 汚れ、しみ、傷、ふくれ、接着剤のはみ出し等はないかを確認します。
- 法令上の必要に応じて、防火材料の表示（１室ごとに２枚以上）は適切かを確認します。

### 9）断熱・防露

断熱・防露工法には、内断熱工法と外断熱工法がありますが、ここでは鉄筋コンクリート造の外壁や屋根スラブ等に断熱材を打ちこむ断熱材打込み工法及び外壁内面や屋根スラブ内面等に発泡ウレタンなどの断熱材を吹き付ける断熱材現場発泡工法について説明します。ただし、外壁などへの断熱材打込み工法は、コンクリート打設後、その面のじゃんかや充填不良などの有無についての確認ができないため、この工法を採用する場合は、慎重に検討する必要があると思います。

これらの断熱材は、外壁や屋根スラブの内面側の結露を防ぎ、併せて室内の空調負荷を減らし暖冷房の省エネを図ることを目的としています。

① 材料の確認

断熱材打込み工法の材料にはビーズ法ポリスチレンフォーム保温板、押出法ポリスチレンフォーム保温板、硬質ウレタンフォーム保温板、フェノールフォーム保温板などがあり、それぞれＪＩＳにより規定されますが、このうちのどれにするかは設計図書で指定されます。使用する材料が所定のものであるかどうかを材料の梱包や製品などに示された表示を見ることにより確認します。また、欠け、割れ、つぶれ、著しい汚れなどがないかを確認します。さらに、ホルムアルデヒド放散量の制限（Ｆ☆☆☆☆など）についても表示を確認します。

断熱材現場発泡工法の材料は、吹付け硬質ウレタンフォームとなり、これもＪＩＳ製品です。これについても、使用する材料が所定のものであるかどうかを材料の容器などに示された表示を見ることにより確認します。また、ホルムアルデヒド放散量の制限（Ｆ☆☆☆☆など）についても表示を確認します。

② 施工の確認

a　下地の確認

断熱材打込み工法では、型枠等に断熱材を留め付けますので下地の確認はさほど重要ではありません。その代り、型枠工事の立会い検査の際に、次の

b項で説明するとおり、所定の断熱材が型枠に正しく取り付けられているかの確認が必要となります。

この工法に代わって使われることのある断熱材張付け工法では、下地面の有害な不陸や汚れ、油分、塵埃などについて確認する必要があります。なお、この工法は、打ち上がったコンクリート面などに接着剤などで断熱材を張り付ける工法で、事前にコンクリート面のじゃんかや充填不良などについても確認できます。

断熱材現場発泡工法における下地については、有害な不陸のないことを確認します。また、水分・油分・汚れ・塵埃は剥離の原因になりますので、これらがないことも確認します。

b　施工後の確認

断熱材打込み工法では、断熱材の取付け後、型枠工事の立会い検査の際に、次のような点を確認します。

- 断熱材の材料名、厚さなどが所定のものかを確認します。
- 断熱材のコンクリートへのアンカーが所定のとおりかを確認します。壁の場合は、この工法に専用の型枠セパレーターを利用して、コンクリートと一体化する方法があります。なお、このアンカーについては、施工計画書の段階で、防錆処置についての検討をしておく必要があります。
- 断熱材が施工計画書で定められた取付け方法により型枠に堅固に取り付けられているかを確認します。
- 断熱材パネルの継ぎ目や入隅部・出隅部に隙間はないか、継ぎ目にコンクリートのノロ止め処理はなされているかを確認します。
- セパレーター、インサート、ドレン周りなど、金属が断熱材を貫通する場合のヒートブリッジ防止処理が適切かを確認します。これについては、施工計画書の段階で検討・確認し、施工後はそのとおりなっているかを確認します。
- 断熱材に火気が触れないように養生などの対策がなされているかについても注意を払うとよいでしょう。

断熱材現場発泡工法の吹付け後は、次のような点を確認します。

- 吹付け厚さが所定のとおりになっているかの確認が最も大切です。吹付厚さの許容誤差は－0mm～+10mmとすることが国土交通省監理指針に書かれています。ただし、プラス側の誤差については、次工程の仕上げ材の施工に影響しない限り、柔軟に判断することも多いと思われます。吹付け厚さの確認方法については、耐火被覆厚さの確認と同様、吹付け後、工事施工者が厚さ確認ピンをあらかじめ施工計画書で定めた方法で取り付けますので、まずそれを確認します。さらに、抽出で薄そうなところを選ん

で、厚さ測定ゲージを使用して確認するとよいでしょう。
- 下地躯体から突き出たボルトや金物などがヒートブリッジによる結露の原因とならないよう、適正に吹き付けられているかを確認します。
- その他のヒートブリッジとなるような箇所はないかを確認します。
- 吹付け作業のやりにくい狭い場所や物の陰などに未施工部分や薄いところがないかを確認します。
- 設計図書に定めがある場合、現場発泡ウレタン断熱材の上に防火コートの吹付けが適切になされているを確認します。
- 現場発泡ウレタン断熱材に火気厳禁の表示や必要に応じて防火養生などの対策がなされているかも確認してください。

### 10) その他の確認ポイント

#### ① 天井内等の防火区画処理の確認

内装工事など屋内仕上げ工事の段階に入って、壁ボード張り工事が終わり、天井軽量鉄骨下地工事が進んだ頃、天井ボード張りが始まる前に、天井ふところ内にある防火区画等を構成する壁や梁をダクトや配管などが貫通する部分が所定の工法で適切に処理されているかを確認します。また、ほかに防火区画を破るような隙間などがないか、設備配管ルートの変更などにより使用されなかった貫通孔が放置されていないかなどを確認します。これらの確認には、建築工事と設備工事が混在しますが、それぞれを分担して確認すると、建築・設備の境界部分などで見落しが生じる可能性があります。そのため、ひとりの担当者がすべてを確認するという方法のほうがよいかもしれません。

天井ボードを張る前なら多数の貫通箇所を床から目視で容易に確認できますが、天井ボードを張った後では天井点検口から脚立等を用いての目視確認となり、確認に手間取るばかりか、点検口の配置によっては確認が不十分なものになりかねません。確認の時期は、タイミングを失しないようにしたいものです。

電気工事や空調・衛生工事などの防火区画貫通処理の方法については、認定を取得した工法がありますので、それに合致しているかを確認します（設備工事の範囲）。

天井内の防火区画において、処理されずに残された開口や隙間は、建築基準法違反であり、火災の際に重大な被害をもたらしかねませんので、確実な確認が必要です。工事施工者による自主検査記録の確認でも良いとは思いますが、できるだけ監理者自身が確認することが望ましいと思います。

なお、上記のポイントは、ＯＡフロアなどの二重床部分での防火区画壁貫通についても同じことがいえますので、注意が必要です。

② 手摺りの取付け方法の確認

　ボード壁等に取り付けられた手摺りの固定度を確認します。特に病院や老健施設など利用者が手摺りに頼って歩行することの多い場所の手摺や高所の手摺では、脱落やぐらつきが重大事故に発展しかねませんので、注意が必要です。

　施工完了後に、手摺りを手で揺すったり、体重をかけてみて、ぐらつきなどを確認することも必要ですが、それだけでは経年によるゆるみなどは分かりません。下地がしっかりしているか、取付け機構は十分なものかなどについては、施工図段階で入念な検討を行いたいところです。検討は、通常、工事施工者の指示により専門工事業者が計算等により行いますので、監理者も計算書の提出を促し、それを確認するとよいでしょう。なお、計算の条件となる荷重については、いくつかの団体から指針が出されています。

　また、必要に応じて、工事施工者の協力を得て、現場でモックアップを作成し荷重試験を行うこともあります。

③ 天井点検口の確認

　天井ボード張りなどの確認時に天井点検口が適切に設けられているかを確認します。確認のポイントは次のようなことです。

- 点検口の数や寸法、位置が総合図や天井伏図で計画したとおりになっているかを確認します。
- 点検口が常開防火戸の扉の軌跡内にあると、地震の揺れで点検口の蓋が開いて垂れ下がったとき防火戸と干渉し、地震後に火災が発生した際に、防火戸が閉まらなくなる恐れがあります。点検口はそのような位置を避けて設けるべきですが、それが避けられない場合は、点検口の蓋をロック付きとし、地震の際でも開きにくいようにしておくという次善の策が必要となります。このような点も確認するとよいでしょう。
- 壁際に設けられた点検口の蓋の吊り元位置、すなわち開き勝手が適切かを確認します。点検口を開いたとき、蓋が壁や家具に当たって傷をつけないように配置しないといけません。また、吊り元を壁の反対側に設けると、垂れ下がった蓋と壁との間隔が狭く、脚立からのアクセスがやりにくくなることがあります。そのため、点検口の蓋は壁面に対して直角に開くようにするのが原則です。
- 点検口の直下の状態を確認します。安全に脚立を置くことのできるスペースが確保されている必要があります。床段差やスロープ、移動が難しい家具や設備機器等があると将来のメンテナンスが困難になります。
- 点検口の直上に天井内の点検を妨げるような障害物がないかを確認します。点検口を開けたとき、大きなダクトや配管、ラック、天井下地材等が

邪魔をして頭を入れることさえできないといったことがよくありますので注意してください。

- 一般的に、その点検口の目的すなわち何を点検するための点検口なのかを示した表示ラベルが点検口の蓋の裏に貼り付けられますので、そうなっているかを確認します（主として設備工事の範囲）。併せて、その点検口からの点検対象物の点検、操作が容易かを確認します。
- 点検口の蓋が天井面とそろっているか、点検口の枠周りに天井ボードの隙間や浮き、欠けがないかを確認します。
- 点検口の確認の際、併せて天井内の清掃が十分なされているかを確認します。天井裏に残材があったり、ごみやボードの切り粉が残っていたりすることがあります。切り粉などは、将来、室内に落ちてくる可能性もありますので、工事施工者に指摘して、よく清掃させましょう。

④ システム天井の確認

システム天井は、それを開発したそれぞれの専門工事業者が保有する技術に基づく材料、機構、施工方法によって施工され、また、多数の実績がありますので、その確認に大きな問題はないと考えられます。ただし、出来上りの天井高は、テナントとの契約や家具の配置などで重要な意味を持つことがありますので、抽出での計測確認が必要です。

また、近年、地震による落下事故なども見受けられ、耐震措置についての確認は重要と思われます。この確認ポイントは前述の軽量鉄骨天井下地（金属工事）とほぼ同じですが、主なものは次のとおりです。

- 耐震ブレースの配置は所定のとおりかを確認します。必要な耐震ブレースの数は、通常、設計図書で指定され、その具体的な配置を落とし込んだ施工図と照合・確認することになります。ただし、ダクトや設備配管との干渉により、計画した位置からずれて設けられることがあります。また、ときとして省略されてしまうこともあります。そのため、厳密にブレース一つ一つの位置を確認するのではなく、一定の区画ごとにＶ型配置を１対として、Ｘ方向とＹ方向のそれぞれにトータルで何対あるかを数え、それが所定の数を満足しているかを確認する方法が一般的です。併せて、ブレースの両端固定が所定のとおりビスを使用したものとなっているかも確認します。
- 耐震性の確保のためのそのほかの対応には、壁と天井の間のクリアランス確保、各部材の落下防止策（金物類・クリップにビスを併用する）などがあります。これらの対応は、設計図書や施工計画書で示されますので、現場ではそのとおりになっているかどうか確認することになります。
- システム天井で、前述の軽量鉄骨天井下地（金属工事）で説明しました

「特定天井」に該当する場合は、国土交通省告示第771号などに従って計画される必要があります。

⑤ 間接照明の見え方の確認

これは電気設備工事にも関係しますが、間接照明の光源（ランプ）が、下から見えないかを確認します。廊下などに設けられた間接照明のランプの位置が目隠しの立上り高さを超えて下から見えることがあります。もちろん、これは施工図検討の段階で確認しておくことですが、立会い検査の際にも、そうなっていないかを確認します。もし、そうなっている場合は、工事施工者がランプの位置を調整するなどの是正を行うことになります。

また、壁際の間接照明で、壁仕上げが本磨きの石材など光沢のある場合、ランプがそれに映り込んで見えてしまう場合がよくあります。これは施工後に見つけても手直しが困難ですので、施工図の段階で検討しておくとよいでしょう。

(15) シックハウスへの対応

1) 建築材料のVOC等の放散

① ホルムアルデヒド含有材料

近年注目を集めることの多いシックハウス対策については、直接室内に面し問題となることが多い内装仕上げの建築材料などについて、ホルムアルデヒド含有材料の使用が建築基準法及びそれに基づく平成14年国土交通省告示第1113〜1115号により規制されています。また、これに対応して、建築材料にホルムアルデヒド放散量に関する等級の表示（最上位がF☆☆☆☆で使用制限なし）がなされています。国土交通省標準仕様書の各所においても、F☆☆☆☆の材料の使用を定めています。

この表示には、JIS又はJASによるもの、国土交通大臣の認定によるもの、指定性能評価機関の評価によるもの、事業者団体の自主表示によるものが存在します。設計図書に建築基準法等に基づいてホルムアルデヒド放散量についての指定がある場合、この等級についての表示や証明書等による確認が、監理者による材料の確認における重要なポイントとなっていることは、本書の各所で説明したとおりです。

② その他のVOC含有材料

シックハウス症候群の原因となる揮発性有機化合物（VOC＝Volatile Organic Compounds）は、ホルムアルデヒドだけではなく、トルエン、エチルベンゼン、キシレン、スチレン、アセトアルデヒドなど多くの種類があります。設計図書にこれらのVOCに関する規定がある場合は、施工計画書の検討の段階で、あるいは材料検査において、下地材料や仕上げ材料、塗

料（特に、建具の塗料が見逃されやすい。）、接着剤などの使用材料や家具（本工事に含まれる場合）にこれらのＶＯＣが含まれていないか、確認しておくことが必要です。また、建築材料だけではなく、床下や天井裏の設備工事における接着剤や塗料などにも注意を払いましょう。

　ホルムアルデヒド以外のＶＯＣ含有についての確認には、施工計画書検討の段階で、使用材料の製造者が発行する安全データシート（ＳＤＳ）を工事施工者から提出させ、それを確認するとよいでしょう。なお、ＳＤＳとは、従来、化学物質等安全データシート（ＭＳＤＳ＝ Material Safety Data Sheet）と呼ばれていたものですが、2012年6月に経済産業省により国際整合の観点から、国連で定められた国際標準「化学品の分類および表示に関する世界調和システム（ＧＨＳ）」で定義されるＳＤＳ（＝ Safety Data Sheet）に統一されたものです。これについては、JIS Z7253で標準化されています。

　施工図や施工計画書の段階で、工事施工者に依頼して、各部屋の仕上げ表を作成し、使用した仕上げ材料・設備材料の明細をリスト化し、後でシックハウス症候群が問題となったときにその原因をトレースできるシステムを構築しておくことも、対策のひとつといえます。

### 2）枯らし期間

　使用材料に若干のＶＯＣが含まれてしまうことはよくあることですが、ＶＯＣは一般的に時間がたつと放散量が減少する傾向にあります。例えば、トルエンについては、含有量が過剰でなく換気された部屋であれば、一般的に3～4週間で問題ない濃度まで低減することが経験から知られています。そのため、内装工事などの完成後、建築物の使用開始までに出来るだけ時間を空けて放置し、ＶＯＣを自然放散させきってしまうことが必要になります。この放置時間を枯らし期間と呼びます。枯らし期間はできるだけ長くとり、その期間中は窓を開けるなど自然換気に努め、また必要に応じて機械換気を行うなどして、放散の促進に努めるのが一般的です。

　監理者は、内装工事等の工程について、十分な枯らし期間が取れる工程になっているかに注意を払い、疑問に思うときは、適切な期間を取るよう工事施工者に助言をするとよいでしょう。

　また、十分な枯らし期間を置いたつもりでも、工事完成時の諸検査による指摘事項の是正やタッチアップに使用される塗料などからＶＯＣが放散されることがよくあります。こういう場合の手直しの時期（再度の枯らし期間が取れるように）や使用材料（できるだけＶＯＣ放散を抑えたもの）にも注意を払いましょう。

3）家具等からのＶＯＣ放散

　　せっかく本体建築物でシックハウス対策を講じても、別途工事として搬入される家具、カーテン、リネンなどやテナントによる内装工事等からＶＯＣが放散されることがよくあります。

　　これは、工事施工者や監理者の責任範囲外ではありますが、建築主のためにも、家具等からのＶＯＣの放散の可能性について建築主に助言をしておくとよいでしょう。また、この建築主への説明は、将来、万一シックハウス症候群の問題が生じた場合、その原因についての建築主の理解の助けにもなります。

　　また、設計図書にＶＯＣ放散量についての定めがある場合は、別途発注の家具等の搬入時期をしっかりと把握し、その前に次項による室内空気質測定を行って、ＶＯＣについての本工事側の責任を明確にしておく必要があります。

4）室内空気質の測定

　　設計図書に定めがある場合、工事施工者は、室内空気質の測定を行いますので、監理者は、まず測定計画書を検討・確認し、次に測定開始直前に適時立ち会い、最後に測定報告書により測定の結果（各ＶＯＣ別の濃度が設計図書や測定計画書に定められた制限値を下回っていること。）を確認します。

　① 測定計画書

　　　ＶＯＣ濃度の測定に先立って、工事施工者が作成・提出する測定計画書を設計図書と照合して検討・確認します。計画書の確認にあたっては、測定対象とするＶＯＣの種類が所定のとおりか、ＶＯＣ濃度の判断基準（制限値）が所定のとおりか、測定箇所数や測定場所は所定のとおりか、測定方法は適切か、測定時期は適切か、などを確認します。

　② ＶＯＣ濃度の制限値

　　　この室内空気質における各ＶＯＣの室内濃度の制限値については、通常、厚生労働省が定めた指針値や文部科学省が管轄の学校建築について定めた学校環境衛生の基準による指針値など公的な規制目標値（強制ではない。）を設計図書の制限値として使用することが多いと思われます。厚生労働省による指針値の一例を挙げると、ホルムアルデヒド：0.08ppm、トルエン：0.07ppm、エチルベンゼン：0.90ppm、キシレン：0.20ppm、スチレン：0.05ppm、アセトアルデヒド：0.03ppm となっています。

　③ 測定箇所、測定場所

　　　測定箇所数や測定場所については通常設計図書で示されますが、そのうち測定場所については、一般的には、まず一般事務室など多数の人が長時間利用する場所を選びます。また、日当たりがよく（室内が高温となりＶＯＣ放散が活発になる。）、小さな部屋（ＶＯＣがこもりやすい。）など、できるだけ不利な条件となる場所を選びます。こういう場所の測定は、「ここでよけ

れば、他は大丈夫」という確信を得るためにも有効でしょう。

④ 測定方法

測定方法には、アクティブ法とパッシブ法の二つの方法がありますが、どちらにするかは設計図書の定めによります。

アクティブ法は、室温が高くなりＶＯＣの放散が最も活発になると思われる午後２～３時ごろの時間帯に、吸引ポンプを用いて室内の空気を30分間吸引して捕集管に採取し、それを分析するものです。アクティブ法は、ＶＯＣの最大濃度を評価するもので、信頼性が次のパッシブ法より高いといわれています。

一方、パッシブ法は、ＶＯＣの種類ごとに専用のサンプラーを室内に24時間吊るしてＶＯＣを捕獲するもので、上述のアクティブ法より簡便な採取方法ということができます。パッシブ法では一昼夜の測定時間となりますので、ＶＯＣの平均濃度を評価することになります。

厚生労働省は両方の方法を認めていますが、厚生労働省の「室内空気測定のガイドライン」においては、アクティブ法を標準的な方法としています。

⑤ 測定時期

測定時期については、工事の進捗に応じて、工事施工者が決定しますが、監理者は、次のようなポイントを考慮して、工事施工者に助言するとよいでしょう。

測定は、当該場所の仕上げ工事完了後かつ各種検査による指摘事項の是正（塗装などＶＯＣを含む材料を使用するもの）の完了後、十分な枯らし期間を置いた後に行うことが望ましいです。また、前述のように別途工事の家具等の搬入前とします。

なお、測定開始から結果が出るまで、通常、２週間程度かかりますので、枯らし期間や、完成建築物の引渡しや使用開始の時期などを考慮に入れて測定時期を設定する必要があります。また、測定結果が不合格の場合の対処に必要な期間も考慮に入れる必要があります。

⑥ 立会い確認

測定開始直前には測定機器の設置場所や数、仕様などが計画書のとおりかを立会い確認します。ただし、これについては、立会いを行わず、測定報告書に添付される測定位置図や写真で確認することも多いと思われます。なお、測定中、対象室は空気が入れ替わらないように出入りが制限されますので、測定そのものに立ち会うことはあまりありません。

⑦ 測定報告書

空気質測定後、工事施工者から測定報告書が提出されますので、それにより監理者は、測定が計画書のとおりに行われたこと、測定対象であるＶＯＣ

の濃度が設計図書及び測定計画書に示された制限値以下であることを確認します。

## 2.3 一般的な事務所ビルにおける設備工事の検査

　設備工事が設計図書のとおりかどうかの照合・確認については、国土交通省が平成21年9月に策定した工事監理ガイドラインに例示されています。これは、建築士法上の工事監理についての指針であり、強制されるものではないのですが、設備工事における監理者の検査においても参考になりますので、「どういう点を確認するのが一般的なのか。」については、その確認項目によることとして、本書では説明を割愛します。本節では、主として見逃しやすい事項、よくある間違いなど、検査時におけるコツ・勘所といった事項のみを説明することとします。また、本節では、数多くある設備工事検査のポイントのうち、建築工事・電気設備工事・機械設備工事を取りまとめる立場にあることが多い建築工事監理担当者も知っているとよいのではないかという点をできるだけ取り上げるようにしています。

　ここでは、2.1の（8）で述べたのと同様、一部で施工のやり方そのものの確認について述べているところがあります。これは、本来、工事施工者が施工管理の中で確認すべきことですが、施工のやり方が結果としての品質に大きく影響し、しかも施工後では確認が困難と思える事項、施工後の是正では大仕事になってしまう事項などについて、よりよい品質を確保するためには、そういった施工のやり方そのものも確認しておいたほうがよいと考え、あえてそれらについての確認のポイント・注意点をここでも示すこととしています。

### （1）設備工事共通事項

　ここでは、主として、電気設備工事、給排水衛生設備工事、空調換気設備工事、昇降機等設備工事に共通の注意点を説明します。

#### 1）鉄筋コンクリート造（RC造）壁への箱抜きスリーブの取付け

　　RC造の壁に長方形の設備用壁開口を設ける場合、壁型枠に箱抜きスリーブ（型枠）を取り付けますが、開口の横幅が大きい場合にスリーブ下部のコンクリートが充填不良となっていることがよくあります。

　　これを防ぐために、スリーブの中間に75φ程度の鋼製スパイラル管などを適切な間隔で上下に貫通させ、生コンの通り道を確保するとともに箱抜きスリーブの下辺にエア抜き穴を設けるという方策が有効です。型枠脱型時には、箱抜きスリーブの撤去と併せてスパイラル管とその内部に充填されたコンクリートも撤去することになります。また、横幅が広い箱抜きスリーブの場合は、生コンの重量で箱抜きスリーブの上辺が曲がったり壊れたりするおそれがあります

が、この方法では鋼製スパイラル管等が支柱の役割を果たし、スリーブ上辺の変形を防ぐ補強を兼ねることができます。

これらは、施工方法についての注意点であり、工事施工者の施工管理のもとで行われるべきことですが、監理者も配筋検査や型枠検査などの際に気を付けてみておくとよいでしょう。

### 2）床スラブへのスリーブの取付け

床貫通孔のためにＲＣ造床スラブに取り付ける打込みスリーブは、当該床上の設備機器・配管等からの漏水事故の際に下階への浸水を避けたい場合、スリーブの上端をスラブ天端から50～100mm程度高くする必要があります。

スリーブの位置やサイズの確認と併せて、こういう点も見ておきましょう。

### 3）インサートの取付け

#### ①　インサートどうしの間隔

床スラブの型枠には、建築の天井、電気ラック、衛生配管、ダクト等の吊りボルト用の各種のインサートが取り付けられます。これらは目視で識別しやすいように工種別に色を違えるのが一般的です。

これらのインサートは、それぞれの工種で配置、サイズ等が計画され施工されており、インサートの検査の際はそれを確認するのですが、時としてインサートどうしが著しく接近して取り付けられていることがあります。特に、異工種のインサート間でこういうことがよく見受けられます。このような場合は、床スラブ下の天井吊りボルトや配管、ラック、ダクトなど異工種間の取合いが納まっていない可能性が高いので、工事施工者に検討を指示します。

#### ②　断熱材へのインサート設置

床スラブの型枠の上に断熱材を敷き込んで、その上にＲＣスラブを施工する場合、各種インサートは断熱材を貫通して取り付けることになります。この場合、インサートがヒートブリッジとならないよう専用の断熱インサートを使用する必要がありますので、インサートの検査の際は、そうなっているかも確認します。

#### ③　デッキプレートへのインサート設置

デッキプレート上にインサートを設置する場合、上面が平坦なフラットデッキの場合は、通常の木製床型枠の場合と同様にインサートを配置すればよいのですが（ただし、リブを避ける必要があります。）、波形のデッキプレートの場合には、注意が必要です。

この場合、上から見てデッキプレートの谷部にインサートを設置してはならず、必ず山部に設置しなければなりません。これは、波形デッキプレートの場合の床スラブは、通常、谷部を一本のＲＣ造梁とみなして構造計算をし

ており、そこへのインサート設置は断面欠損となるからです。特に合成床板（デッキプレートを型枠としてのみ使用するのではなく、その強度を構造的に利用する工法）の場合は、コンクリートの断面欠損だけではなく、デッキプレートへの穴あけが構造材の断面欠損になります（通常、山部への穴あけは問題とされません。）。

### 4）設備機器類の基礎

#### ① 重量機器類の基礎

屋上や機械室などに設置される重量機器類などの基礎は、設計図書の定めによりますが、通常、かさ上げコンクリートや防水層の保護コンクリートからではなく、床や屋根のスラブなど躯体コンクリートから立ち上げます。このような場合、基礎の位置や寸法、配筋、アンカーボルトなどが躯体図などの施工図に的確に示されている必要があり、そのためには当該機器のサイズや配置などが総合図や設備施工図などで事前に確定している必要があります。

また、ある程度以上の大きな機械基礎の位置について、それぞれの機械基礎が構造的に事前の計画どおりの梁で支えられているかどうかの確認も必要です。ときとして、設備機器の位置が変更になったのに、構造の梁の位置の変更がそれに追いついていないことがあります。

配筋検査の際は、建築監理担当者だけではなく、設備監理担当者も設備基礎の配置、寸法等について確認しておくとよいでしょう。

#### ② アンカーボルトのへりあき寸法

設備機器類のコンクリート基礎には、機器設置用のアンカーボルトが埋め込まれますが、そのへりあき寸法すなわち基礎エッジからアンカーボルト心までの寸法は十分なものである必要があります。これが小さいと、地震などの際にアンカーボルト周りの基礎コンクリートが欠けてアンカーボルトが抜けてしまうことがあります。最低でもアンカーボルトは基礎配筋の内側に入れるべきで、ボルト径にもよりますが、100mm 程度のへりあきはほしいところです。これは、施工図の段階でチェックすべき事項ですが、その後の変更や施工誤差も考えられますので、機械基礎配筋の検査の際などコンクリート打設前に、アンカーボルトのへりあきが十分かどうかについて注意を払いたいものです。

#### ③ アンカーボルトのナットのゆるみ止め

設備機器類をコンクリート基礎に固定しているアンカーボルトのナットが二重ナットになっているなどゆるみ止め対策が適切になされているかどうかを確認します。特に振動する機器においては、これが重要なポイントとなります。また二重ナットの場合、将来の点検でナットのゆるみを発見するため

のマーキングが適切につけられていることを確認します。

### 5）コンクリート埋設配管の設置

#### ① 埋設配管相互の離隔距離

　床スラブや壁等には、電気用ＰＦ管などの埋設配管が埋め込まれることがあります。この埋設配管どうしや埋設配管と鉄筋等との離隔距離は構造的に適切なものでなければなりません。この離隔距離は、設計図書で定められる鉄筋相互の離隔距離と同じ寸法がほしいところです。万一、状況によってそれが確保出来ない場合でも、コンクリート打設時のコンクリートの充填性を考えて粗骨材寸法（通常、20mm）より大きくし、最低25mmは確保したいところです。

　また、ＥＰＳ周辺や電気の盤の下部などにおいて、床スラブに埋設した配管が密集して配管相互の適切な離隔距離がどうしても確保出来ない場合があります。そういう場合は、構造設計担当者にその状態が床スラブの構造的性能上の問題とならないことを確認したうえで、配管上部に溶接金網を入れて、ひび割れを防止することが有効です。もちろん、構造的に問題となるほどの極端な配管の密集については、施工図の段階でスラブを厚くするなど何らかの対応をする必要があります。検査に当たっては、こういった点も注意しましょう。

#### ② 埋設配管の配置と径

　床スラブなどの埋設配管（ＰＦ管等）は、コンクリートのひび割れを防止するため、原則として床配筋の上端筋と下端筋の間に通します。これを確認するとともに、埋設配管の径が上端筋と下端筋の間隔より大きくて、鉄筋のかぶり厚さをいじめたり、鉄筋を曲げて無理やり通していないかについても注意を払いましょう。

　また、複数の埋設配管が梁を横断する場合は、梁の構造的性能を低下させないように、配管をまとめて通さず、できるだけばらして通すことが一般的です。梁のあばら筋ピッチごとに複数の配管を通さず、あばら筋の間に１本の配管とします。また、埋設配管のコンクリートかぶり厚さが薄すぎると、ひび割れの原因になります。検査に当たっては、これらも確認するとよいでしょう。

　なお、パイプシャフトの内部など、将来の改修工事における配管の増設等による躯体の孔あけが予測される部分には、できるだけ配管の埋設は避けておきたいものです。

#### ③ 埋設配管の固定

　床スラブなどの埋設配管は、鉄筋に適切な間隔で結束します。これは、コンクリート打設時に埋設配管が大きく浮き上がらないようにするためです。

特に軽くて剛性のないＰＦ管の場合は注意が必要です。なお、埋設配管を鉄筋に固定するときは直交する鉄筋に結束します。これは、平行する鉄筋に結束すると前記の①で述べた離隔距離の問題が生じるからです。検査の際は、この点も確認しましょう。

6）その他の注意事項
① 屋外に使用する金物・ボルト類
　屋外で使用する金物やボルト・ナット類に電気めっきの材料が見受けられますが、これではすぐに錆が発生するおそれがあります。設計図書の内容によりますが、これらには、原則としてステンレス製のもの又は溶融亜鉛めっきのものを使用することが望まれます。検査の際は、この点も確認しましょう。

② 天井点検口
　ときとして、天井点検口を開けたとき天井内のケーブルラックやダクト、配管などが開口部を塞いでいたり、点検対象物を遮っているケースが見受けられます。また、点検口の近くに電気ケーブルがあると、点検の際に傷つけられる可能性もあります。こうならないように、点検口の位置や、配管・配線・ダクトなどの位置について施工図の段階で確認する必要がありますが、天井のボード材を張る前の天井下地段階で天井内設備工事の検査を行ない、こういう点も確認するとよいでしょう。

　天井点検口については、前述の2.2の建築工事における「(14) 内装工事」の「10) その他の確認ポイント」の「③　天井点検口の確認」でも詳細に説明していますので、そちらも参照してください。

③ 配管・ダクト等の壁貫通処理
　配管やケーブルラック、ダクトなどが防火区画や防煙区画を形成している壁を貫通している場合、貫通部分における区画処理が適切かどうかを確認します。防火区画処理は、通常、専門工事業者等が開発し認定を受けた工法によって施工されますので、施工計画書の段階でそれを確認します。そして、天井仕上げ施工前の段階で行う天井内設備工事の検査の際に、もれなく、施工計画書どおりに処理されているかを確認します。なお、遮音性を要求される壁の設備貫通処理についても、そこが音漏れの原因にならないよう、同様の注意が必要です。

　区画壁の貫通処理について、認定を受けた工法を、使用されなかった（すなわち、貫通している配管・配線が存在していない）貫通孔の閉塞に用いた場合に注意が必要です。これらの認定工法は、配管・配線が貫通している状態についてのみ認定を受けており、配管・配線がない状態での適用については考慮していない（すなわち適用申請をしていない）ことが多いからです。

処理の機構上や防火性能上は何の問題もないとは思うのですが、関係機関の検査の際にこういった箇所を認定対象外として指摘された事例がありました。この事例の場合は、まったく無意味なことですが、ダミーの配線・配管を通して是正しました。

### (2) 電気設備工事
#### 1) 電力設備工事
##### ① 照明器具の確認
a　非常照明器具の設置

　非常照明器具が間接照明とみなされるものは、非常照明として認められません。特に、建築工事で設けられた間接照明の遮光板などの陰に非常照明器具が配置されていないか、注意して確認しましょう。

b　ランプの交換方法

　アトリウム部や高い天井、光壁内部などに取り付けられた照明器具の場合、どのようにしてランプ（管球）あるいは照明器具本体を取り換えるかについて事前の検討が必要です。照明器具を高所に設置した場合、昇降式の照明器具を採用する、キャットウォークを設ける、天井裏から交換する、高所作業車を用意するなどの方法が考えられます。ただし、これについては、本来、設計者が設計段階でその検討をしておくべきと思います。そして、監理者はその検討がなされているか、その交換方法は妥当かなどを確認するとよいでしょう。

　もし、この事前検討がなされていない、あるいは十分でないなどの場合は、工事施工者の協力をえて、現場段階で検討する場合もあります（この検討により追加工事費が必要となることもあります。）。この場合、工事施工者は、通常、施工計画書や施工図の段階で検討を行いますので、その内容が適切かどうかを確認します。特に、高所作業車や脚立を使用してランプ等の交換を行う場合、照明器具直下の足場が悪かったり、移動できない設備機器や家具などがあって、高所作業車や脚立を置くことができない状況となっていることを完成時の検査の段階で発見することがありますので注意が必要です。なお、高所作業車の場合は、その収納場所と作業エリアへの動線、床強度についても、施工図の段階で設計者に対する確認が必要です。

　また、こういったランプ等の特殊な交換方法について、事前に建築主やビル管理者に文書で説明をしておく必要がありますので、それがなされているかどうかも併せて確認した方がよいでしょう。

　照明器具のランプ等の交換に限らず、高所などに設置された他の設備器具についても同様のことがいえます。

c　内照式サイン内部の照明器具

　　内照式サインの看板は、屋外に設置されることが多く、防水・防塵の観点から開口や隙間が非常に少ないことが多いです。そのため、夏季などには照明器具からの排熱がこもりやすく、安定器やランプの寿命などにも影響しかねません。従って、サインや看板に排熱対策を講じておく必要があります。

　　また、サイン内部の照明については、点滅回路がサイン工事にも電気工事にも含まれていないことが往々にしてあります。工事区分や点滅方法についても確認しましょう。

　　これらは製作図などの段階で検討すべきことですが、検査の際に再確認するとよいでしょう。

d　間接照明光源の壁への映り込み

　　内装工事の節でも説明しましたが、光沢のある仕上材の壁に接して間接照明が設けられる場合、光源（ランプ）が壁に映り込んで通常の目線で見えてしまい、意匠設計者の意図とは違う状況になってしまうことがよくあります。

　　これについては、施工図等の検討の段階で意匠設計者や電気設備設計者を交えてよく検討しておくべき事項ですが、検査の際にも、そういうことが生じていないか、再確認をすることが望まれます。

e　中央監視盤室の天井照明

　　中央監視盤室等の天井照明器具がモニターに映り込んだり、明るすぎたりして、モニターが見えにくくなることがあります。また、机上面が手暗がりにならないようにする必要もあります。

　　これらについては、施工図等の検討段階で、照明器具の配置などに注意する必要がありますが、検査の際もそうなっていないか再確認をしましょう。

f　受水槽室などの照明

　　組立式受水槽が置いてある受水槽室などの照明器具は、天井がないため、レースウェー方式が多いようですが、水槽点検用のタラップの昇降に支障がない位置についている必要があります。また、前記bで説明しましたようにランプの交換等のためのアクセスが可能な場所でなければなりません。さらに、水槽の上面についているマンホールの内部を照らして点検できるように、マンホールの真上に照明器具が配置されていることが望ましいです。

　　これについては、施工図等の検討段階で、照明器具の配置や形式に注意する必要がありますが、検査の際もそうなっているか再確認をしましょう。

g　シャンデリアなど吊り物の支持

　　シャンデリアやプロジェクターなど天井から重量物を吊り下げる際は、自重や地震力などに対して十分安全である必要があります。万一落下した場合

は、人身事故など重大な結果につながりかねません。そのため、変形や脱落、破損などが生じないよう、下地材の設置や吊り材根元の固定方法、大きな揺れの防止策等については適切に計画・施工する必要があります。これらについては、シャンデリアに限らず、大型サインや劇場におけるスポットライト、スピーカーなど天井から吊り下げる重量物全般について同じことがいえます。東京都では、100kgを超えるものについて「懸垂物の安全指針」が出されていますので、参照してください。

　これらについては、本来、設計者が検討すべき事項ですが、監理者も施工図等の検討段階で確認する必要があります。また、検査の際も適切かどうか再確認をするとよいでしょう。

② 配管、ケーブル、ケーブルラック等の設置

　a 地下外壁の貫通

　外部から地下外壁を貫通して電気配管などを引き込む場合、貫通部分の止水対策が適切になされているかを確認する必要があります。これは、給・排水管、ガス管などの衛生配管についても同じです。また、このような配管は、建築物周囲の地盤が沈下しても、破損などの問題がないようにしておく必要があります。

　これらについては、施工計画書等の検討段階で、確認する必要がありますが、検査の際も止水処理や地盤沈下対策が計画どおりか、施工は適切かの確認が必要です。

　b エキスパンションジョイント部などにおける建築物の動きへの対応

　免震層やエキスパンションジョイントなどの可動部をまたいで配管やケーブルなどが設置される場合、それらは建築物の水平（X・Y方向）と必要に応じて垂直の動きに追従できるようにしておく必要があります。この設備上の可動寸法については、構造計算上求められる可動部の移動量に加えて、施工誤差や万一のケースなどを考慮して、十分な余裕を持たせておくべきであり、一般的には設計図書で示されます。

　また、エキスパンションジョイントなどの可動範囲内に、地震時に衝突してしまうような設備機器等が設置されていないかについても確認します。

　これらについては、施工計画書等の検討段階で確認する必要がありますが、検査の際も免震部やエキスパンションジョイント等の動きに追従できるようになっているか、干渉する設備機器はないかの確認が必要です。

　c 幹線ケーブルの固定

　幹線ケーブルなど重量のあるケーブルをたてラックなどに固定するためにインシュロック（プラスチック製結束バンド）を使用してはいけません。インシュロックは複数のケーブルを束ねるためのものであり、耐荷重用の材料

ではないので、タイロックなど重量に耐えられる仕様のもので固定する必要があります。検査の際は、そうなっていないかにも注意を払いましょう。

d　ケーブルの表示

EPS内等のラック上のケーブルには系統名や施工時期等を記載した表示札を取り付けます。配管・配線のケーブルについてもハンドホール内等には同様の表示が必要ですので、それを確認します。

e　ケーブルラックなどの支持

亘長（こうちょう）（配線経路の、ある2点間の距離）の長いケーブルラックなどを鉄骨梁の下フランジから支持金物を使用して吊って支持する場合、脱落防止金物を併用して、地震時に水平方向の力を受けても支持金物が脱落しないようにする必要があります。これは、空調や衛生の配管、ダクトを鉄骨梁から支持するときも同様です。検査の際は、そういう点にも注意しましょう。

また、ケーブルラックが地震の際に大きく揺れないように振れ止めが必要です。特に吊り長さが長い場合は注意が必要です。検査の際は、振れ止めが適切かについて確認します。

f　天井内ケーブルの支持

照明用のケーブル等を天井内において露出で配線する場合、上部スラブからの天井吊りボルト等に所定の間隔で取り付けて支持することが一般的です。この際、全ネジボルト等の金属にケーブルを直に結束することは不適切です。これは、吊ボルトの振動などによりケーブルの被覆が傷つくおそれがあり、また万一被覆が破損した場合に漏電する可能性もあるからです。検査の際は、ケーブルが樹脂製の支持材等を介して吊りボルト等に支持されていることを確認します。

g　高温配管との離隔

ケーブルや電気配管、配線が蒸気配管、温水配管、ボイラー煙道など高温の配管と接近している場合、熱によって不具合が生じることがあります。そのため、ケーブルや配線等はこれらの高温配管から所定の離隔距離をとって設置する必要があります。やむを得ず接近して配置する場合は、間に断熱板などを挟んで熱による影響を防ぎます。検査の際は、こういう点も確認するとよいでしょう。

③　インバータ使用機器等について

a　インバータ使用機器のMCCB容量

インバータ（直流電力を電圧・電流・周波数が制御された交流電力に変換する装置）を使用している機器は定格出力の150%超で運転することもありますので、その電源送りの動力盤のMCCB（Molded Case Circuit Breaker、配線用遮断器、ブレーカー）の容量は、機器の定格出力ではな

く、インバータの最大運転電流で決める必要があります。これは、施工計画の段階で検討する事項ですが、検査の際は、この点も確認してください。

b　インバータを収納している盤の温度環境

インバータは高温に弱いので、インバータを収納した盤を熱源機械室など周囲温度が高い場所に設置する場合は、その許容温度と想定室温を確認します。やむを得ず温度の高い場所に設置する場合は、換気風量を増加させるなどして室温を下げる必要があります。これは、施工計画の段階で検討する事項ですが、検査の際は、こういう点も確認するとよいでしょう。

c　動力盤・分電盤等の上部配管

動力盤や分電盤などは、特にインバータを収納している盤は、筐体（きょうたい）（盤などの箱状ケース）上部に排熱対策のための換気口やケーブル取込みのための開口を設けている場合があります。このような盤の直上に水系配管が通っていると、万一それが漏水した場合、垂れた水が開口部から盤内部に浸入し、漏電事故を起こす可能性があります。そのため、このような盤の上部の水系配管は極力避けることが求められます。もし、それが避けられないのであれば、水系配管の下部に漏水パンなどを設置して、万一配管から漏水しても水が盤に掛からないようにします。これは、施工図の段階で検討する事項ですが、検査の際は、こういう点も確認するとよいでしょう。

④　避雷設備等の接地極

避雷設備の接地極は、他の接地極と共用せず、単独のものとしなければなりません。また、エレベータなどノイズの発生が予想される機器については、接地端子盤まで単独配線とします。これは、施工図の段階で検討することですが、検査の際は、こういう点も確認するとよいでしょう。

**2）受変電設備工事**

①　屋外型キュービクルの設置

キュービクルとは、電力会社から送られてくる高圧（一般的には6,600V）の電気を100Vや200Vに降圧する受電設備（変圧設備）を収めた閉鎖型の金属製の箱のことです（箱そのものは、キャビネットや筐体ともいう。）。一般家庭用などには、外部の電柱の上に設置されたトランスという変圧設備で降圧して配電されますが、大きな容量（50kW以上）を必要とする施設では、高圧のまま敷地内に引き込み、このキュービクルで降圧するのです。

このキュービクルの設置について、確認のポイントは次のとおりです。

a　キュービクルへの浸水防止

屋上など風雨の当たる場所にキュービクルを設置する場合、キャビネットの内部に雨水が浸入しない構造とする必要があります。キュービクルのキャビネットには、内部収容機器の排熱処理のため通気孔を設けています。この

通気孔は一般的には下向きについていますので、通常そこから雨水が浸入することはありません。しかし、台風などの強風時にはそこから雨水が浸入し、漏電、短絡などの事故の原因となることがあります。それを防ぐため、折り返し仕切り板などのバリアを取り付けます。これは、製作図の段階で確認しますが、検査の際も、そうなっているかを再確認するとよいでしょう。

また、地域によっては積雪を考慮して、基礎の高さやキャビネットの構造を検討する必要がある場合があります。

b　キュービクルへの塵埃等侵入防止

屋外に設置するキュービクルは、塵埃や昆虫などが内部に浸入しないようにする必要があります。そのため、通気口にはフィルターを取り付けます。このフィルターはロングライフタイプで掃除や交換が容易な構造となっていることが望ましいです。これは、製作図の段階で確認しますが、検査の際も、そうなっているかを再確認するとよいでしょう。

c　キュービクルへの小動物侵入防止等

キュービクル内にネズミなどの小動物が侵入しないよう、幹線の引出し部等は完全に閉そくする必要があります。また、屋外に設置する場合などは、キュービクル下部のケーブルラックなどが小動物の巣になる可能性がありますので、全面をカバーで覆うとよいでしょう。さらに、一般の人が触れるおそれのある場所に設置する場合は、キュービクルの周囲にフェンス等を設置します。これらは、製作図等の段階で確認しますが、検査の際も、そうなっているかを再確認するとよいでしょう。

なお、ネズミ対策については、キュービクルを室内に設置する場合でも同様です。

d　キュービクルのためのメンテナンス架台の設置

屋外キュービクルが屋上等でコンクリート基礎上に設置されている場合、屋根防水の納まりのため、基礎の高さは通常500mm程度となります。このため、扉側には日常点検のための架台を設置することが望まれます。

また、年次点検時には遮断器を引き出して点検するため、そのためのスペースが十分確保されているかも確認しましょう。

② **室内に設置する受変電設備**

a　冷房による結露

キュービクルなどの受変電設備を室内に設置する場合、これらは発熱するため、冷房された室内に設置されるのが一般的です。この場合、冷房の冷たい空気が受変電設備に直接当たると、キャビネット内部で結露が生じて、短絡などの原因となる場合があります。検査の際は、冷風が受変電設備に直接当たっていないか、冷房の吹き出し口の位置や冷風の流れ方などに注意を払

うとよいでしょう。特に換気設備により室内に外気が供給されている場合は、雨天時などに室内の湿度が高くなり、結露のリスクが高くなりますので、冷房と換気の同時運転は避けるように、工事施工者から建築主及び維持管理サイドに申し送る必要があります。

b　冷房機器・空調機器の排水

受変電設備を設置する部屋が床置き型などの冷房機器で冷房されている場合、万一、ドレン水が床上にあふれ出ると、水が床下のケーブルピットなどに入り込んで漏電の原因となる可能性があります。電気設備工事ではなく、空調換気設備工事の施工計画段階における検討の範囲ですが、ドレン水が床上にあふれないように、冷房機器の周囲に鋼製アングルとシーリングなどの方法で防水堤を設け、かつ防水堤内の床面に漏水検知装置を設けることが望まれます。検査の際は、排水処理が適切かどうかを確認するとともに、こういった点にも注意を払うとよいでしょう。

### 3）静止形電源設備工事

静止形電源設備とは、商用電力（電力会社から送られてくる電気）が停電した際、一定範囲の電気機器の電源を一定時間内だけ、継続確保するためのバックアップ電源のことです。なお、国土交通省標準仕様書（電気設備工事編）では、電力貯蔵設備として扱われています。

これには、主として直流電源装置と交流無停電電源装置があります。

#### ①　直流電源装置

直流電源装置は蓄電池を主体とした直流の非常電源で、検査に当たってのポイントは次の通りです。

a　防災電源の認定

直流電源装置は、主として誘導灯や非常照明などの防災設備の非常用電源として使われます。そのため、直流電源装置の防災用蓄電池設備は、消防法の基準に適合し、登録認定機関の認定を得たものでなければなりません。

認定を受けた蓄電池設備には、シールタイプの認定証票が貼ってありますので、検査の際はそれを確認します。

b　蓄電池室の換気

蓄電池、特に鉛蓄電池は充電中に水素を発生することから、消防法により蓄電池室の換気が義務付けられています。電気設備工事の範囲ではありませんが、施工計画時点及び検査時に、この点も確認したいところです。

#### ②　交流無停電電源装置

交流無停電電源装置は、ＵＰＳ（Uninterruptible Power Supply。Supply のかわりに System ということもある。）ともいい、商用電力の停電時に交流電力供給の連続性を一定時間確保できるようにした非常用電源

で、主としてコンピューターやサーバー、その関連機器などのバックアップ電源として使われます。

UPSは、主として蓄電池と電力変換装置から構成されます。電力変換装置は、整流器（交流→直流・脈流）とインバータ（直流→交流）の組合せ、または双方向コンバータ（半導体電力変換装置。交流→直流、直流→交流の両方の機能を持つ。）です。これは、平常時は商用電力（交流）を負荷側で利用するとともに直流に変換してUPS内部の蓄電池に充電し、非常時は蓄電池からの直流電力を交流に変換して、コンピューターなどの負荷へ供給するものです。

検査に当たってのポイントは次のとおりです。

a　並列冗長運転

UPSの非常用無停電電源としての信頼性を高めるため、並列冗長方式とすることがよくあります。これは、必要台数＋1台以上のUPSを常時並列で運転し、そのうちの1台が故障などで停止しても、非常時に残りのUPSから必要な電力を供給するという方式です。

これについて、実機による試験で確認します。試験は、UPSの定格負荷のもとで、UPSの1台を模擬的に故障させて、非常時出力側の電圧過渡変動や周波数を測定し、所定の範囲内にあるかどうかを確認するものです。

b　バイパス回路

非常時にUPSが給電中に故障した場合、あるいは平常時に過負荷状態となった場合などに、切替えスイッチで商用電源に切り替えるためのバイパス回路を設けることがよくあります。非常時には、この時点で商用電源が回復していれば、交流電力給電の連続性を確保することができ、また平常時には過負荷電流からインバータ等を守るというものです。

このバイパス回路が正しく機能するかをバイパス切替え試験により確認します。試験は、UPSの定格負荷のもとで、UPSを模擬的に故障させ、又は出力過負荷とし、自動的にバイパス（商用側）に切り替えられるかどうかを確認するものです。さらに、この模擬故障又は出力過負荷が解除されたときに自動的に又は運転操作によりUPSに復帰するかを確認します。

c　UPS室の空調換気設備

UPSは発熱量が多くかつ熱に弱いため、空調設備が必要となります。また、UPSに組み込まれた蓄電池の種類によっては、前記①bの蓄電池室と同様、換気が必要となります。

施工計画時に、発熱量と必要な空調換気設備について、工事施工者が専門工事業者に相談して対応する必要があります。これは電気設備工事の範囲ではありませんが、監理者はそれを確認するとともに、検査時にも計画された

とおりになっているかを確認します。

　　d　換気装置の給気ガラリ

　　　前c項で説明したように、ＵＰＳ室には空調換気設備を設けますが、給気のためのガラリ等から塵埃が侵入するとＵＰＳの故障の原因となりかねません。そのためガラリにはフィルターを設置することが一般的です。このフィルターはロングライフタイプで、かつ容易に交換できる納まりとすることが望まれます。

　　　これは電気設備工事の範囲ではありませんが、施工計画の時点でそうなっているかを確認するとともに、検査の際は、計画どおりになっているかを確認しましょう。

　　e　停電補償時間

　　　ＵＰＳが商用電源の停電時にバックアップ電源として機能する時間、すなわち蓄電池による運転時間については、通常、設計図書で定められ、それに適合するようメーカーから補償時間（メーカーによっては保証時間やバックアップ時間という場合もある。）が示されます。この補償時間は、コンピューター等を適正にシャットダウンするのに必要な時間あるいは非常用自家発電機による電力に切り替るまでの時間をカバーしている必要があります。それが正しく確保されているかどうかを実際に確認するため、実機に定格負荷をかけて運転し、補償時間を測定する試験を行うこともあります。

### 4）発電設備工事

#### ①　非常用自家発電機の設置

　a　設置位置・基礎

　　非常用自家発電機を屋上などに設置する場合、その基礎はどうなっているか、基礎は建物躯体の梁などで適正に受けられているかなどについて事前に構造設計者に確認してもらいます。この際、静荷重に対する検討だけではなく、運転時の振動による動荷重をメーカーなどに確認し、それに対する検討を忘れないようにしましょう。

　　非常用自家発電機の配置については、点検や操作のための壁からの離隔距離、オイルタンクと本体の離隔距離、発電機相互の離隔距離などが消防法などの法令で定められています。それが確保されているかどうかの確認が必要です。

　　これらの検討は、施工計画の段階で行いますが、検査の際も計画どおりになっているかを確認します。

　b　防振対策、防音対策

　　非常用自家発電機の月１回の定期点検のための運転時にその振動が建築物の躯体に伝わらないよう、適切に防振対策が施されているかを確認します。

基礎部の防振ゴムなどの確認のほか、機器に接続する配管などが振動を伝えない機構となっているかも確認します。

また、運転時の騒音が他の室や近隣などで問題とならないような対策（機器そのものへの対策と建築的な対策）が施されているかの確認も必要です。なお、機器本体への対策には、消音器の設置や機関部分をパッケージで覆うなどの方法もあります。

これらの確認は、施工計画の段階で行いますが、検査の際も計画どおりになっているかを確認します。

c　発電機室の換気設備

非常用自家発電機を室内に設置する場合、運転時には大量の燃焼用の空気が必要となり、また室内の温度が高くなりますので、通常時の換気設備とは別に専用の換気設備を設ける必要があります。また、この専用換気設備は、発電機の運転と自動的にリンクしている必要があります。空調・換気設備工事の範囲ですが、施工計画の段階でこの確認を行い、検査の際も計画どおりになっているかを確認します。

d　冷却水の排水

非常用自家発電機が放流式の水冷方式で、その冷却水を建築物の雑排水槽に排水する場合、排水量と排水の温度をメーカーに確認し、排水管、排水ポンプ、排水能力などがそれに合ったものとなっているかを確認します。電気設備工事の範囲ではありませんが、施工計画の段階でこの確認を行い、検査の際も計画どおりになっているかを確認します。

② 煙道、煙突

煙道・煙突は、その用途により、電気設備工事（非常用発電機などの煙突等）、機械設備工事（ボイラーなどの煙突等）、ときによっては建築工事と工事区分が分かれることがありますが、ここでは、それらの代表として電気工事の場合を説明します。

a　排気管の配置と熱伸縮対応

非常用発電機の排気は300℃を超える高温ですので、排気管を建物の内部に通す場合は専用のダクトシャフト（煙道）を設け、排気管には断熱材を施す必要があります。また、排気管は熱による伸縮をしますので、伸縮継手を適宜設けます。伸縮継手の配置は、排気管10mに1箇所程度とするのが一般的です。施工計画の段階でこの確認を行い、検査の際も計画どおりになっているかを確認します。

b　排気管と感知器の設置

発電機室において消防用設備としての感知器を設置する場合、発電機の横引き排気管の上部や近傍に熱感知器を設置すると、排気管には断熱材が施さ

れているとはいうものの、発電機の運転時における排気管の熱によって熱感知器が発報してしまうことがありますので、注意が必要です。検査の際は、こういう点も確認します。

 c 煙突の兼用の禁止

  発電機の排気のための煙突とボイラーの煙突は、同一のものを兼用することは避けるべきです。ボイラーからの結露水が発電機の煙道を通り、消音装置（チャンバー）に溜まって消音装置の内部が腐食することがあるからです（煙突には、一般的に騒音対策のため消音装置が取り付けられます。）。施工計画の段階でこの確認を行い、検査の際も計画どおりになっているかを確認します。もし、設計図書で兼用することになっているなら、設計者とその対策について協議する必要があります。

 d 排気の排出位置

  発電機のエンジンがディーゼルエンジンの場合、運転中に、煙突の先端など屋外への排気の排出口から白煙が発生することがあります。月1回の点検運転時に、この白煙による近隣やビル入居者からのクレームが発生しないよう、排気の排出位置について施工計画の段階で確認し、検査の際も計画どおりになっているかを確認します。

③ その他の注意事項

 a 運転時間

  非常用自家発電機は、消火栓やスプリンクラーなどのポンプ、機械式排煙設備などの非常電源として、定格負荷のもとで一定時間（60分以上）の連続運転が消防法により定められています。また、燃料油は2時間分以上の量を備えておくことも定められています。さらに、ＢＣＰ（Business Continuity Plan。事業継続計画）などのため、設計図書でそれ以上の運転時間を指定される場合もあります。

  この定格負荷における定められた運転時間を確認するために、設計図書の定めにより工事施工者は連続運転試験を行いますので、その経過と結果を確認します。この際、発電機室の室温が機器にとって問題となる状況でないことも併せて確認するとよいでしょう（室温の上限値については、メーカーに確認する。）。

### 5）通信・情報設備工事

① 機器内蔵バッテリーの寿命

  機器によっては、商用電源の停電時に非常用発電機からの給電に切り替わるまでの間を機器内蔵のバッテリーでバックアップします。

  このバッテリーの寿命が尽きていると、いざという時にバックアップできませんので、適切な時期にバッテリーを交換しておく必要があります。その

ため、バッテリーの目に付く場所に交換時期を表示しておき、維持管理者の点検時に確認できるようにしておくことが望ましいといえます。検査の際は、この点にも注意を払いたいところです。

② 情報通信用ＥＰＳの換気設備

情報通信用ＥＰＳ（電気用パイプシャフト）内に通信用サーバーを設置する場合や、テナントビルにおいてテナント側による通信用サーバーの設置を可能としている場合は、このＥＰＳに機器の発熱量に見合った換気設備や冷房設備が必要になります。これは、施工図等の検討の段階で確認しておくことですが、検査の際も計画どおりになっているかを確認します。

③ 屋外用キャビネット

情報通信用の屋外用キャビネットについての注意点は、基本的には、前述の受変電設備工事における屋外型キュービクルについての注意点と同じです。なお、パッキンや絶縁材料などは、吸湿性が少なく劣化しにくいものを使用する必要があります。また、筐体（箱状ケース）は内部に雨水が侵入しにくい構造とし、万一、侵入した場合でも排水できるように水抜き穴を設けます。水抜き穴は、詰まった場合に備えて、2ヵ所以上設けます。これは、製作図などの検討の段階で確認することですが、検査の際は、この点にも注意を払いたいところです。

④ ケーブル表示札

機器に接続されるケーブルの端末には、各ケーブルの系統種別、行き先、ケーブル種別などが分かるような表示札を取り付けます。また、予備配線についても「予備」と表示したうえで行き先・ケーブル種別などを表示します。これは、配線を点検や修理などではずした後の再接続時における接続箇所の間違いを防止するためです。したがって、表示札の取付け位置は接続部付近とします。なお、端子盤内には、将来の修理などに備えて、ケーブルの並び方を示す整端表を納めておきます。検査の際は、これらの点を確認します。

⑤ リレーのデバイス番号表示

盤内のリレー（継電器）には、盤側とリレー本体の両方にデバイス番号を表示します。これは、リレーを点検や修理などで外した後の再取付け時における間違いを防ぐためです。表示は、盤側とリレー本体側のデバイス番号を対比確認できる位置に設けます。検査の際は、これらの点を確認します。

⑥ 盤に設置される換気ガラリのフィルター

盤には排熱のための換気ガラリが設けられますが、このガラリには埃の侵入を防ぐためにフィルターを取り付けます。フィルターはロングライフフィルターとすることが望ましく、また、フィルター洗浄のための取り出しが容

易な構造とします。これらは製作図の段階で確認しますが、検査の際は、計画どおりになっているかを確認します。

### 6）総合停復電試験

すべての電気工事が完了したのちに、総合停復電試験を行います。主な試験内容は次によります。

① 一般停電試験

電力引込み部分の断路器を遮断して非火災時の停電状態をつくり、非常用発電機が正常に起動し、あらかじめ設定された保安用負荷や業務用負荷に給電することを確認します。非常用発電機は、非火災時の停電の際には、給水ポンプやセキュリティー関連機器等の保安用負荷や一部の業務用機器への給電を兼ねているため、それが正しく作動するかを確認します。

② 停電火災試験

一般停電時の非常用発電機運転中に火災感知器の発報等により疑似的な火災状態をつくり、保安用負荷や業務用負荷が発電機から切り離され、消火ポンプや非常用エレベーター、非常灯、避難誘導灯等の防災用負荷に給電されることを確認します。また、鎮火後（防災用負荷停止後）に、非常用発電機から所定の保安用負荷や業務用負荷への給電が復旧することも確認します。さらに、商用電源を復旧させ、非常用発電機が自動停止し、すべての負荷への給電が商用電源からの給電に切り替ることを確認します。

③ 火災停電試験

商用電力受電時に疑似的な火災状態をつくり防災用負荷を起動した後、商用電源の停電を行います。この時、発電機が正常に起動し防災用負荷が再起動することを確認します。そして、鎮火後（防災用負荷停止後）に、非常用発電機から所定の保安用負荷や業務用負荷への給電が開始することも確認します。なお、商用電源の復旧については前記②項と同じです。

この総合停復電試験の際、火災感知器の発報等と連動して、常開防火戸の閉鎖、自動ドアの手動開扉、電気錠の解錠、パニックオープン、エレベーターの非常停止、これらの動作の中央監視盤への表示など、火災時の動作が所定のとおりかを確認するための連動試験を併せて行うことが一般的です。

### （3）給排水衛生設備工事・空調換気設備工事

#### 1）共通工事

① 配管工事

a 誤接続の防止

配管を誤接続したために不具合が生じた事例は、しばしば見受けられま

す。特に、空調設備配管には「往き」と「還り」があり間違えやすいのです。これらの配管に接続されるストレーナーや自動弁には流れに対する向きがあり、逆流には対応できません。

　誤接続の防止の方法としては、往きと還りの配管を色テープや塗装によって色分けするという方法があります。また、併せて矢印などで流れの方向を表示することも多くあります。検査の際は、工事施工者がそういった誤接続防止策を講じて施工していることを確認するとともに、抽出で配管を追いかけてみるのもよいでしょう。

b　配管接続部の締付け不良の防止

　配管の接続部におけるネジやボルトの締付け不足または締付け忘れによって、そこから漏水するという事故はよく見受けられます。

　しかし、そういった締付け不良を検査の際に目視で見つけることは非常に困難です。そこで、締付け作業の際に所定の締付けが完了した部分には作業員がマーキングをつけることとし、監理者の検査の際にはマーキングの有無を確認するとともに、抽出により、締め付け程度を工事施工者が用意したレンチ等で確認するというのもひとつの方法です。

c　管の支持

　たて管の支持には、「荷重を受ける」「管の座屈を止める」「層間変位に追従する」「管の熱伸縮に追従する」など多くの機能が求められます。支持方法がこれらの機能を満足する適切なものであるかどうかについては、施工計画を検討する段階で確認するのですが、検査の際は、実際の支持方法が計画されたとおりになっているかどうかを確認します。

　横引き管については、上部床スラブ下面に取り付けられたインサートなどからの吊り材によって支持されるのが一般的です。検査の際は、これらの支持が「荷重を受ける」「熱伸縮に追従する」などの面で、施工計画の段階で計画したとおり適切になされているかを確認します。さらに、横引き管の場合は（電気のラックも同様）、「地震時に過剰な横振れをしないか」という観点でのチェックも必要です。特に吊り材が長い場合などは、振れ止め材の設置や支持材の躯体への留め付けなどの措置が適切になされているかどうかも確認します。

　また、冷温水配管や揚水管等の、管内の流体がポンプで圧送される配管が居室に近接して配置される場合は、支持部において配管の振動が躯体に伝播しないような防振対策が取られているかも確認します。

d　配管下部に電気の盤などを置かない

　空調設備や衛生設備等の配管においては、バルブ部や接続部等からの漏水の可能性があります。また、冷水配管や給水管の場合は、配管周りに結露し

て、結露水が垂れるということもあります。そのため、これらの配管の直下には、電気の盤などの水に弱いものを置かないことが原則です。これについては、施工図や施工計画を検討する段階で、工事施工者の電気設備担当者に問い合わせることにより確認するとよいのですが、検査の際は、そのようになっていないかを確認します。

　もし、配管の下に盤を置くという配置が避けられない場合は、配管下に防水パンを設けるなどの対策を講じる必要がありますので、この点も確認します。

e　配管の水圧試験

　一定の施工範囲（工区）の配管工事が終了すると、その工区の配管について漏水の有無を確認するため、すなわち配管の漏れや耐圧性を確認するため、設計図書の定めにより、配管に所定の水圧をかける水圧試験が行われます。この試験に抽出で立ち会い、試験が試験計画書で定められた方法で実施されているか、試験結果は問題ないかを確認します。立ち会わない部分については、工事施工者が提出する試験結果報告書を確認することになります。

　水圧試験においては、所定の圧力を所定の時間継続してかけますので、漏水の有無は、加圧時に圧力計が示す水圧に低下が認められるかどうかによって確認します。圧力が低下したら、配管のどこが漏れているのかを調べることになります。したがって、試験結果報告書には、圧力計の目盛が読み取れる写真を添付することが必要です。

　この水圧試験は工区ごとに行われるため、試験が「落ち」なく全工区にわたって確実に行われているかを確認するための工事施工者による管理が必要です。配管全体を示す図面に試験実施済み範囲を色分けするなどして管理する方法がありますが、監理者もこの管理状況を確認するとよいでしょう。

　また、水圧試験の工区とそこに隣接する工区の接続部や配管と機器との接続部などが水圧試験の対象から漏れてしまうことがあります。こういう箇所から漏水が生じることが多いため、この部分の確認をどのように行うか、試験計画段階に検討しておく必要があります。全工区の配管施工が終了し、機器を設置・接続した後に総合水圧試験を行うこともひとつの方法です。

f　天井吊り機器の排水管

　天井カセット形や天井内隠ぺいタイプとなるエアコン、ファンコイルユニット（FCU）などの排水管について、漏水がないことを確認します。確認の方法は、機器から直接注水する、又はドレンパンに水を入れるなどして、機器と配管の接続ホースや配管の掃除口、フレキシブルジョイントなどからの漏水の有無を目視観察するのが一般的です。この確認は、天井施工前で、かつ配管の保温材を施工する前に行います。

g　防振継手・伸縮継手につながる配管の反力

　　ポンプなどの振動する機器につながる配管は、機器の振動が配管を介して建物に伝わることを防ぐため、防振継手で絶縁して機器に接続します。この場合、配管の内圧による反力が防振継手を越えた最初のエルボ部に生じますので、これに対する十分な支持が必要です。この反力は思いのほか大きくなることがあり、また、天井が高い場合などは支持の設置が難しいこともありますので、工事施工者による施工計画段階での十分な検討が必要です。監理者は、その確認を行うとともに、検査の際も計画どおりに施工されているかを確認します。

　　また、配管の熱膨張を吸収するための伸縮継手が設けられている場合や免震構造の建物で可動部に免震継手が設けられている場合も、配管の固定部に内圧による力がかかります。管径が大きい場合は、力も大きくなりますので、防振継手と同様に検討が必要です。

h　密閉形膨張タンクの空気圧

　　温水暖房や給湯システムなどでは、内部の水が熱で膨張するため、この膨張水を、膨張管を通して吸収する容器が膨張タンクです。膨張タンクには、膨張水を単に容器で受ける解放形と配管から膨張タンクまですべてを密閉する密閉形とがありますが、最近は密閉形が主流となっています。これは、密閉型には、凍結を防ぎ、寿命が長い（密閉しているため循環水からの酸素の供給が少なく、タンクや配管の内面が酸化腐食しにくいため。）、設置場所を選ばないなどの利点があることによります。

　　この密閉形膨張タンクには、仕切りの隔膜を隔てて水と空気が入っています。このタンクを設置する際、タンクへの給水圧力は、最初にタンクに封入する空気の圧力（初期封入空気圧：配管系の圧力分布により決定される。）と同じである必要がありますので、そうなっているかを確認します。なお、密閉式膨張タンクへは飲料水系統の給水管を直結することはできないので、専用の給水ユニット（水槽と加圧ポンプがセットになったもの）から給水する必要があります。この時、膨張タンクへの接続部に減圧弁を設け給水圧力を調整します。

　　また、運転開始後、配管内部の水温が上がるとタンク内の圧力が上がりますが、そのデータを見ることにより、施工計画の段階で計画したとおりの温度と圧力の関係になっているかを確認します。

i　冷媒配管

　　近年、ビル用マルチエアコン（1台の室外機で、容量の異なる複数の室内機を個別に運転できるパッケージエアコン。）の普及に伴い空調工事における冷媒配管工事の比重が大きくなっていますが、その施工については、次の

ような点を確認します。
- 配管（銅管）のろう付接続時に、管の内面の酸化を防止するための窒素ガスによるバックシール等の措置がなされているか。
- 室内機等の機器との接続はフレア接続によるが、フレアナットの締付けはトルクレンチにより適正なトルクで締め付けられているか。
- たて管の荷重支持用として、銅管に直にろう付されたダウンストッパーが適切に設けられているか。
- 機器接続部の冷媒管の保温がメーカーの指定する施工標準どおりに施工されているか。

② 保温・塗装工事
a 保温の範囲
　冷温水配管や温水配管、空調ダクトなど保温が必要なものに適切な保温がなされているかを、施工計画段階と検査時に確認します。
　ただし、通常は保温が不要なものでも、場所によっては保温材の巻付けが必要になることがあるので注意が必要です。
　例えば、ＯＡダクト（外気取入れダクト）については、非空調室では通常は保温は不要ですが、加湿制御されている居室や浴室・厨房の天井裏に設置されている場合は、冬季に結露の可能性があるので、保温が必要となります。また、非空調室の場合でも湿った空気が侵入するような部屋においては冬季に結露の可能性があります。
　ＲＡ（還気）ダクトも通常は保温不要ですが、屋外等の外気に接する場所を通過する場合は、冬季の内部結露を防ぐために保温が必要です。全熱交換器からのＥＡ（排気）ダクトも、熱交換後は外気に近い温度になっているため、ＯＡダクトと同様に考える必要があります。
　また、蒸気還り管も保温なしが一般的ですが、人が触れて火傷をするおそれがある場所や電気ケーブルが触れて被覆が溶けてしまうおそれがある場所などでは、保温材を巻きつけます。
　なお、冷温水管と温水管では保温の仕様が異なり、これを取り違えると結露などの不具合が生じる可能性がありますので、注意が必要です。

b 保温材の厚さ
　保温の施工終了後、保温材や保温筒の厚さが所定の厚さであることを、抽出で、針などを刺して確認します。この際、曲り部や分岐部、支持部などは厚さが不足しがちですので注意が必要です。

c 保温材の継目
　保温材や保温筒の取付けには、継目が生じることは避けられません。継目には、配管などの軸に沿った継目と軸に直行する継目とがありますが、この

部分に隙間がないように保温材が取り付けられているかを確認します。特に、冷媒配管の場合は、わずかな隙間でも結露水滴下の原因となるので、適切に継目処理がなされているかを確認する必要があります。

　保温材の継目部の確認がしやすいように、工事施工者に軸に沿った継目を配管やダクトの下面に設けるよう指導することもひとつの方法です。

　　d　保温材の欠損

　　　配管やダクトに取り付けられた保温材に欠損が生じていないかを確認します。特に、配管等の支持部近辺は形状が複雑になり、保温材の欠損が生じやすいところなので注意しましょう。また、支持部などで保温材が過大に圧縮されることがあり、そういう部分の保温効果は著しく低下するので、注意して確認しましょう。

　　　冷水配管や冷温水配管などの場合、このような欠損や過大圧縮を防ぐため、支持部ではインシュレーションスリーパーという成形の断熱材を使用することが一般的です。

　　e　識別、表示

　　　各種の設備機器には、通常、維持管理のための番号、系統名、機器名などが表示されます。この表示が、中央監視盤や各種の電気の盤における当該機器に対応する表示内容と一致しているかを確認します。

　　　配管やダクトについても、用途や流れの方向を示す識別表示（色バンドなど）が適切になされているかを確認します。これらの表示は、配管等と機器との接続点や機械室内・シャフト内の要所などに設けられ、かつ、工事完成時に視認できる位置に取り付けられている必要があるので、そうなっているかを確認します。

　　　バルブ類には、通常時の開閉状態（「常時開」、「常時閉」など）や系統名を表示するバルブ札を取付けますが、屋外については耐候性のある材料（耐候性インシュロック等）で取付ける必要がありますので、それも確認します。

**2）空気調和設備工事**

　①　空気調和設備機械

　　a　機器のアンカーボルト

　　　機器は、一般的に、鋼製の架台を介して、アンカーボルトで鉄筋コンクリート製の機械基礎に固定されます。このアンカーボルトは、地震時における機器の転倒やずれを防止するという重要な役割を担っています。アンカーボルトの検査においては、次の点などを確認します。

　　　・アンカーボルトの径、本数、配置は、施工図や施工計画書どおりになっているか。

- アンカーボルトは埋込み型が望ましいが、やむを得ない場合はあと施工アンカーとすることもある。この場合において、引抜き耐力の確実性に疑問が残る「雌ねじタイプのメカニカルアンカー」（アンカー部の拡張の確認が難しいため）の使用は避け、「ケミカルアンカー」又は「雄ねじタイプのメカニカルアンカー」としたいが、そうなっているか。
- アンカーボルトの位置について、機械基礎の立上りエッジからのへりあき寸法が十分か。これが不十分だと、基礎コンクリートが欠けてアンカーボルトが抜けてしまうおそれがある。（（1）共通事項の4）②参照）
- ナットは二重ナットになっているか。一重では、振動や繰り返し荷重などで、緩んでしまうおそれがある。
- アンカーボルトの軸部は、ナット天端から、ねじ山が3山以上突き出ているか（国土交通省標準仕様書など一般的な規定）。

b 振動を発生する機器の防振

振動を発生する機器では、振動が躯体に伝わるのを防ぐため、ゴムやスプリング、空気ばね等の防振材を使用した防振装置を介して機器を機械基礎に据え付けます。この防振装置が施工計画どおりに設けられているかを確認します。また、防振装置を介した据付けの場合、地震時に架台がアンカーボルトから抜けて機器が転倒しないように、耐震ストッパー（二重ナットを緩く取り付けることが多い。）がアンカーボルトに適切に設けられているかを確認します。

また、耐震ストッパーが防振装置に組み込まれている場合もあります。この耐震ストッパーが、防振材に機器の自重以外の余分な荷重がかからないように調整されているかも確認します。

振動する機器に接続する配管については、これらを通じて振動が各所に伝わるのを防ぐため、防振継手を介して機器に接続する必要があります。すべての配管が施工計画どおり、そうなっているかを確認します。

c 冷凍機の能力試験

冷凍機単体の能力は製作工場における試験で確認しますが、冷却塔（クーリングタワー）やポンプ、自動制御などとの複合状態での冷凍機の能力の確認試験は、現場で設置された状態での試運転により行います。これは、工事施工者及び専門工事業者、関連機器の製造者により共同で行われますが、通常、監理者はこれに立ち会い、結果を測定記録により確認します。

工事の完成時期によっては、気温の条件（負荷）が十分でなく、冷凍機の能力を測定できないことがあります（夏季の暖房、冬季の冷房）。こういう場合は、建築物の引渡し後の適切な時期に、測定・確認を行うことが一般的です。工事完成時には、この測定をいつどのように行うのかを未成事項とし

て書類に残しておく必要があり、監理者はこの書類を確認するとともに、その時期が来たら、それが適切に実施されたかを確認する必要があります。

d　冷却塔の試運転

　冷却塔（クーリングタワー）の完成時の試運転は、工事施工者により、設計図書で定められた全負荷状態で行われます。これについて、監理者は、立会い又は試運転結果の記録により、性能の確認のほか、次についても確認します。

- 冷却水ポンプの起動・停止時における水面のレベルは適切か。水面の過剰な上がり下がりがある場合は、配管システムを検証する必要がある。
- 水滴の飛散が大きすぎないか。
- 冷却塔が排出した空気をすぐに吸い込む、いわゆるショートサーキットを生じていないか。これは、吸い込み空気と外気の温度（乾球・湿球）を比較して判断する。
- 近隣等に対する騒音の問題はないか。問題がありそうな場合は、工事施工者に騒音を測定してもらい、基準値を超えていないかを確認する。

e　空調機周りの測定

　設計図書の定めにより、空調設備におけるある系統が完成し風量調整が終了した段階で、当該空調機に接続されているダクトについて、風量や温度、静圧などを工事施工者に測定してもらいます。そして、その結果により、必要静圧が出ているか、外気側とレタン側の静圧のバランスはよいか、外気量は不足していないかなどを確認します。

f　機械室における機器配置

　空調機械室における各種機器の点検スペースや消耗品補充スペースは十分か、冷凍機のチューブ引抜きスペースやフィルター交換スペースは確保されているかなど、機器配置の確認は、施工図等の検討段階で行います。

　工事完成段階でも、これらのスペースが計画どおり十分確保されているかを確認します。特に、施工図や施工計画書検討時には気が付かなかった電気工事の配管・配線や衛生工事の配管などが機器の保守点検などの妨げになっていないかを確認します。

g　設備機器等の騒音

　これは、空調設備に限ることではありませんが、工事が完成してから、設備機器による騒音・振動が問題となることがよくあります。機械室から事務室などの居室に伝わってくる機器本体の固体振動や騒音、大きすぎる空調の吹出し音、近隣から苦情の出やすい冷却塔の騒音などがよく見受けられます。

　これらについては、施工計画段階で工事施工者が机上計算などによりよく

検討し、遮音壁、防振基礎、風量調整、消音などの対策を講じておく必要があります。

各設備機器の試運転段階においても、これらの騒音の有無について確認します。もし、問題があるようであれば、必要に応じて、建築主や設計者と協議のうえ、工事施工者に騒音・振動の測定、対策の検討・提案、対策の実施を行ってもらうことになります。監理者は、その経緯と結果を確認します。ただし、問題となる騒音・振動の原因によっては、対策のための費用について建築主や工事施工者との協議が必要となる場合もあります。

h 隠ぺい機器のメンテ性

天井内に設置される天井カセット形や天井内隠ぺい形のエアコン、ファンコイルユニット（FCU）などの機器について、保守・点検のスペースやフィルター抜き取りスペースが確保され、天井に設けられた点検口からの作業が容易かどうかを確認します。この検討は、施工図の段階で行いますが、完成後も、施工計画どおり施工されているか、思わぬ配管やダクト、配線などが邪魔をしていないかを確認します。

② ダクト工事等

a フレキダクトの長さ、曲り、天井内吊りボルト等との干渉

空調設備の天井吹出し口等の器具周りにフレキシブルダクト（フレキダクト）を採用する例が近年増えています。これは、フレキダクトが狭い天井内での納まりや施工性、位置調整の容易さに優れ、また改修も容易で、かつ地震時の天井の揺れ（すなわち吹出し口等の器具の揺れ）と角ダクトの揺れの差を吸収することが出来るなどのメリットがあるからです。

一方で、フレキダクトには外装材が破れやすいというデメリットもあります。実際、フレキダクトが天井内の全ネジ吊りボルトや耐震ブレース、振れ止めなどに接触していて、設備機器運転時のフレキダクトの微振動により接触点のダクト外装材が破れ、さらには内部材料の破損に至った事例もあります。こういう不具合を防ぐため、天井ボードを張る前に、フレキダクトが天井吊りボルトや耐震ブレース、振れ止めなどと干渉していないかを確認する必要があります。どうしても干渉が避けられない場合は、次善の策として、吊りボルトなどに緩衝材を巻きつける処置をします。

また、フレキダクトが長いと、こういった干渉が生じる可能性が大きくなるため、フレキダクトの使用範囲を器具周りの2～5m程度に制限することもあります。

フレキダクトが実際の納まりスペースに対して必要以上に長すぎて、曲りが大きく、多くなっている例も見受けます。こうなっていると吹出し風量の抵抗も増え、性能低下や騒音の原因にもなりかねません。そのため、天井仕

上げ材を施工する前に、フレキダクトに過剰な曲りがないかも確認するとよいでしょう。

b　ダクトの曲り

　角ダクトの曲り部には、通常、アールのついたエルボが使用されますが、納まり上アールが取れなくて、角エルボとなっている場合もあります。このような場合は、角部にターニングベーンという、空気の流れを滑らかにするための羽根が入っているかを確認します。また、曲りや分岐が無理な納まりとなっていて、空気の流れに対する抵抗が大きすぎるような箇所がないかを確認します。

c　ダンパーの保守性

　ダクトには、防火区画貫通部の防火ダンパー（ＦＤ）のほか、必要に応じて、風量調節用のボリュームダンパー（ＶＤ）、内部の羽根をモーターで動かし自動制御を可能とするモーターダンパー（ＭＤ）、逆流防止用のチャッキダンパー（ＣＤ）などが取り付けられます。これらのダンパーの保守性については、施工図の検討の段階で確認しますが、完成時には、これらが本当に施工図や施工計画書どおり天井点検口から保守・点検できるか、他のダクトや電気配線のラック、配管など、点検の障害となる物がないかを確認します。

　特にＦＤについては、防火区画貫通部のすべてに設置されているかの確認は重要です。また、ＦＤは、内部の羽根やヒューズの状態を定期的に点検することが法的に求められており、そのための点検口の寸法は450mm×450mm以上が必要です。さらに、天井点検口及び本体の点検口からこれらを見ることが出来るかの確認も必要です。そのほか、ＦＤのための天井点検口のレベルが高すぎて下部床面から脚立などで点検出来ないものとなっていないか、適正な高さであっても、直下の床にスロープや障害物などがなく、脚立を置ける状態になっているかの確認も行います。

d　ダクト貫通部の遮音性

　ダクトが、役員室、会議室、ホテル客室、病室などの遮音性能を要求される壁を貫通するとき、そこから音漏れが生じることがよくあります。天井裏でダクトが壁を貫通する部分のダクト周囲の処理が不十分な場合にそこから音漏れがすることがあります。また、隣室の騒音がダクト鋼板を透過して、あるいは吹き出し口等から侵入して、ダクトそのものの内部を通じて伝わることもあります。

　これを防ぐためには、施工計画の段階で、まず、出来るだけダクトが遮音壁を貫通しないようにルート等を計画することが大切です。やむを得ずダクトが遮音壁を貫通する場合は、貫通部外周の隙間にはロックウール等を密に

充填し、遮音シートを貼る等の処置が必要です。また、吹出し口等からの音の侵入や透過によりダクト内を通じて騒音が伝わることを防ぐために、ダクトに遮音シートを巻いて音の透過を防いだり、ダクト内部に消音内貼りや消音器を設けることによって、ダクト内の騒音を下げることもあります。

　これらの対処は施工計画段階に、工事施工者が計画しますので、監理者はそれを検討します。施工の検査の際には、ダクト貫通部の処理など、計画どおりに施工されているかを確認するとともに、重要室などについては、実際の音漏れの程度を体感により確認するとよいでしょう（隣室で発声してもらって、それが当該室でどの程度聞こえるか確認する。）。

e　ダクトからの室内騒音

　ダクト関連工事の施工が、天井などの建築工事ともども完了した時点で、できるだけ早い機会に機器の試運転を行い、各室において、「吹出し音が大きすぎる」、「機器が発する音がダクトを伝わって結構聞こえてくる」など騒音に関する問題がないかどうかを工事施工者に全室確認してもらい（まず耳で聞いて確認し、必要に応じて騒音の測定も行う。）、監理者も適宜抽出で確認します。これらについては、工事施工者が施工計画時に前記d項の検討と併せて検討しているのですが、完成時に、実際に問題がないかどうかの状況を確認します。

　もし、問題となる騒音が見つかった場合、まず、工事施工者を中心に原因を特定することになります。原因には、風量の出過ぎや、機器の発生騒音が想定より大きかった、などが考えられます。次に、原因に応じて、設計者や工事施工者とともに対策を検討します。対策には、風量を抑えるためファンの回転数を落したり（もちろん、所定の空調性能を保持する範囲内で行う。）、サイレンサー（消音器）を設けるという方法などがあります。

f　エアバランス

　室によっては、臭い（喫煙室や厨房等の臭気）や煙（火災等）、塵埃などの流入・流出を防ぐため、室内の空気環境を正圧（陽圧ともいう。）や負圧（陰圧ともいう。）に保っていなければならない場合があります。また、一般的な室においても空調や換気による空気の流れ・出入りがスムーズでなければなりません。このため、それらの室における給気と排気のバランス（これをエアバランスといいます。）が、それらが機械によるものであろうと建具開口（ドアのガラリやアンダーカット等）などからの自然の流れによるものであっても、適正でなければなりません。

　これについては、施工計画の段階で工事施工者が計算等によって検討し、各室の給気や排気の風量や建具開口の大きさを決め、監理者はそれを確認します。関連工事の完成時には、空調機器の試運転により、各室の風量を所定

値にセットしたうえで、エアバランスを確認します。確認の方法としては、煙発生器を使って、各ドアの隙間付近で煙がどちらの方向に流れるかを見るという方法もあります。この確認については、工事施工者が行い、監理者は適宜抽出で立ち会うという方法が一般的です。

また、エアバランスが悪くて（室内外の気圧の差が大きすぎて）、ドアを開くのに大きな力を要するとか、ドアなどの隙間でヒューヒューと風切音がするとか、常閉の防火戸が閉まりきらないなどといった不具合がよく見受けられます。こういうことがないかどうかも確認します。もし、こういった不具合が見つかった場合は、工事施工者に原因の究明、対策の提案・実施を行ってもらい、監理者はそれらの経過と結果を確認します。たいていの場合、こういった不具合はエアバランスの調整で解決できますが、不具合の原因や対策の内容によっては、工事施工者とともに、設計者や建築主と設計変更についての協議を行う必要がある場合もあります。

g　天井チャンバーの気密性

空調のレタン（排気）や排煙において、ダクトを設けずに天井裏の空間を排気等の通り道として直接利用する場合があり、これを天井チャンバー方式といいます。一区画の天井チャンバーの周囲は、天井内の仕切り壁や梁などで密閉されている必要があります。この天井内の壁などの気密性が悪いと、天井チャンバー内は負圧になっていますので、隣接する区画の天井内の空気をチャンバー内に吸ってしまい、所定の室の排気・排煙効率が悪くなります。

そのため、天井内の工事が終わった段階で、かつ天井ボードなどの天井仕上げ材を施工する前に、このような天井内の仕切り壁そのものの気密性（建築工事になります。）やそこを貫通する配管やダクトの貫通部処理を目視確認する必要があります。特に、機械室、ＰＳ、ＥＰＳなどの乾式壁の上部に隙間などがないか気を付けましょう。

また、天井チャンバー方式の排煙の場合、天井内が不燃仕様になっていなければならないので、保温材や断熱材、天井材の材質も確認してください（建築工事材料も同様です。）。

h　空調吹出口の結露防止

エントランスホール等の、湿度の高い外気の侵入が予測されるゾーンに設けられる吹出口は、冷房時に結露する可能性があります。このような箇所の吹出口が結露防止型になっているか確認しましょう。この確認は、施工計画時に行いますが、検査時にも計画どおりになっているかを確認します。もし、設計図書において当該箇所に適切な器具が指定されていない場合、設計者に設計意図を確認する必要が生じる場合もあります。

3）自動制御設備工事
　①　室内センサーの位置

　　　居室内の温湿度を自動制御するためのサーモやヒューミなどのセンサーは、その室の温度環境、湿度環境を代表して反映する位置に設置しなければなりません。一般的には、工事施工者や専門工事業者が、総合図などの施工図作成の段階で適当と思われる位置に取り付けるようにしているはずです。監理者はそれを確認するとともに、検査の際に、家具の配置や棚などにより空気の流れが悪くなっていないか、センサーがカーテンの陰に隠れていないか、日射の影響を受けていないかなどを確認します。また、別途工事であるテナント工事によってセンサーが塞がれていることもありますので、必要に応じて、機会を設けて確認するとよいでしょう。

　②　挿入型センサーの取付け

　　　配管やダクトに取り付ける挿入型センサーは、内部の流体の温度や速度などの状態を正しく測定できる位置に正しい差し込み深さで取り付ける必要があります。これについては、施工図や施工計画書の段階で工事施工者が計画を立てますが、監理者はそれを確認するとともに、検査において、所定のとおりになっているかを確認します。

　③　電線管敷設などの電気工事との整合

　　　自動制御設備工事には、電線管の敷設など電気工事と同様の工事があります。似たような工事なのに、専門工事業者が違うため、異なった施工要領となっていることがあり、両者が並んでいる場合に奇異な感じを受けることがあります。

　　　施工計画の段階で、自動制御設備工事側の施工要領を電気工事に整合させるよう、工事施工者に注意を促すとともに、検査の際にも両者の整合が取れているかを確認するとよいでしょう。

　④　保守・点検の容易性

　　　工事施工者は、施工図や施工計画書の段階で、各所の保守・点検が容易にできるかどうかの検討をしており、監理者もそれを確認しているはずです。しかし、ときとして、施工後に、近くにある他の配管やダクトなどが保守・点検の障害となっていることが判明する場合があります。検査の際は、次の例示などを含めて、保守・点検ができるかを確認します。

　　・挿入型センサーは、容易に脱着できるようになっているか。
　　・操作弁などで、メンテ時に弁体を抜き出すタイプのものについては、そのスペースがあるか。
　　・自動弁などの表示部が床上から容易に目視できるか。
　　・ダンパーなどは、開度が分かるような表示がなされているか。

⑤ 停復電時の機器の機能

　停電時に非常電源（非常用自家発電機）から給電する対象となる機器は、設計図書に示されていますが、最終的には施工図や施工計画書を検討する段階で確定されます。工事施工者が行う試運転調整と停復電総合機能試験によって、これらの機器が計画どおり停電時に非常電源からの給電に切り替り、復電時に商用電源からの給電に復旧することを調整と試験の結果（報告書）により確認します。また、必要に応じて試運転調整と停復電総合機能試験に立ち会います。ただ、停復電総合機能試験には、監理者も立ち会うのが一般的です。

　この確認の際には、次の点も確認します。

- 非常電源からの給電（G回路）の対象になっている機器を制御する盤の電源もG回路になっているか。
- 電源切り替り時の瞬間停電に対する対策が必要な機器が、そのとおりになっているか。

⑥ システムとしての試験

　自動制御設備工事の施工が完了した時点で、工事施工者により試運転調整が行われますので、その報告書を確認します。この報告書では、各機器単体の作動についての監視装置との対向試験の結果のみが書かれていて、システム全体としての作動試験の報告が不十分なことがよくあります。

　自動制御には、機器と監視装置との一対一の動きだけではなく、連続した動き、他の機器と連動した動き、シーケンス的な動きなどがありますので、システム全体としての試験が重要です。その結果が報告書に記載されているかどうかを確認します。

⑦ 冷凍機の台数制御

　冷凍機が複数台設置される場合、通常、空調設備の最終的な総合試験として、冷凍機の台数制御の試験が行われます。この試験では、冷凍機をまず1台運転し、次に空調機を順次稼動して二次側負荷を徐々に増やします。そして、所定の負荷に達した段階で、冷凍機の増段指令が出て次の冷凍機が自動で起動することを確認します。3台目以降の自動起動の確認や減段指令についても同様です。

　この試験において、順次加えていく二次側の負荷は、ダミーではなく実際の空調機を使用した実負荷で行うことが望ましいです。そうすることにより、負荷を増減する指令と実際の負荷の変化の関係や、信号として返ってくるまでのタイムラグなどが分かります。

　工事施工者が作成する試験計画書の段階で適切な試験が計画されているかどうかを確認するとともに、必要に応じて試験に立ち会い、試験後には試験

結果からスムーズに冷凍機の台数制御がなされていることを確認します。

### 4）給排水衛生設備工事

#### ① 誤接続防止対策

近年は、環境保全の観点から、建築物内で生じる雑排水や雨水を殺菌・浄化して再生し、トイレの便器洗浄水などに再利用することが増えています。この水を中水または雑用水といいます。中水の給水管と、いわゆる水道水（上水、市水、飲用水ともいいます。）の給水管を誤接続する例が見受けられます。

これを防ぐためには、それぞれの配管の管材や色を違うものにして区別するという方法があります。また、配管材料が搬入された時点で、どちらかの配管（例えば中水側）の外面にライン状に色を付ける（どこで切断してもよいように全長にわたって連続的にマークする。）といった方法もあります。

施工計画時に、こういった誤接続防止対策をとるよう工事施工者に注意喚起し、工事中は、適宜抽出で対策の実施を確認するとよいでしょう。また、工事完成時の検査においては、工事施工者に、中水配管に色水（食紅など）を流して誤接続がないことを確認させ、それに立ち会うこともあります。

#### ② 銅管内の流速

給湯用配管には、耐食性、加工性、熱伝導性に優れた銅管が使われることが多いです。この銅管については、孔食、潰食、応力腐食割れなどにより孔があく事故がたまにあります。その原因は水質や使用条件なのですが、内部流体の流速が関係する潰食について注意したいところです。

潰食は、管内流体の乱渦流などの物理的な作用によって配管内面の保護被膜が損傷を受け、そこからえぐられるように腐食してくるというものです（ただし、潰食には水質も影響するので、検討する際は総合的に考える必要があります。）。潰食は、エルボーやT分岐など流れの方向が急激に変化する部分や流体の断面積（すなわち配管内径）が急変する部分など乱渦流の生じやすい箇所で生じることが多いといわれています。また、過大な流速も潰食の原因になり、温水の場合、1.5～1.8m/sec 以下で使用することが推奨されています。

そこで、給湯管などに銅管が使われる場合、配管工事完了後、水量を測定して流速が所定の値以下となっているかどうかを確認する必要があります。これには、電流値と性能曲線から求める方法やポンプの前後に圧力計を取り付けて、その差圧で求める方法などがありますが、工事施工者に測定させ、その結果を確認するとよいでしょう。

#### ③ 受水槽の給・排水試験

受水槽関連工事の施工完了後、受水槽の給・排水試験を工事施工者が行い

ますので、その結果を確認するとともに、必要に応じて試験に立ち会います。

給・排水試験では、特に次の点に注意して確認します。
- ボールタップや電磁弁、揚水ポンプの起動など、注水のオン・オフが適正に作動するか。
- ポンプの空転防止制御と復帰制御が適正に作動するか。
- 満水警報と減水警報は適正に作動するか。
- 排水弁を全開して、排水がスムーズに流れるか。
- 受水槽が地下に設けられているとき、排水弁全開で、放流先の床に設置された会所（排水桝）が溢れないか。会所などで下流側の排水管口径が小さすぎて溢れることがある。
- その先の排水槽内の排水ポンプの能力は排水の水量に合ったものとなっているか。
- 受水槽の満水限界を超えた場合のオーバーフローは適正に働くか。強制的にオーバーフローさせて確認する。

④ 排水槽からの排水の会所での呑み込み

排水槽からの排水ポンプによる排水が外構の会所（桝）につながれている場合、排水ポンプが非常時用も含めてフルに作動した時に、会所から水が溢れないかを確認します。

⑤ 埋設配管の水圧試験

衛生工事の配管は、施工完了時に水圧試験を行うのが一般的です。特に、広い外構における埋設配管で漏水が生じたとき、漏水した箇所を発見するのは容易ではありませんので、水圧試験を確実に行い、漏水発生の可能性をできるだけ減らしておくことが望まれます。

水圧試験は工事施工者が行いますが、監理者もできる限り立ち会いたいところです。また、水圧試験は一定部分ごとに継手で区切って行いますが、その区切りの継手部分から漏水することもあります。そういうことがないよう、試験計画段階で、区切り部分をオーバーラップさせて実施するような計画となっているかを確認するとともに、試験への立会い時には、実施状況が計画どおりであるかを確認します。

⑥ 排水管の通水試験

屋内の汚水排水管については、施工段階で満水試験を建築物の一層ごとに行いますが、全層の工事完了後に疑似汚物（穴あきボール等）による通水試験を行います。たて管ごとに最末端の便器等から疑似汚物を流し、それが屋外の会所まで所定の時間内に支障なく到達することを確認します。

(4) 昇降機設備工事
　1) ロープ式エレベーター
　　① 工事中の機器の養生
　　　エレベーターの乗り場押ボタンユニット、開閉装置のリミットスイッチ、操作盤などには、各種の電子回路基板（マイコン）が使用されています。そのため、工事中に上階からの漏水や台風時の雨の吹込みなどにより、これらの電子機器が損傷を受けないよう、適切な養生を施しておく必要があります。
　　　これは、工事施工者が自らの責任で実施・確認する事項ですが、大切なことですので、監理者も現場巡回の機会などに見ておくとよいでしょう（検査という位置付けではなくてよい。）。
　　② 地震時管制運転の地震感知器
　　　エレベーターには、地震の際にかごを自動的に最寄り階に停止させ、開扉するというような地震時管制運転の機能を持たせることが一般的です。一方、高層建築物や大規模建築物では、エレベーターバンクは複数となり、それに伴ってエレベーター機械室も平面的、高さ的（高層用、低層用など）に分散配置されることが多く、また専門工事業者も複数社になることがあります。これら各所のエレベーター機械室や昇降路底部に設置する地震感知器の性能や動作設定値（P波、S波とも）は、すべてが整合している必要があります。施工の完成時には、工事施工者にバンク一覧表を作成させ、設定値を確認するとともに、実地の試験を行わせて結果を確認します。
　　　地震感知器はある程度敏感であり、引渡し後にエレベーター機械のメンテナンス要員が運んでいた脚立が感知器に当たってエレベーターかごが非常停止するという事故事例がありました。このようなことが生じないよう、人や物が触れやすい場所に露出している感知器に保護ケースが必要かどうかの検討を指摘することも検査のポイントのひとつです。
　　③ ロープの振れ止め
　　　高層建築では、特に長周期地震などの際、地震の固有周期と建築物の固有周期、ロープやケーブルの固有周期が一致して又は近づいて、ロープやケーブルの振れ（横方向の変位）が大きくなり、釣合い錘や構造体に接触したり、かご等の思わぬところに引っかかったりして、切断、損傷などを起こすことがあります。また、昇降路内の他の機器を損傷することもあります。
　　　施工計画時点で、その対策がどうなっているかを工事施工者や専門工事業者に確かめ、検査の際は、その対策がきちんと施工されているかを確認します。
　　④ レールの取り付け

エレベーターのレールを昇降路内に取り付ける際には、その強度・仕様がエレベーターの走行や各種の外力に適したものであることは当然です。特に建築物構造体への取付け部については、想定される地震力に対して安全なものでなくてはなりません。これについては、施工計画時に、工事施工者（専門工事業者）に計算等で確認をさせ、監理者はその結果を確認するとともに、工事完成時には、所定のとおりになっているかを確認します。

　　また、レールの取付け精度や取付け部の強固さは、かごの運行や乗り心地に大きく影響します。工事完成時には、実際にかごに乗って乗り心地を確認するとよいでしょう。

⑤　救出口の設置

　　エレベーターが故障等により階と階の中間で停止した際に、かご上部や隣接する号機から、かご内の乗客を救出するために、かごの天井面や壁面に救出口を設けることが建築基準法により義務づけられています（ただし、一定の条件を満たす場合は設けなくてよい。）。

　　まず、この救出口が設けられているかを確認します。また、救出口の設置による意匠的な問題がないかにも気を付けます。さらに、救出口が壁面に設けられている場合は、昇降路内の中間ビームや鉄骨梁、支持部材などが隣のかごからの救出を妨げていないかを確認します。

　　これらの確認は、製作図等の検討の段階で行いますが、かごの製品検査や施工完成時の検査などでも、所定のとおりになっているかを確認します。

⑥　車いす対応の押ボタン・操作盤

　　車いす対応エレベーターの乗り場の押ボタンについては、取付け高さに注意します（1m程度）。また、かご内の操作盤についても、ボタンの配列、高さに留意が必要です。押ボタンや操作盤の高さについては、車いす用を一般用と別のものにして、上下別々に取り付ける場合と、一般用と車いす用を共用にして低めの位置に取り付ける方法があります。

　　これらの確認は、製作図等の検討の段階で行いますが、かごの製品検査や施工完成時の検査などでも、所定のとおりになっているかを確認します。

⑦　完成時の確認

　　エレベーターの施工完成時には、次のような点を確認します（上記のポイントと重複しているものもあります。）。ただし、このうち、かご自体の仕様に関する事項など一定部分は、工場における製品検査で確認するのが一般的です。

・かご内や三方枠等の各所寸法（平面寸法、天井高、扉寸法、操作盤高さ、手すり高さなど）は、所定のとおりか。

・かご内・三方枠の仕上げや表示、操作盤、鏡、手すり、ホールランタン、

- 呼び出しボタン等は所定のとおりか。
- かご内や三方枠、扉等に傷や汚れ等はないか。光漏れしているような隙間はないか。
- 開扉・閉扉の動作は所定のとおりか（かご側、エレベータホール側とも）。
- かご床と建築物側床との隙間は所定のとおりか。扉の隙間はよいか（かご側8mm以下、乗り場側6mm以下）。
- かご内照明、非常灯の照度・動作は所定のとおりか。
- 走行時に揺れ、振動はないか。
- 走行時に異音は聞こえないか。特に、風切音はしないか。
- 走行時の着床精度は問題ないか。
- 救出口は機能するか。
- 停電時自動着床機能、地震管制機能、火災管制機能は、所定のとおりに作動するか。

⑧ 昇降路の確認

エレベーターの昇降路について、かごの屋根上に乗って昇降し、次のような点を確認します。この中には、建築工事に属するものが多くあります。建築工事に関する確認については、当該工事の進捗に応じた適切な時期に個別に行うこともありますが、エレベーター完成時にもかご上に乗って昇降し、最終確認をすることが多いと思われます。

- 昇降路周りの防火区画に問題はないか（光漏れがないこと等により、区画に隙間がないことを確認する。）。
- 昇降路に露出している鉄骨の耐火被覆に欠損はないか。
- かごの昇降に伴う風圧で鉄骨の吹付け耐火被覆の表面が飛散することのないよう、スラリーによるこて押さえがなされているか。
- 高さ100mを超える超高層建築物の場合で、昇降路周り（たて穴区画）がＡＬＣパネル等の乾式壁の場合、板間ジョイント部に遮煙シーリングがなされているか。（これは、東京消防庁による指導だが、他の自治体でもこれと同様の指導をしているか、設計者等による事前確認が必要。）
- レール材、支持材等が適切に取り付けられているか。また、これらに錆はないか、防錆塗装は適切か。
- 昇降路内の清掃は十分なされているか。

2）エスカレーター

① 騒音防止

エスカレーターは、多くのステップ（踏み板）、駆動部（電動機）、チェーンなどからの騒音が結構大きいので、病院や学校など騒音が問題となる施設・場所に複数台設置する場合などは、吸音・遮音処理や速度制御などによ

り、騒音を軽減する必要があります。

　これは、製作図などの検討段階に、製造会社と相談して検討する事項ですが、施工完了時に実際の騒音がどの程度か耳で確認するとよいでしょう。もし、問題となる騒音がまだ残っているようなら、建築的な遮音対策など、追加の対策を施すことになります。ただし、この場合、追加対策の内容によっては、設計変更や追加工事費について、工事施工者と、必要に応じて設計者や建築主を交えて、協議する必要がある場合があります。

② 防火防煙区画

　エスカレーターの周囲は、非常時に防火・防煙区画を形成するためにシャッターなどが降下してくる構造となっていることが多いです。

　このシャッターが適正に作動するか、降下の障害となるようなものはないか、コーナー部などに有害な隙間はないかなどについて確認します。

③ 屋外型エスカレーターの手すり

　屋外型エスカレーターの手すりのベルトについては、雨や湿度によって、その材料が膨張し、ベルトの円滑な走行が阻害され、発音したり、極端な場合はロックしてしまうことがあります。

　そのため、製作図や施工計画の段階で、製造会社の見解を聞いたり、材料の実績に留意して、問題がないかどうかを検討する必要があります。そして、製品検査や施工完了時の検査の際は、計画どおりになっているかを確認します。

④ 手すりにおける挟まれ防止

　昇りエスカレーターの手すりから子供などが身を乗り出して、天井とエスカレーター手すりの三角形の隙間に挟まれるという事故がよくあります。これを防止するため、建築基準法により、天井とエスカレーター手すりの交差部の三角形の空間（狭角部）に、固定式の防護板を取り付けなければならないことになっています。さらに、これと併せて可動式警告板を取り付けることもあります。

　製作図や施工計画書の段階でこれを確認しますが、検査の際も所定どおりのものが適切な方法で取り付けられており、本当に効果があるかどうかを確認します。

⑤ エスカレーターのかかり代

　エスカレーターの構造体（トラスということがある。）は、地震時における上下階の床の水平方向の動きの差（層間変位といいます。）に追従するため（X、Y方向とも）、一方の端部は支持部材にしっかり取り付け（固定支承といいます。）、他方の端部は支持部材に固定せずに乗せるだけとし（可動支承といいます。）、そこが層間変位に応じて滑って動くようにしている方式

が多いです。

　ところが、2011年3月11日の東日本大震災の際、この可動支承側が想定以上に動いて支持部材から外れ、エスカレーターが落下するという事故が3件生じました。

　これを受け、2013年10月29日に国土交通省によりエスカレーターの脱落防止対策に関する告示第1046号が公布され、2014年4月1日から施行されました。この告示により、エスカレーターのかかり代及び隙間（可動部が建築物構造体などに衝突しないように設けるクリアランス）は、昇降高さ（揚程）の1/40以上（従来は1/100以上）を原則とする（ただし、一定の要件のもとでは1／24まで増える。）などの構造規定が定められました。

　製作図、施工計画書の段階で、この告示第1046号に基づき、また設計図書の指定があればそれをもとに、工事施工者や製造会社が適切なかかり代等を設定してくるはずですので、それを検討・確認します。また、施工完了時にも、適切なかかり代等が所定のとおり確保されているかどうかを確認します。

⑥　安全装置等

　エスカレーターは、万一の事故に備えて、スカートガードパネル用安全装置、非常停止ボタン、移動手すり入り込み口安全装置、踏段異常検出装置、踏段チェーン切断検出装置、移動手すりスリップ検知装置、駆動チェーン切断検出装置、電磁ブレーキ、電気回路保護装置など各種の安全装置が設けられています。

　施工完了時には、これらの各種安全装置が、適正に作動するかどうかをひとつひとつ確認します。また、自動運転方式の場合は、その作動状態も併せて確認します。

## ■ あとがき

　読者の皆様は、日常の設計・監理業務について、特に建築監理業務とは何か、監理の実務とはどのようなものかなど、監理に関する疑問、質問、意見など、多くの「何だろう？　どうするのだろう？」をこれまでお持ちだったのではないかと思います。

　本書をお読みいただいて、本書の目的である、「**建築監理業務とは何かを知る**」及び「**監理業務の実務を知る**」についてご理解を深めていただけたでしょうか。今まで「監理は、何やら面倒で分かりにくい。」などと感じられたこともあったかと思いますが、本書が皆様の監理についての疑問等に答え、監理業務の実務に役立ち、また監理を理解するうえでの一助になっていれば、発刊関係者一同の喜びとするところです。

　建築主、設計者、工事施工者の働きの結果（成果物）は、建設事業の実現として、また設計図書や完成した建築物として遺すことができます。また、当該建築物が存在する限り、多くの人々から、目に見える形で評価などを受けることができます。一方、監理者の働きは、成果物として目に見える形では遺らないことから、その貢献も重要性も、存在さえも忘れられがちです。

　しかし、本書で解説したとおり、監理の存在なくして建築物は完成しません。建築物の耐久性、安全性、品質の確保等における監理の重要性はもとより、高度化、専門分業化しつつある建築物生産体系において、今後、監理の役割は大きくなって行くと考えます。

　また、監理者及び監理業務に対する認識と評価が、工事関係当事者間や建設業界内のみならず、社会的にも高まって行くことを願っております。


執筆担当
　　第1編：天野禎藏　　　日建設計コンストラクション・マネジメント（株）　マネジメントグループ
　　第2編：豊田鐵雄　　　（株）日建設計　監理部　参事
監修
　　第2編2.3（設備工事の検査）：竹内　康　（株）日建設計　監理部　技術長

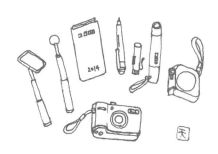

## 知る・学ぶ・分かる　建築監理の実務

2015年3月10日　第1版第1刷発行

著　者　　天　野　禎　藏
　　　　　豊　田　鐵　雄

発行者　　松　林　久　行

発行所　　株式会社 大成出版社

東京都世田谷区羽根木1-7-11
〒156-0042　電話03(3321)4131(代)

Ⓒ2015　天野禎藏・豊田鐵雄　　　　印刷／亜細亜印刷
落丁・乱丁はお取替えいたします。
ISBM978-4-8028-3167-3